ARTHUR
SCHOPENHAUERs
REISETAGEBÜCHER

———

HERAUSGEGEBEN VON
LUDGER LÜTKEHAUS

DIE REISETAGEBÜCHER
VON
ARTHUR SCHOPENHAUER

ZÜRICH
HAFFMANS VERLAG
MCMLXXXVIII

Die vorliegende Neuedition
folgt den Erstausgaben
JOURNAL EINER REISE VON HAMBURG NACH CARLSBAD,
UND VON DORT NACH PRAG; RÜCKREISE NACH HAMBURG,
Leipzig: F. A. Brockhaus 1922;
REISETAGEBÜCHER AUS DEN JAHREN 1803–1804,
Leipzig: F. A. Brockhaus 1923.

Korrektoren: Lilo Hess
und Pedro Zimmermann.
Schlußredaktion:
Gerd Haffmans.
Ausstattung und Gestaltung:
Urs Jakob.

1.–4. Tausend, am 22. 2. 1988

Alle Rechte vorbehalten
Copyright © 1987 by
Haffmans Verlag AG Zürich
ISBN 3 251 20046 1

Inhaltsverzeichnis

JOURNAL EINER REISE
von Hamburg nach Carlsbad, und von dort nach Prag;
Rückreise nach Hamburg. Anno 1800 7

REISETAGEBÜCHER
aus den Jahren 1803 – 1804 45

NACHWORT
von Ludger Lütkehaus 261

JOURNAL EINER REISE

VON HAMBURG NACH CARLSBAD, UND VON DORT NACH PRAG; RÜCKREISE NACH HAMBURG.

———

Anno 1800

Mittwoch, 16. July.
Wir reisten den 16. Juli gegen 12 Uhr von *Hamburg* ab, und kamen bey ziemlich trübem Wetter, nach ein paar Stunden im *Zollenspyker* an, um uns von da über die Elbe setzen zu lassen; indessen dass die Fähre kam, liessen wir uns im Gespräch mit einer armen blinden Frau ein, welche gar keine Idee von Tag u. Nacht hatte. Da wir ihr nach der Ursache ihrer Blindheit fragten erzählte sie uns dass man sie eine halbe Stunde weit zur Taufe getragen habe, wobei ihr die Augen erfroren sind. Obgleich sie stockblind ist, sind ihr alle Wege bekannt, u. sie kann sich alles was sie bedarf selbst hohlen. Ich bedauerte die arme Frau, bewunderte aber die flegmatische Ruhe womit sie ihr Leid erträgt; sie hatte das Vergnügen ein Christ zu seyn theuer erkaufen müssen! Vom Zollenspyker reisten wir nach einem äusserst frugalem Mittagsmahle weiter, u. kamen am Abend in *Lüneburg* an, wo ich nichts, als alte gothische Gebäude sah. –

17. July. Donnerstag.
Den folgenden Tag fuhren wir mit grossem Sturme ab, der bis am Abend dauerte, wo wir in *Esche* ankamen, u. dort die Nacht zubrachten. –

18. July. Freitag.
Den andern Tag fuhren wir mit dem Vorhaben weg in Celle zu speisen um am Abend in Hannover zu sein; aber, der Mensch denkt Gott lenkt, es war anders beschlossen. Gegen 10 Uhr kamen wir in Celle an; wir mussten über dem Markte, der gerade voll Wagen war. Ein unvorsichtiger Bauerlümmel fuhr dermassen mit seinem Wagen an unsern, dass die Axe ganz abbrach, u. der Wagen also nach dem Rademacher musste. Unterdessen giengen wir die Merkwürdigkeiten des Oertchens besehn. Erstlich brachte uns

unser Führer nach dem SCHLOSSE, auf welchem die unglückliche Königin Mathilde von Dännemarck von ihrem Gemahl geschickt wurde, weil sie im Verdacht des Ehebruchs mit einem Altonaer Predigers Sohn, nahmens Struensee stand; wir sahn ihre Zimmer u. Meublen, selbst das Bett worinn sie ihr Leben, wahrscheinlich durch Gift endigte. Nachdem wir das Schloss gesehn hatten, besahn wir auch das ZUCHT- U. TOLLHAUS. Wir hofften nach Tisch wegzukommen, aber der Wagen wurde garnicht fertig, und wir sahn uns genöthigt, in Celle zu übernachten. –

19. July. Sonnabend.
Den andern Tag liessen wir früh Morgens um 4 Uhr anspannen, um recht früh in Hannover zu seyn; doch waren wir noch mitten in Celle, als uns das Rad vom Wagen abfiel; da wurde der Schmidt geholt der es zurecht machen musste, u. wir fuhren weiter; doch kaum waren wir ein paar Schritte gefahren, als das Rad nochmals abfiel, der Schmidt wieder gehohlt wurde, u. der Wagen ward erst um 11 Uhr fertig. Da fuhren wir ohne weitere Beschwerden weiter, assen im Dorfe Schilde, u. kamen um 5 Uhr glücklich in *Hannover* an. –

20. July. Sonntag.
Den andern Tag, Sonntag, wurde das FEST DER GLÜCKLICH ÜBERSTANDENEN TODESGEFAHR DES KÖNIGS gefeiert. Den Morgen über wurde sehr viel, theils mit Canonen, theils mit Gewehren, geschossen. Nachmittag fuhren wir durch eine überaus schöne Allée nach dem *Herrnhauser Garten*. Dieser Garten, obgleich er noch nach altmodischer Art eingerichtet ist, hat mir doch sehr gefallen: erstlich besahen wir die Orangerie, welche aus 200 alten Bäumen besteht, die im Winter in einen schönen Saal, der mit marmornen Büsten der alten Griechen u. Römer geziert ist, verwahrt werden. Im Garten stehn Grotten, kleine Cascaden, wasserspeyende und andere Statüen in Menge, besonders sehr viele Fontainen, worunter aber eine die für die schönste auf der Erde gehalten wird; diese bildet eine Wassersäule, die 80 Fuss hoch ist, u. 8–10 Zoll im Diameter hat; von dem herabfallenden Wasser auf dem die Sonne schien, bil-

NACH CARLSBAD, PRAG, RÜCKREISE NACH HAMBURG 11

dete sich ein schöner Regenbogen, der die Pracht des ganzen sehr erhöhte. Auf der Rückfahrt nach Hannover besahn wir den GARTEN DES *Grafen v. Valmoden*, der sich durch seinen guten Geschmack auszeichnet. Am Abend illuminirten alle Einwohner ihre Fenstern; öffentliche Gebäude und die Häuser der vornehmsten Leute waren sehr schön mit Lampen u. brennenden Inschriften geziert. Wir fuhren in der Stadt herum welche uns einen sehr schönen Anblick gewährte. –

21. July. Montag.
Wir fuhren den andern Morgen, früh, nach dem Thiergarten, wo wir einen Trupp von ohngefähr 20 Tammhirschen sahn, die uns ihnen ziemlich nah kommen liessen, ohne zu entfliehen, so dass wir sie mit Musse sehn konnten; hernach liefen sie weg u. wir fuhren nach Hannover zurück, wo wir einpackten, und nachmittags wegreisten. Wir kamen am Abend in *Brügge* an, wo wir übernachteten. –

22. July. Dienstag.
Von Brügge fuhren wir weiter; die Gegend wurde immer schöner, gebirgiger; wir kamen über hohe Berge die doch gute Wege hatten u. von denen wir eine ausgebreitete Aussicht hatten. Wir assen in Nordheim zu Mittag u. kamen am Abend in Göttingen an. –

23. July. Mittwoch.
Den folgenden Tag giengen wir nach dem *Göttinger Museum*. Hier sahn wir einen Theil der Sachen die der Capitain Cook aus den Südsee Inseln mitgebracht hat: erstlich zeigte man uns einige Fischergeräthe aus Otahiti; diese bestanden aus Schnuren von Cocosfasern u. Haken von Stein oder Muscheln, die ebenso fest, als von brauchbarer Construction waren; hierauf folgte ihr Putz, worunter der hübscheste ein Halsband von rothen Federn ist. Dann sahen wir ihre Waffen; diese bestehn, erstlich: aus einer Lanze von sehr schönem weichen Holze, welche sie mit ihren steinernen Werkzeugen so gut wie der beste englische Tischler polirt hatten. Sie ist oben dicht an der Klinge (die auch von Holz ist) dicker wie

unten; zweitens: aus einer unten dünnern Keule; drittens: aus Pfeilklingen von einem grünlichen Stein; viertens: aus einem Helm von rothen Federn. Dann wurden uns die Zeuge der Otaheiter gezeigt, welche blos aus Cocosfasern u. Baumrinde gemacht sind. Alsdann kam eine sehr zusammengesetzte Trauertracht der Otaheiter, welche der nächste Verwandte des Verstorbenen 3 Tage lang anzieht; auch sahen wir einen Götzen der Otaheiter, der einen hässlichen Kopf von rothen Federn, u. mit grossen Zähnen vorstellt. Dann sahen wir noch einige andere Götzen, Waffen, u. Kleider der Kalmucken u. Tatarn. Hernach verschiedene ausgestopfte Vögel u. Fische, besonders viele Schlangen u. Ampfibien, worunter besonders eine kleine Riesenschlange, die obgleich sie noch ganz jung, wohl 12 Fuss lang war; ein Crocodill welches eben im Begriff war aus dem Ey zu kriechen; eine zweileibige u. sechsfüssige Katze; eine Mumie in ihrem offenen Sarge, von der man aber nichts als das Harz u. die Binden worin sie gewickelt war sehn konnte. Vom Museum giengen wir nach der Göttinger Bibliothek: ein grosser Saal dessen Wände alle mit Büchern bedeckt sind. Er ist von 3 Bretterwänden durchschnitten, die ebenfalls auf beiden Seiten mit Büchern besetzt sind. Überhaupt befinden sich hier über 20000 Bücher. Die Studenten können in allen Büchern lesen, u. die ohne Cupfer selbst mit zu Hause nehmen. – Wir hatten nur noch wenig Zeit übrig, giengen indessen noch im BOTANISCHEN GARTEN den wir nur geschwinde durchstreiften; im Treibhause stehn viele ausländische Gewächse, unterandern auch der Zucker u. The, u. der Pisang Baum.

Nachmittag reisten wir weiter u. nahmen unsern Weg gerade auf Cassel. Wir kamen über viele Berge, unterandern auf einen ziemlich hohen, den *Lutherberg* genannt, von dessen Gipfel man eine prächtige Aussicht hat. Unter sich sieht man Münster u. die darum liegenden kleinen Städte u. um sich die niedrigern Berge. Am Abend kamen wir in Cassel an. –

24. July. Donnerstag.
Da am folgenden Tage schönes Wetter war fuhren wir sogleich nach *Weissenstein*, ein schönes Schloss und Garten, welches von sei-

nem Erbauer, Wilhelm d. 2. Landgraf von Hessen Cassel, den Nahmen Wilhelmshöhe angenommen hat. – Erstlich giengen wir im Garten, der im neuesten englischen Geschmack geordnet ist, doch fanden wir noch Reste der altfränkischen Ordnung in der er sich unter dem vorigen Landgrafen befunden hat, z. B. chinesische Dörfer mit altfränkischen Figuren u. s. w. Dann besahen wir das SCHLOSS welches nicht wie die Schlösser gewöhnlich sind, altfränkisch, u. mit Gold überladen, sondern alles neu, und von der grössten Simplicitét ist. Wir sahen das Schlafzimmer und Bett des Landgrafen, welches letztere nicht einmal seidene Küssen hat. Auch ist im Schlosse eine sehr geschmackvolle, reformirte Capelle. Nachmittag sollten die *Wasser der Wilhelmshöhe* springen: wir giengen also nach dem *Winterkasten*, einem grossen Gebäude, welches aus mehreren aufeinandergebauten Colonaden besteht; es liegt auf einem Berge und man muss 902 Stufen steigen, ehe man oben ist. Oben auf dem Winterkasten steht die 32 Fuss hohe Bildsäule des Herkules; man konnte sonst bis in seine Keule steigen, in der mehrere Personen Platz hatten, diesmal war aber die Treppe entzwey, also konnte ich nicht höher als am Winterkasten kommen, wo die Wasser ihren Anfang nehmen. Sie entspringen in einer Grotte, durch verschiedene kleine Fontainen, in deren Mitte sitzt ein einäugiger Cyclope, der auf einer sogenannte Papagenosflöte spielt, deren Ton durch eine vom Wasser getriebene Orgel, nachgeahmt wird. Als ich alles dieses recht bewunderte, wurde ich mit einem Male von einer Menge kleiner Fontainen die von allen Seiten aus der Erde sprangen, über und über nass und von der übringen Gesellschaft sehr ausgelacht. Diese kleinen Fontainen sind expres zu dergleichen Spass gemacht, u. hören gleich auf. Von der Grotte ergiesst sich das Wasser durch zwei Wasserfälle in einen kleinen Teich mit einer Fontaine, und an welchem zwei Statüen stehn, welche auf Hörner, durch Uhrwerke, blasen. Dann fällt das Wasser durch eine ungeheure Cascade in einen Teich, von wo es durch unterirdische Röhren in die *Schweitzer Cascade* geführt wird. Diese schweitzer, oder wilde, Cascade ist wirklich viel schöner als die erstere; sie besteht aus einer Menge aufeinander gethürmter Felsenstücke, welche alle von dem schäumenden

Wasser durchströmt werden; dieses gewährt einen ganz unbeschreiblichen Anblick. Von hier wird das Wasser durch einen Aquäduct auf einer fürstlichen Ruine geführt, von welcher diese ungeheure Wassersäule von einer Höhe von 100 Fuss in einen Teich stürzt. In einem andern Teiche, in dem es geleitet wird, ist eine Fontaine angebracht, die obgleich sie nicht so breit als die Herrnhauser ist jener an Höhe wenigstens gleich kommt. Nachher besahen wir die *Schweitzerei* des Landgrafen, Montchéri genannt. Erstlich sahn wir den KUHSTALL, wo sieben grosse schweitzer Kühe stehn. In einem besonderen Stall steht ein ungeheurer schweitzer Stier; dann sahen wir die MILCHKAMMER, in welcher sich ein Present des Prinzen v. Walis befindet, welches aus allen möglichen Milch und Buttergefässen von Porzellain besteht, auch sind da sechs ganz besondere Butterfässer. Alles dies wird sehr geschont und ist nur erst einmal gebraucht worden. Das Haus selbst ist sehr einfach und bürgerlich, auch ist eine kleine Kanarien-volière darin. Am Abend fuhren wir wieder nach Cassel zurück.

25. July. Freitag.

Am folgenden Vormittag besahen wir die BILDERGALLERIE, in der viele schöne Öhlgemählde hängen; und nachher die Mahleracademie. Nachmittag giengen wir im *Augarten* spatzieren, ein schöner Landgräflicher Garten, dicht an der Stadt. Erstlich kamen wir an die Orangerie, die, obgleich sie sehr schön ist, sonst noch viel schöner war, der Landgraf hat aber die Hälfte der Bäume umhauen lassen, weil sie zu viel zu unterhalten kosteten. Dann besahen wir DAS MARMORBAD: ein schöner Saal, dessen Boden und Wände alle von den schönsten Marmorarten zusammengesetzt, und mit schönen Bas-reliefs geziert sind. Rundherum stehn lauter marmorne Statüen, u. in der Mitte ist eine Vertiefung zum Baden, welche mit Säulen und Statüen umgeben ist. Das Licht fällt von oben herein. Dieses prächtige Bad ist noch nie gebraucht. – Wir giengen bis am Abend im Augarten spatzieren, besahen die *Fasanerie*, wo eine Menge Goldfasanen wie zahme Hühner herumlaufen.

26. July. Sonnabend.
Den Tag darauf giengen wir das Museum besehn. Der Weg dahin gieng über die schönsten Plätze von Cassel. Erstlich kamen wir über den *Königsplatz*, ein grosser Platz, dessen Häuser alle von Quadersteinen, und im neusten Geschmack gebaut sind. In der Mitte ist eine Säule. Wenn man dicht an dieser Säule steht und, selbst vielsilbige, Wörter ausruft, so höhrt man sie vom ECHO vier Mal, und bei stillem Wetter wohl sechs Mal sehr deutlich wiederhohlen. Das Museum steht auf dem Friedrichsplatz, dieser ist noch grösser als der Königsplatz, und mit Bäumen umgeben; in der Mitte steht die marmorne Bildsäule des jetzt regierenden Landgrafen. Das *Museum* selbst, ein grosses schönes Gebäude enthält Kostbarkeiten u. Seltenheiten aller Art, die in verschiedene Zimmer verlegt sind, welche wir alle durchgangen.

Im ersten Zimmer des Museums sind allerhand ALTE WAFFEN: indem man diese besieht zieht der Aufseher des Museums plötzlich den Vorhang eines anderen Zimmers auf, in welchem alle Landgrafen von Hessen-Cassel nebst ihren Gemahlinnen vom allerersten an, bis zum letztverstorbenen von Wachs in Lebensgrösse sitzen. Sie haben alle dieselben Kleider an, die sie getragen haben. Da der Vorhang plötzlich aufgezogen wird giebt dies eine sonderbare Überraschung. Im dritten Zimmer sind lauter UHRWERKE, worunter auch einige sehr prächtige u. seltsame Uhren, auch eine Maschine die ein Perpetuo Mobile vorstellen soll, sich befindet: es sind nämlich zwei Kugeln die wechselweise eine messingne geschlängelte Bahn herunterlaufen, doch muss diese Maschine alle sechs Wochen aufgezogen werden. – Im vierten Zimmer sind viele schöne ARBEITEN VON ELFENBEIN U. BERNSTEIN; auch eine Menge KOSTBARKEITEN wie Waffen u. Gefässe etc. von Gold u. Edelsteinen. Im fünften Zimmer sind viele sehr kunstreiche DINGE, (so nennt man kleine Steine, deren Farben der Bildhauer so gut benutzt hat, dass die daraufgeschnitzten Figuren die Farbe der Sachen die sie vorstellen sollen, angenommen haben), auch waren da viele ALTE MÜNZEN. Danach führte man uns in einem Zimmer wo viele schöne MARMORNE STATÜEN stehn, wovon die meisten in Rom selbst gemacht sind. Auch sind da alle schönen Gebäude Italiens, von KORK sehr ähnlich nachgeschnitten. Von da traten wir in ein Zimmer, in dem eine sehr schöne MINERALIEN SAMMLUNG ist, alle Marmorarten u. Metallstufen, u. alle Sorten Lava, geschliffen u. ungeschliffen sahen wir hier. Dann sahen wir noch in einem andern Zimmer sehr schöne *Mosaique*-ARBEIT. Von hier traten wir in einem andern Zimmer wo lauter ausgestopfte *Quadrupeden* u. VÖGEL sind; unter denen uns besonders ein Löwe, Tiger, Elephant, Zebra, Dromedar, ein zweiköpfiges Schaaf u. Kalb, ein Kasuar, Kolibris, u. viele schöne Vögel mit ihren Nestern u. Eiern auffielen. Im folgenden Zimmer sind viele *Amphibien*, worunter viele grosse Kröten, auch die Kröte Lipa, die ihre Jungen auf dem Rücken trägt; eine Schildkröte u. Muscheln. Auch sahen wir eine Sammlung SEHR MERKWÜRDIGER BÜCHER, welche die Natur Geschichte aller Bäume welche in Hessen fortkommen enthalten. Diese Bücher sind von Holz u. hohl; der Rücken ist von der Rinde, und die Seiten sind von dem Holze des Baumes der beschrieben werden soll. Im Buche liegt ein Zweig desselben, auch ein Blatt, die Blüte, Knospe u. Frucht alles sehr täuschend von Wachs nachgemacht. Dabei liegt die Kohle u. der Kern des Baumes. Diese Bücher sind von einem gewissen *Hern. Schildbach* gemacht welcher sie am Landgrafen für eine Pension verkaufte, der sie ins Museum stellte. Dann zeigte man uns ein andres Zimmer wo eine *Insekten* SAMMLUNG ist: erstlich sahen wir eine SCHMETTERLINGSSAMMLUNG in der sich Schmetterlinge aller Art befinden, die aber nicht zum besten conservirt sind. Auch waren da viele andere Insekten, unterandern die Spinne Tarantel deren Stich Wahnsinn erregt, der nur durch Musik u. Tanz geheilt wird. Von da führte man uns ins MÜNZKABINET wo Medaillen von Kupfer, Silber u. Gold liegen: die grösste ist eine dänische Kriegsmedaille, welche eine Seeschlacht vorstellt; sie ist von Silber u. zwei Pfund schwer. Darauf giengen wir in die BIBLIOTHEK, welche auch mit zum Museum gehört; sie ist nicht so gross wie die Göttinger Bibliothek. In den letzten Zimmern des Museums stehn *mathematische* und *pfisikalische Instrumente*: Luftpumpen, Elektrisier Maschienen, Quadranten etc. etc. etc. Am meisten fiel mir aber ein Magnet auf der 100 Pfund hebt.

Am Abend giengen wir im Augarten spatzieren.

Sonntag, 27. July.
Diesen Morgen giengen wir auf den *Paradeplatz*, der den Königs- u. Friedrichsplatz noch an Schönheit übertrifft: er ist von den schönsten Gebäuden umgeben, und in der Mitte stehn auf einer Seite zwei steinerne Löwen, auf der andern zwei Obelisken, u. in der Mitte ein gebäumtes Pferd. Es wurde gerade Parade gehalten, u. bei der Gelegenheit hatte ich die Ehre den *Landgrafen* zu sehn. Hernach besahen wir die CHATHOLISCHE CAPELLE in der sehr schöne Öhlgemälde hängen die die Leiden Christi vorstellen. – Obgleich in Cassel viele schöne Gebäude sind so bemerkt man doch überall die Armuth der Unterthanen u. den Hass den sie gegen den Landgrafen haben. – Am Mittag fuhren wir wieder nach *Weissenstein*, wo wir ausser dem was wir vorigmal gesehen hatten noch die *Löwenburg* sahn: dies ist eine Burg im alten Geschmack des vierzehnten Jahrhunderts, die der Landgraf jetzt zu seinem Vergnügen, vielleicht aber auch zu seinem Schutze bauen liess, u. in der er immer allein von seinen Soldaten bewacht, im Sommer wohnt: die Burg liegt auf einem Berge, hat dicke Mauern, Zugbrücken, Thürme u.s.w., u. man arbeitete noch am Burgverliess als ich sie sah. Inwendig ist sie aufs Altmodischste meublirt, und mit Gemählden geziert, die jenen grauen Zeiten vollkommen entsprechen. Von der Löwenburg giengen wir die Wasser springen sehn, u. von da geradeswegs nach der *Hölle*: dies ist ein Gebäude welches von draussen wie ein andres aussieht, nur dass einige steinerne Furien herumstehn. Die Fensterscheiben sind roth u. gelb, so dass alle die darin sind aussehn als ob sie brannten. An der Thür sieht man Cerberus u. noch andere Höllengeister; sonst sind alle Höllenbewohner von Gyps darinn gewesen, diese sind aber entzwey gegangen u. der Landgraf wird andre von Stein machen lassen. Am Abend fuhren wir wieder nach Cassel zurück.

Montag, 28. July.
Wir machten uns am 28sten früh auf, um noch am Abend in Eisenach zu seyn, wo wir auch ohne weitere Merkwürdigkeiten um 7 Uhr abends ankamen. *Eisenach* hat eine sehr romantische Lage, es ist von allen Seiten mit Bergen umringt: auf einem derselben steht

die alte *Wartburg*, welche im eilften Jahrhundert erbaut und sehr berühmt ist.

Dienstag, 29. July.
Heute früh reisten wir bei schönem Wetter weiter, kamen ohne uns aufzuhalten durch das Fürstenthum u. die Stadt *Gotha*, u. durch die Reichsstadt *Erfurt*, nachmittag in *Weimar* an.

Mittwoch, 30. July.
Den folgenden Tag brachten wir in *Weimar* zu, wo wir das Vergnügen hatten den höchstinteressanten Herrn Bertuch kennen zu lernen. Er führte uns nach der *Maler-Academie*, wo Mädchen u. Knaben nach Gyps zeichnen. Auch besahen wir das SCHLOSS, welches, da es nicht mehr im heutigen Geschmack ist, umgeändert wird. Danach giengen wir in den *Park*, wo wir *Schiller* begegneten.

31. July. Donnerstag.
Am Tage darauf machten wir nur zwey Meilen bis nach *Jena*; der Weg führte uns durch eine schöne aber felsige Gegend. Unterandern kamen wir über einen hohen Berg, dem man wegen seiner Form den Namen der SCHNECKE gegeben hat. Um neun Uhr kamen wir in *Jena* an. Den Nachmittag brachten wir mit dem berühmten *Doktor Hufland* zu. Wir stiegen auf die Berge um Jena, welche die prächtigste Aussicht verschaffen.

Freytag, 1. August.
Von Jena fuhren wir in der Morgendämmerung ab, hatten den Tag über erstickende Hitze, u. kamen am Abend in der kleinen Stadt *Schleiss* an, welches dem Grafen von Reuss gehört, u. brachten daselbst die Nacht zu.

Sonnabend, 2. August.
Früh fuhren wir von Schleiss ab, kamen bei fortdauernder schrecklicher Hitze nachmittags an die böhmische Grenze, wo uns die *Mauth* plagen wollte, welche aber mit einigen Kreutzern abgefertigt wurde. Von hier an sahen wir bey jede hundert Schritt *Kruzi-*

fixe, KAPELLCHEN, u.s.w. Spät abends kamen wir in *Franzensbad*, ¾ Meilen von Eger, an.

Sonntag, 3. August.
Den heutigen Tag brachten wir in *Franzensbad* zu. Franzensbad selbst besteht nur aus ohngefähr zwanzig Häusern, welche den Bürgern von Eger gehören, u. in denen die Badegäste logiren. Beim BRUNNEN, dessen Wasser frisch getrunken nicht übel schmeckt, ist eine Promenade für die Churgäste, u. ein Saal zur Table d'hôte, in welchem Sonntags auch BALL ist, der aber schon um vier Uhr anfängt u. um sieben aufhört.

Montag, 4. August.
Wir verliessen Franzensbad am folgenden Morgen, und kamen ohne weitere Merkwürdigkeiten um vier Uhr in Carlsbad an.

AUFENTHALT IN CARLSBAD VOM 5TEN BIS ZUM 28TEN AUGUST.

Carlsbad liegt in einem engen Thale, welches von allen Seiten mit hohen steilen Bergen umgeben und in vielen Stellen nur einen Flintenschuss breit ist, darum sieht man die Stadt nicht eher als bis man mitten darinn ist. DIE STADT IST KLEIN, unbefestigt u. ohne Besatzung. Man zählt eigentlicher Einwohner nur 3 bis 4000. – Eigentliche WIRTHSHÄUSER gibt es in Carlsbad nicht, doch würde man denken dass es nichts als Wirthshäuser gäbe, denn alle Häuser führen ein Schild u. man logirt immer bei den Bürgern der Stadt, welche auch darauf eingerichtet sind. Da in Carlsbad keine Table d'hôte ist lässt man das ESSEN VOM *Traiteur* hohlen, welches aber schlecht u. schmutzig ist. – Hier ist nur eine u. zwar eine chatholische KIRCHE. – Die Churgäste können hier, theils weil keine Table d'hôte ist, theils weil hier mehrere Brunnen sind, nicht so sehr zusammenhalten wie in andern Badeörtern. Man hat hier MEHRERE BRUNNEN welche sich an Stärke u. Wärme unterscheiden: der stärkste von allen ist der *Sprudel*; dann kommt der *Neubrunn*, dann der *Schloss-*

brunn, u. dann endlich der *Theresienbrunnen*, der schwächste. Alle diese Brunnen sind mit SPATZIERGÄNGEN für die Trinkenden versehn; auch stehen immer eine Reihe ABTRITTE dabey, weil das Wasser sehr schnell wirket. Ein jeder Badegast mietet sich also einen Abtrittsschlüssel. Bei jedem Brunnen ist ein verdeckter Platz oder Saal, in dem man bei Regenwetter trinket: denn es ist viel heilsamer das Wasser sobald es geschöpft ist, als zu Hause zu trinken. Das Wasser ist so heiss dass wenn man es zum Bad gebrauchen will, es noch 24 Stunden stehen muss. Auch kann man Fische, Krebse, Gewächse u. dgl. m., wenn man sie im Dampfe des Sprudels hängt, VERSTEINERN, d.h. sie werden mit einer röthlichen steinartigen Rinde überzogen. Die einzigen Versammlungsplätze die man hier hat sind zwei *Caffehäuser*, der böhmische, u. der sächsische Saal, wo die meisten Churgäste nach dem Wassertrinken frühstücken. Zur BELUSTIGUNG DER BADEGÄSTE dient ein elendes Schauspiel, welches um vier Uhr anfängt, u. gegen acht aus ist: Stücke u. Musik sind eben so erbärmlich wie die Acteurs, welche alle im platten wiener Accent sprechen. Mit dem Ballet, u. den Dekorationen stehts etwas besser: auf dem Vorhang stehen (o! des ingenieusen Gedankens!) die Musen die den Sprudel trinken! Am Anfang der Badezeit gab es hier auch Bälle, welche bei unserer Ankunft aber schon aufgehöhrt hatten. – Unweit der Stadt ist ein Lusthaus das man den Posthoff nennt, wo man wenn es bestellt ist recht gut essen kann, u. wo auch ein schöner Tanzsaal ist. –

Die *Töpel*, ein kleines Flüsschen, fliesst mitten durch die Stadt, u. ist voller Fische, die einem jeden zu fischen frey stehn. Die BERGE welche Carlsbad umgeben verschaffen sehr schöne Spatziergänge u. Aussichten. Am nördlichen Theil der Stadt erhebt sich ein felsigter Berg den man den *Hirschsprung* nennt, u. von dem die Sage geht, dass er auf folgende Weise Veranlassung zur Entdeckung der heissen Quelle gegeben habe: in den Zeiten wo hier noch alles mit Waldungen bewachsen war, habe ein böhmischer König auf der Jagd, auf dem Berge einen Hirsch verfolgt, dieser sey den ganzen Berg heruntergesprungen, ein Hund habe das nemliche gethan, u. habe ihn bis an die heisse Quelle verfolgt, welche der Hirsch auch übersprang, der Hund wollte sie aber durchschwimmen; er sprang in das kochende Wasser, verbrannte sich natürlich, die Jäger kamen über sein Geschrey herbei u. entdeckten so die heisse Quelle, die jetzt der Hauptnahrungszweig der Einwohner ist. Oben auf dem Hirschsprung steht ein Kreuz, zu welchem ein gewisser Graf einen bequemen Weg bahnen liess; von diesem Kreuz sieht man das Thal worin Carlsbad liegt, die Töpel, u. die Gegend weit umher wie eine Landkarte unter sich liegen. Am östlichen Theil des Thals ist ein hoher Berg den man wegen drey darauf stehender Crucifixe den *Dreikreuzer-Berg* nennt: er ist der höchste von allen, allein der Weg soll nicht bequem seyn, ich habe ihn nicht erstiegen. Gegen Süden ist ein kleinerer Berg, auf dem eine Capelle steht, die dem *St. Lorenz* dem Schutzpatron der Stadt geweiht ist, u. welche, da sein Fest war, sehr hübsch, während acht Tagen, illuminirt war. Westlich von der Stadt ist ein nicht hoher Berg, den man den Parnass nennt, u. der einen hübschen Spatziergang gewährt. Er trägt eine Marien-Kapelle, in der alle Abend von 5–9 Licht brennt.

Die EINWOHNER von Carlsbad sind meistens nur Handwerker. Sie ernähren sich hauptsächlich von den Badegästen welche vom Monat May bis zu Ende August hier sind, u. die sie beherbergen u. mit allem versehen. Um diese Zeit kommen auch *Galanterie-Bijouterie- und Modehändler* aus Prag u. Wien hierher. Das beste Logi bekommt man in einem Theil der Stadt der die *Wiese* heisst. Die Einwohner sprechen hier noch mehr deutsch wie böhmisch. Man macht hier recht gute STAHLARBEIT. Hauptsächlich wird hier aber schönes ZINN verarbeitet, was fast wie Silber glänzt. Auch werden hier ausserordentlich viele, sehr schöne NADELN gemacht. In und um Carlsbad sieht man nicht einen einzigen, auch nicht einmal einen Kohl-Garten.

Wir fassten den Entschluss von hier nach Prag u. von dort nach Wien zu reisen.

---

28. August. Donnerstag.

Am 28. August früh Morgens verliessen wir Carlsbad, u. reisten tiefer in Böhmen hinein. Je weiter man kommt, desto mehr verliert sich die DEUTSCHE SPRACHE, u. die böhmische nimmt ihren Platz ein. Denn es giebt hier zwey Volksklassen: die *Deutschböhmen*, u. die *Stockböhmen*. Letztere sind die wahren Bewohner des Landes, u. stammen von den Zeiten der böhmischen Könige u. Herzoge her. Sie sprechen die alte böhmische Sprache, welche sehr hübsch klingt, und grosse Ähnlichkeit mit der polnischen hat. Die Deutschböhmen sind aber nur seit der Zeit dass Böhmen an das Haus Östreich gefallen ist da; sie wohnen gegen die Grenze zu, u. sprechen mehr deutsch wie böhmisch. Beide Klassen hassen sich untereinander. Überall sieht man eine Menge OBST, selbst an den Landstrassen stehn, welches weit und breit verschickt wird. Die Bauernwagen, u. Pflüge werden hier fast nie mit Pferden, sondern immer mit OCHSEN bespannt.

Wir kamen durch Liebkowitz von wo wir einen Umweg machten, um nach *Schönhof* zu gehn wo ein sehr schöner Garten ist, der einem böhmischen Grafen gehört. Um sechs Uhr Nachmittag kamen wir in *Schönhof* an, u. giengen sogleich in den GARTEN, der sehr schön u. gross ist: er ist nach englischer Art eingerichtet, u. enthält viele prächtige LUSTHÄUSER. Das schönste was wir heute sahn war der *gothische Tempel*. Er ist von ausserordentlich schöner Bauart: die Fenster, welche wie Kirchenfenster sind, stehn in zwey Reihen, inwendig auch übereinander. Die Rauten sind von verschiedenen prächtigen Farben in simetrischer Ordnung gestellt: dies gibt einen sehr schönen, sogar schauerlichen Anblick, weil alle Personen die darinn sind, ganz sonderbar aussehn. Auch sahn wir einen recht hübschen *chinesischen Pavillon*.

Freytag, 29. August.
Diesen Morgen giengen wir ganz früh wieder in den GARTEN, wo wir wieder einige sehr SCHÖNE LUSTHÄUSER, und einen prächtigen grossen WASSERFALL sahn. Auch zeigte man uns eine *Voliere* von Turteltauben, u. einen TEICH, worinn über hundert ausserordentliche grosse GOLDFISCHE sind. Dann giengen wir nach dem *Thiergarten*, wo wir sechs HIRSCHKÜHE, einen jungen HIRSCH, u. einen alten sahn, der sehr gross u. von SECHSZEHN ENDEN ist: sie sind so zahm, dass sie uns aus der Hand

frassen. Wir verliessen Schönhof, kamen durch die Kreisstadt *Saaz*, die recht hübsch gebaut ist, assen zu Mittag in *Laun*, u. kamen am Abend in *Schlan*, vier Meilen von Prag an, wo wir übernachteten.

Sonnabend, 30. August.

Nachdem wir in *Schlan* eine ziemlich schlechte Nacht, wegen der harten Betten, zugebracht hatten, reisten wir vier Meilen weiter nach *Prag*, wo wir gegen Mittag ankamen. Nachmittag fuhren wir in der Stadt herum, um sie zu besehn. *Prag* ist ausserordentlich GROSS, u. sehr STARK BEFESTIGT. Die Häuser sind meistens von Fels oder Quaderstein oder wenigstens mit Kalk künstlich überzogen, u. alle sehr MASSIV. Da viel hoher ADEL U. GEISTLICHKEIT hier wohnt, so sind hier viel prächtige SCHLÖSSER, die meistens mit schönen Statüen geziert sind. Überhaupt hat Prag grosse Ähnlichkeit mit Paris: die Häuser sind weiss wie dort, die Strassen ebenso kothig, auch sieht man hier wie dort die FIAKER dutzendweise auf den Gassen warten. – Niemand ausser die niedrigeren Klassen von Handwerkern u.s.w. heisst hier Herr u. Madam, sondern alles ist *Ihro Gnaden*, Exzellenzen u.s.w. Die *Moldau* fliesst mitten durch die Stadt. Über sie führt eine überaus prächtige BRÜCKE: diese ist ganz von Stein, fast unübersehbar lang, u. so breit, dass drey Wagen sich darauf vorbey fahren können. Ausserdem ist noch auf beiden Seiten ein erhabener Weg für die Fussgänger, auf dem die Ordnung herrscht, dass die von einem Ende Kommenden auf der einen Seite, u. die vom anderen Ende, auf der andern Seite gehn. Auf beiden Seiten der Brücke ist ein schönes steinernes Geländer, auf dem eine Menge zum Theil sehr schöner religiöser Statüen stehn, unteranderm auch die des *Hlg. Nepomuk*, der von dieser Brücke gestürzt wurde. Die bygotten Einwohner von Prag würden es sich für die grösste Sünde anrechnen, über die Brücke zu gehn, ohne vor jeder Statüe wenigstens den Hut abzunehmen. Am Abend fuhren wir ins SCHAUSPIEL, welches um 7 Uhr anfängt u. um halb zehn aufhört. Hier ist keine Oper sondern nur Schauspiel u. Ballet, beides sehr gut. Ausserdem ist hier noch ein andres Theater für den gemeinen Mann.

Sonntag, 31. August.
Hier ist alle Sonntag THIERHETZE. Sobald wir dies vernahmen eilten wir das schöne Schauspiel zu sehn. Man führte uns an einen kleinen Platz, um den einige bretterne Logen für die Zuschauer sind. Die Hetze fing an: erstlich trat ein ungrischer Ochs hervor, der ganz ausserordentlich gutmüthig aussah: ein paar Hunde wurden auf ihn losgelassen, doch sobald sie ihn bei den Ohren hatten wurden sie wieder getrennt. Dann folgte ein Bär, den die Hunde ein wenig anbellten, doch auch er wurde sogleich wieder weggeführt. Den Beschluss machte ein Hirsch der düchtig lief, u. hinter dem die Hunde alle bellten. Nachdem wir uns eine Stunde bey der Hetze ennuyirt hatten fuhren wir nach Hause.

Montag, 1. September.
Diesen Nachmittag fuhren wir nach dem *Ratzin*, (sprich: Rathchin) ein hoher Berg mitten in der Stadt von dem man beinahe ganz Prag übersehen kann, u. eine schöne Aussicht auf die Moldau hat. Auf dem Ratzin steht die *Schlosskirche*, u. das *königl. Schloss*. *Das Schloss* ist ein ganz ungeheures Gebäude, von dem wir nur das Hauptsächlichste sehn konnten. Erstlich zeigte man uns einen dreyhundertjahr alten Saal, in dem der Erzherzog von Östreich zum König von Böhmen gekrönt wird. Dieser Saal ist ganz erschrecklich gross u. sehr antik. Dann zeigte man uns ein Zimmer worin die Portraits berühmter Männer hängen, unter denen sich besonders folgende auszeichneten: der faule Wenzel, König von Böhmen, seine so berüchtigte Maitresse, Kaiser Leopold mit der dicken Lippe, Wallenstein, u. Maria Theresia: alle diese Gemählde sollen nach der Natur gemacht seyn. An diesem Zimmer stossen zwey Dachkammern, in denen der faule Wenzel Hausarrest hatte. Man zeigte uns noch verschiedne andre Zimmer, unterandern einen grossen Ballsaal, in dem, wenn der Kaiser da ist, nicht weniger als fünf u. dreissig Kronleuchter brennen. – Die *Schlosskirche* ist ein uraltes neunhundertjähriges Gebäude, in welchem die Särge der böhmischen Könige, u. sogar der böhmischen Herzoge stehn. In zwei silbernen Särgen, die von einer Menge massiver silberner Engel getragen werden, sollen in dem einen der Körper des

St. Johannes, u. im andern der des St. Nepomuk liegen, den der faule Wenzel in die Moldau werfen liess. In einer besondern Abtheilung sieht man das Grab des St. Wenzelaus, Königs von Böhmen, seinen Helm, u. sein Panzerhemd. Auch einen Kasten, in dem die Zunge des St. Nepomuk liegt.

Dienstag, 2. September.
Heute besahn wir eine Bude mit AUSLÄNDISCHEN THIEREN, unter denen sich besonders zwei lebende Zebra's, ein Bieber, viele Cakadu's u. andre sehr schöne Vögel auszeichneten. Danach fuhren wir nach dem *waldsteinischen Garten* der recht hübsch ist.

Mittwoch, 3. September.
Ich gieng heute in die *St. Nicolaï-Kirche*: sie ist nur klein, aber inwendig ganz u. gar mit Marmor belegt, mit vielen sehr schönen Statüen geziert, u. hat eine schöne Kuppel. Am Abend giengen wir in die Komödie, wo wir das Vergnügen hatten Hr. u. Mad. Vigano tanzen zu sehn, wir konnten beide nicht genug bewundern. –

Donnerstag, 4. September.
Diesen Nachmittag fuhren wir auf eine kleine INSEL in der Moldau, wo aber wenig Freude zu hohlen ist. Der *Erzherzog Carl* hält sich hier auf, ist aber sehr selten zu sehn, wir sahen ihn auch nicht. Wir hielten uns hier nur solange auf weil es sehr schwierig ist einen Pass aus Wien zu bekommen ohne den man nicht hin kann. Wir erwarteten diesen alle Tage, oder eine abschlägige Antwort, u. schickten deswegen sogar Stafetten nach Wien. –

Freytag, 5. September.
Da wir heute keinen Pass erhielten riss uns die Geduld aus, u. wir reisten diesen Nachmittag nach Dresden ab. Unser Weg ging über Schlan wo wir uns aber nicht aufhielten, sondern die Nacht durchfuhren. – Auf der ganzen Reise, von Hannover an, hatten wir immer Chaussée gehabt, die höhrte jetzt aber auf, u. die erbärmlichsten Wege traten an ihre Stelle.

Sonnabend, 6. September.
Diesen Morgen führte uns unser Weg, der voll grosser Felssteine lag, ganz dicht am Ufer der Elbe hin. Jenseits sahen wir den *Schreckenstein* liegen, ein sehr hoher schroffer Fels der halb im Wasser steht, u. auf dem eine alte berüchtichte Raubburg liegt, die im dreissigjährigen Kriege von den Schweden zerstört wurde. Die ganze Gegend umher ist romantisch schön. Endlich kamen wir mit zerstossenen Rippen u. hungerndem Magen in dem Oertchen *Peterswalde* an: ein blosses Dorf, das aber obgleich es nur schlechte Häuser u. eine einzige Strasse hat, gewiss eine viertel Meile lang ist. Wir assen hier zu Mittag, u. fuhren dann weiter. Sowie wir aus Böhmen heraus waren wurde das Land bebauter, u. wir kamen am Abend in *Dresden* an.

Sonntag, 7. September.
Diesen Sonntag giengen wir in die *Katholische Kirche*, wo wir die ganz ausserordentliche prächtige KIRCHENMUSIK hörten. Beim Herausgehn defilierte der *Churfürst von Sachsen*, nebst seiner Familie u. seinem ganzen Hofe, u. auch der *Churfürst von Trier* dicht bei uns vorbei. Alle waren aufs altmodischste gekleidet: die Herren in seidnen mit Gold gestickten Kleidern, Haarbeuteln, Degen, Chapeau-bas, die Damen mit gewaltigen Reifröcken, hohen Frisuren, u. Nadelspitzen Taillen, liessen sich von Bedienten u. Pagen die Schleppe tragen. Überhaupt ist hier alles, besonders aber der Adel sehr ALTMODISCH. Unter der Dienerschaft des Churfürsten fielen mir besonders zwei kolossalische Figuren in Türkentracht auf; sie sind so gross dass sie in sehr wenig Thüren aufrecht stehn können, u. dabey proportionnirt dick. Der Churfürst lässt diese Kerle aus Thüringen kommen.

Montag, 8. September.
Heute war unglücklicherweise ein chatholischer Festtag, weswegen man die meisten Sachen nicht sehn kann. Indessen giengen wir diesen Nachmittag nach dem *Zwinger*: eine schöne Orangerie die von schönen Gebäuden umgeben ist, in denen allerhand Seltenheiten zu sehn sind von denen wir einige besahen. Im ersten Ge-

bäude sind lauter Sachen die die JÜDISCHE RELIGION betreffen. Ein *Tempel Salamonis* von Holz, vollkommen richtig nachgeahmt u. ausgemessen. Ein Hamburger Ratsherr liess ihn machen, u. ruinirte sich fast gänzlich dabey, als der Churfürst ihn ihm abkaufte. Auch sind da viele alte JÜDISCHE BÜCHER, sehr schön mit hebreischen Buchstaben auf Pergament geschrieben, u. aufgerollt, auch viele Instrumente zur Verheyratung, Beschneidung, Scheidung eines Ehepaares, u. andern jüdischen Ceremonien. Darauf giengen wir nach einem anderen Gebäude welches ein *Naturalien-Cabinet* enthält: es wird in Mineralien-, Thierreich-, u. Coquillien-Zimmer getheilt. Im ersten sahen wir alle möglichen MARMORARTEN, einige sächsische u. böhmische Steine, Crystall, Bernstein, alle Metallstufen, Platina, Lava, einheimische sächsische Perlen etc. Wir fanden dass die sächsischen Naturprodukte den andern an Schönheit gleichkommen. Die grösste Seltenheit sind aber zwey VERSTEINERTE BAUMSTÄMME: eine Eiche u. ein Palmbaum, die bei Crunitz in der Gegend von Leipzig gefunden sind; geschliffen geben sie einen schönen Marmor ab. Im *Thierreichzimmer* schien mir das Merkwürdigste: ein Faulthier, ein erstaunlich grosser englischer Hund, ein ganz kleiner ausgewachsener Hund, eine Antilope, Gemse, Bären, Löwen, Tiger, usw. viele ausländische Vögel, Kröten, Eidechsen, Schlangen, worunter besonders die Klapperschlange, u. die Brillenschlange, deren Biss nach einer Viertelstunde den Tod, u. nach einer Stunde Verwesung des Körpers nach sich zieht. – Im *Coquillien Zimmer* sieht man eine Menge sehr schöner Muscheln u. Schnecken, worunter einige sehr kostbare sind. – In den andern Gebäuden ist die Kunstkammer, ein mathematischer Saal, u. eine Kupferstichsammlung: erstere konnten wir nicht sehn weil der Aufseher krank war, u. letztere muss man vorher bestellt haben. Gegen Abend giengen wir in den *Antiquen-Saal*, den wir bei Fackelschein sahn, weil die Statüen sich dann wegen des Schatten u. Lichts besser ausnehmen. Wir sahen hier eine der schönsten Sammlungen der Welt, alles Werke der grössten alten Meister, hier zusammengehäuft, u. mehrere Jahrtausende alt. Die vorzüglichsten sind: eine antike Copie der *medizeischen Venus*, die der, die jetzt in Paris ist, an Schönheit gleichkommen soll; eine *griechische*

Matrone, ganz in ein Gewand gehüllt, die unaussprechlich lebendig aussieht, zwei sich sehr ähnliche Statüen, die sich ins Gewand hüllen, *Cupido in der Balge*, u. noch eine Menge andre prächtige Statüen. Auch sieht man hier das Grab einer uralten Familie, Mumien, Aschkrüge u. andre tönerne Urnen deren Alter man an der ziemlich groben Arbeit erkennen kann, auch Grabsteine; das ganze Grab soll 4000 Jahre alt seyn.

Dienstag, 9. September.
Diesen Morgen giengen wir in das berühmte *grüne Gewölbe* wo der grösste Schatz der Welt ist: es befindet sich beim Schlosse des Churfürsten, u. besteht aus vielen grossen Sählen hintereinander, deren Wände fast ganz von Spiegeln mit einer grünen Einfassung, u. ringsum mit Borten von eben der Farbe, auf denen die Sachen stehn, besetzt sind. In den ersten Zimmern sieht man besonders KUNSTSACHEN, wie schöne Statüen von Bronze u. Elfenbein, prächtige Becher mit schönen Figuren von Elfenbein, eine kleine Fregatte von derselben Materie etc. etc. In den übrigen vielen Sählen sieht man eine Menge KOSTBARKEITEN von denen man ganz betäubt wird, u. man am Ende nicht recht weiss was man gesehn hat. Erstlich bemerkt man ein prächtiges Camin von Marmor, mit Gold u. Edelsteinen beschlagen; Gefässe von Gold u. Silber, reich mit Edelsteinen ausgeschlagen; kleine groteske Figuren von kostbaren Steinen u. Perlen; sehr schöne Perlen, worunter einige drey Mal so gross wie eine Wallnuss, aber nicht vollkommen rund sind; ganze Berge von Perlen; sehr schöne Sachen von Bernstein; ein goldenes Ey in dem man wenn man es aufmacht, das Gelbe des Ey's von Email nachgemacht findet, öffnet man dieses, so findet man ein kleines emaillirtes Huhn u. in diesem ein kleine Krone von Edelsteinen. Danach sieht man viele Schwerter u. Degen mit sehr kostbaren Handgriffen u. Scheiden. Dann den *Putz des Churfürsten* u. seiner Gemahlinn, worunter prächtige Knöpfe von einzelnen Brillanten, wovon jeder so gross wie eine Haselnuss; Hals- u. Armbänder, u. andern Schmuck für die Churfürstinn; Kronen, Schnallen, Hut-Aigretten, usw. von lauter grossen Diamanten; prächtige Epaulets, worauf ein grosser grüner Diamant ist, der einzig in sei-

NACH CARLSBAD, PRAG, RÜCKREISE NACH HAMBURG 29

ner Art, folglich unschätzbar seyn soll; eine Schmaragdstufe worauf eine Menge äusserst grosser Steine sind; der Hof des Gross-Moguls, ein aegyptischer Altar, alles von Gold u. Edelsteinen etc. etc. – Man sieht endlich so viel Kostbarkeiten dass man nicht den zwanzigsten Theil davon behalten kann, u. wenn man heraus kommt, wundert man sich dass die Strassen u. Häuser nicht von Gold sind. – Vom grünen Gewölbe giengen wir in die BILDERGALLERIE: hier ist eine der schönsten Sammlungen, man sieht hier die prächtigsten Pastell- u. Öhlgemählde, *die Nacht von Correggio, die Madonna von Raphael*, u. andre grosse MEISTERSTÜCKE sind die Zierde der Gallerie. – Von da giengen wir in den gräfl. *Brühlschen Garten*, der eben nicht hübsch ist aber eine schöne Aussicht auf die grosse Brücke hat. Am Eingange bemerkten wir ein zertrümmertes Gebäude, welches die *Jungfer* heisst. Man sagte uns dass die Missethäter hier ehemals auf eine besondere Weise hingerichtet wurden: nämlich der Deliquent musste eine Figur in Gestalt einer Jungfer umarmen, alsdann that sich die Erde unter ihm auf u. er fiel auf eine Menge Spiesse, Räder u. Schwerter, von denen er sogleich zermalmt wurde. Friedrich der Grosse hat dieses Gebäude zerstört. – Diesen Nachmittag fuhren wir nach *Pillnitz* wo der Churfürst Schloss u. Garten hat, welches man aber nicht besehn kann. Bei Pillnitz ist der *Loersberg*, den wir wegen des schlechten Wetters nur zur Hälfte besteigen konnten, wo eine künstliche Ruine ist, von der man eine sehr schöne Aussicht hat. Am Abend fuhren wir nach Dresden zurück.

Mittwoch, 10. September.
Heute fuhren wir zu Mittag nach *Tarant*: einem Flecken unweit Dresden. Der Weg dahin führt durch eine reizende romantische Gegend, die wegen ihrer Schönheit weit u. breit unter dem Namen des *Plauenschen Grunds* bekannt ist: ein bald breit, bald schmales Thal das von hohen Felsen eingeschlossen ist, u. von einem Flüsschen durchflossen wird. *Tarant* ist klein, enthält aber eine mineralische Quelle die von den Einwohnern der ringsherumliegenden Gegenden besucht wird. Es ist von Bergen umgeben, auf denen Promenaden für die Churgäste angelegt sind; wir bestiegen nur

einen, auf dem eine verfallene Burg steht, von der man eine schöne Aussicht hat. Am Abend fuhren wir bei sehr schlechtem Wetter wieder nach Dresden zurück.

Donnerstag, 11. September.
Heute giengen wir nach dem *japanischen Palais*, um die sich dort befindende *Porzellain*-SAMMLUNG zu sehn: erstlich zeigte man uns eine Menge Gefässe von Porzellain, welches aussieht als wenn es von braunem Kupfer wäre; es vereinigt mit den geschmackvollsten Formen, die feinste Glasur, u. eine ausnehmende Leichtigkeit, dabey ist es so hart, dass es geschliffen werden kann. Dieses schöne Porzellain ist von dem berühmten Böttger verfertigt worden, der die Kunst Gold zu machen erfand. Der damalige Churfürst liess ihn deswegen aber einsperren, damit der Wehrt des Goldes nicht sinke; in seiner Gefangenschaft erfand er das deutsche Porzellain, da in damaligen Zeiten das Porzellain nur aus China u. Japan kam. Diese Erfindung ward bekanntgemacht, die der obenbeschriebenen Gattung gieng aber mit Böttgern verlohren, weswegen dieses in der ganzen Welt nicht mehr zu haben ist. In einem andren Zimmer sieht man alle THIERE in Lebensgrösse von *Porzellain*. In den folgenden lauter *chinesisches u. japanisches* Porzellain: unter einer Menge schöner Figuren aller Art fielen mir besonders zwey auf: ein Rosenstock im Blumentopf, u. ein sybirischer Hund der auf einem Kissen schläft, beyde sind ganz ausserordentlich natürlich. – Darauf zeigte man uns eine besondere Art *Hautelisse-Tapeten*, sie sind von lauter Federn, u. nehmen sich sehr schön aus. Da es regnete giengen wir in die in demselben Hause sich befindende BIBLIOTHEK: sie ist sehr zahlreich u. füllt zwey Stockwerke aus. Man hat sie in viele Zimmer getheilt, in denen die Bücher nach den Wissenschaften die sie enthalten, vertheilt sind. – Am Abend assen wir auf dem Weinberge des Herrn von der Breling.

Freytag, 12. September.
Heute morgen gieng ich in die RÜSTKAMMER. Hier sah ich eine Menge WAFFEN aller Art: alte RÜSTUNGEN in sehr grosser Menge, einige für Knaben von elf bis zwölf Jahren, verschiedene sind sehr

kostbar, ganz von Silber; sie sind alle ungeheuer schwer, denn ein solch vollkommener Helm wiegt nicht unter sechszehn bis zwanzig Pfund. Auch sah ich sehr viele Schwerter, Dolche, Lanzen, Fahnen etc. etc. auch viele Sachen die der Gross-Sultan dem Churfürsten schenkte: *türkische Kleidungen* u. Waffen, sehr reiche Säbel, u. prächtige Pferdegeschirre, etc. ALTE KLEIDUNGSSTÜCKE, die zum Theil sehr reich waren u. dgl. m. Nachmittag besahn wir die GYPSABGÜSSE: eine sehr schöne Sammlung von den Abgüssen aller schönen italiänischen Statüen.

Sonnabend, 13. September.
Frühmorgens fuhren wir heute nach der Festung *Königstein* ab. Der Weg ist sehr angenehm: er führt über *Pirnau* wo wir uns unser Mittagessen bestellten welches wir auf dem Rückweg einnehmen wollten. Um zwölf Uhr kamen wir beim *Königstein* an. Der Königstein ist als eine der stärksten Festungen der Welt berühmt. Er liegt auf einem hohen Felsen, der an einigen Stellen mit einen Theil der Mauer bildet. Die Festung ist, wie uns der Wachtmeister sehr lebhaft demonstrirte, unbezwingbar. Dieser führte uns überall, auf allen Mauren herum: er zeigte uns *die Kasematten*; dies sind Gewölbe in denen die Soldaten während der Belagerung wohnen, weil sie dort gegen Bomben u. Kugeln vollkommen geschützt sind, da über diesen Kasematten zwölf Fuss hoch Erde u. Mauer liegt. In den Kasematten liegen eine Menge MEHLFÄSSER, die die Garnison gewiss lange vor Hungersnoth schützen würden, da die Festung nur hundert Mann zu ihrer Vertheidigung braucht. Von den Kasematten giengen wir in das ZEUGHAUS, welches nichts Merkwürdiges enthält. Und von dort giengen wir über die höchste Mauer, von der man eine ganz unbeschreiblich prächtige Aussicht hat, die sich bis nach Böhmen erstreckt, u. von dort giengen wir nach dem berühmten *Königsteiner Brunnen*. Dieser Brunnen ist in den Felsen gegraben, 900 Ellen tief, u. hat $7\frac{1}{2}$ Ellen im Durchmesser. Man zeigte uns seine ungeheure Tiefe indem man an der Tonne mit der man Wasser schöpft, einen Kronleuchter befestigte, dessen Lichter uns, als er unten war, nur noch als kleine Funken schimmerten. Als wir alles auf dem Königstein gesehn hatten fuh-

ren wir nach *Pirnau* zurück, assen dort, u. am Abend waren wir wieder in Dresden. –

Sonntag, 14. September.
Diesen Nachmittag giengen wir nach dem *Bade*: ein öffentlicher Garten der eine sehr schöne Lage hat, u. in dem Sonntags ganz Dresden versammelt ist. –

Montag, 15. September.
Heute bereiteten wir uns, das liebe Dresden in dem wir so manche frohe Stunde gehabt hatten, zu verlassen. *Dresden* liegt in einer bezaubernden GEGEND, die Stadt ist weder sehr gross noch klein, hat aber sehr schöne GEBÄUDE, unter denen die die GROSSE BRÜCKE die sehr berühmt ist, gehöhrt; sie übertrifft die Prager-Brücke an Grösse, sie hat ein schönes eisernes Geländer, in der Mitte steht ein steinernes Kruzifix. Die Einwohner sind sehr altmodisch, im ganzen herrscht hier aber ein sehr angenehmer Ton. Ein jeder hält sich hier einen *Weinberg*, wie anderwärts ein jeder seinen Garten hat. Fast Niemand bewohnt hier ein ganzes Haus, sondern eine jede Familie hat ein, höchstens zwey Stockwerke; da die Häuser sehr hoch sind, wohnen oft viele Familien in einem Hause. –

Dienstag, 16. September.
Diesen Morgen um neun Uhr reisten wir ab, um von den schönen Gegenden Sachsens in die Sandwüsten Brandenburgs zu kommen. Bis nach *Meissen*, wo wir zu Mittag assen hatten wir noch schöne Wege die uns an reichen Weinbergen u. nackten Felsen vorbeiführten: nach Meissen höhren diese aber allmählig auf. Am Abend kamen wir im Dorfe *Elsterwerder* an, wo wir übernachteten. –

Mittwoch, 17. September.
Am folgenden Morgen reisten wir früh um fünf Uhr von Elsterwerder ab. Der Weg gieng durch einen Fichtenwald in dem kein einziger grüner Baum stand: nachdem wir den Postillion nach der Ursache hiervon gefragt hatten, sagte er dass eine gewisse Raupe die sich sehr schnell vermehrt alle Blätter abfrässe; an jedem Baum

hiengen auch tausend leere Cocons. Am Abend kamen wir im Städtchen *Baruth* an. –

Donnerstag, 18. September.
Von Baruth entfernten wir uns von der gewöhnlichen Poststrasse um in *Zossen*, einem kleinen Landstädtchen gute Freunde zu besuchen. Wir kamen Vormittag in *Zossen* an, u. hielten uns den Tag über dort auf. –

Freytag, 19. September.
Am folgenden Tag reisten wir um acht Uhr von Zossen ab, u. kamen gegen Mittag in *Berlin* an, wo wir am Thore mit einer leichten *Visitation* abkamen. Ich erstaunte über die schöne BAUART Berlins: alle Häuser sind geschmackvoll; auch hier wohnen, wie in Dresden, mehrere Familien in einem Hause. –

Sonnabend, 20. September.
Heute besahn wir ein *Panorama* der Stadt Rom, welches eben so eingerichtet ist wie das von London, was ich in Hamburg gesehn hatte: es ist nemlich ein ringsum angeschlagenes Gemählde, in der Mitte ist der Platz für die Zuschauer. Indessen ist dieses bei weitem nicht so schön wie das von London, u. ich glaube dass der Mahler der es verfertigt hat, wohl nie in Rom gewesen ist: denn man sieht die Stadt nur von weitem. Am Abend giengen wir ins SCHAUSPIEL. Das Haus ist nicht sehr gross, man baut jetzt ein neues. Die Decorationen sind gut, aber die SCHAUSPIELER excellent. –

Sonntag, 21. September.
Am folgenden Nachmittag fuhren wir nach dem *Thiergarten*: einem unweit der Stadt gelegnen Holze, in dem verschiedene Wirtshäuser sind, wo Sonntags sehr viel beau-monde versammelt ist. Unterandern sahn wir auch den *türkischen Gesandten* mit seiner Dienerschaft: er sass in einer Laube, rauchte seine ellenlange Pfeife, u. liess sich von den Berlinern die um ihn herum standen, wie ein Wunderthier begaffen.

Montag, 22. September.
Am 21ten, 22ten u. 23ten September hält der König alle Jahr bei Potsdam grosse Manoeuvre. Da meine Eltern nicht hin wollten, fuhr ich diese Nacht um zwei Uhr mit guten Freunden ab, u. kam am andern Morgen um fünf Uhr in Potsdam an. Um sieben fuhren wir nach dem Manövre-Platz, der aus vielen nebeneinanderliegenden flachen Feldern bestand. Die TRUPPEN, sowohl Cavalerie als Infanterie, wurden in zwei Theile getheilt, wovon der KÖNIG die eine Hälfte, General Neldorp (?) die andere kommandierte. Nun wurde die Schlacht geliefert: sie schossen dass uns die Ohren wehthaten, die Husaren hauten ein, Scharfschützen liefen um die Wagen der Zuschauer herum, u. schossen uns dicht am Gesicht vorbei. Auch sahen wir die sehr schöne KÖNIGINN zwey Mal dicht an uns vorbey fahren. Als die Manoeuvre beinahe aus war, höhrten wir plötzlich einen grossen Lerm, u. erfuhren dass des Königs Pferd in ein mit Sand bedecktes Loch getreten, und der König gestürzt sey. Er war an verschiedenen Stellen beschädigt, u. fuhr mit der Königin zu Hause. Die Mannövre war sogleich zu Ende. In dem selben Augenblick da der König dies Unglück hatte, lief ein unglücklicher verirrter HASE mitten durch die gedrängten Haufen der Zuschauer u. kam trotz aller Bestreben ihn zu haschen doch glücklich durch. – Wir fuhren nach dem *Cavalerie-Lager*, welches aus einem Regiment Gardes de corps, eins Gens-d'armes, eins Cürassiere, u. einem Regiment Dragoner bestand; denn die Husaren haben kein Lager. Wir kamen grade zur rechten Zeit, um die ganze Cavalerie, ohne Ordnung im stärksten Galopp ins Lager sprengen zu sehn: ein sehr schöner Anblick. Wir assen in Potsdam, u. fuhren am Abend nach Berlin zurück.

Dienstag, 23. September.
Heute giengen wir in die KUNSTAUSSTELLUNG: ein grosser Saal wo Künstler aller Art, besonders aber Mahler ihre Kunstwerke ausstellen, um sie bekannt zu machen, u. wo man dann sehr schöne Sachen zu sehn bekömmt. Am Abend giengen wir in die Comödie.

Mittwoch, 24. September.
Diesen Abend giengen wir wieder in die Comödie wo wir den sehr berühmten Acteur *Fleck* spielen sahn. –

Donnerstag, 25. September.
Am folgenden Abend spielte *Iffland* grade in seiner Hauptrolle im Essigkrämer. Da das Stück fast zu Ende war, wurde gepfiffen: Iffland hielt ein, u. erklärte dass es ihm unmöglich sey weiter zu spielen, weil er an dergleichen Zeichen der Missbilligung nicht gewöhnt wäre; doch nach vielem Applaudiren, Bitten, u. Rufen des Parterr's spielte er fort. Da das Stück aus war, wurde Iffland herausgerufen. Er kam u. hielt eine Rede worinn er erklärte, dass er seit vier Jahren die er auf der berliner Bühne zugebracht habe, er noch nie dergleichen erfahren habe, u. bezeugen könne nie nachlässig in seiner Pflicht gewesen zu seyn, u. dass wenn das Pfeifen auch einem andern Acteur gegolten habe, es gewiss keiner verdiente u.s.w. – Man applaudirte dass es in der ganzen Stadt zu höhren war. – Wir erfuhren nachher dass die ganze Sache Cabale eines Offiziers gegen einen jungen Acteur, der auch dabey auf dem Theater war, u. den Iffland protegirte, sey. –

Freytag, 26. September.
Heute besuchten wir bey sehr schlechtem Wetter wieder das Schauspiel wo die *Piccolomini* von Schiller sehr gut gegeben wurden: besonders zeichneten sich Iffland u. Fleck aus.

Sonnabend, 27. September.
Heute besuchten wir die sehr schöne *Porzellain-Fabrik*, wo wir sehr schöne Sachen zu sehn bekamen.

Sonntag, 28. September.
Diesen Abend waren wir wieder im Schauspiel, u. sahen *Wallenstein's Tod*, eine Fortsetzung der Piccolomini.

Montag, 29. September.
Unser Vorsatz war, schon diesen Morgen von Berlin abzureisen: allein das schlechte Wetter hielt uns davon ab; wir fuhren also die-

sen Nachmittag, als sich das Wetter aufklärte, weg, u. kamen am Abend in *Potsdam* an. –

Dienstag, 30. September.
Den folgenden Tag fuhren wir nach dem nahe bei Potsdam gelegenen *Marmorschloss*, welches Friedrich der 2te erbaut hat. – Von draussen ist es roth mit vielen marmornen Verzierungen von denen es seinen Nahmen hat. Beim Schlosse ist die KÜCHE unter der Erde in Gestalt einer griechischen Ruine. Ehe man uns ins Schloss führte zeigte man uns den überaus schönen KONZERTSAAL: an beiden Seiten desselben sind Säle mit Orangenbäumen angefüllt, welche durch Fenstern die sie mit dem Konzertsaal verbinden, diesen wenn die Orangenbäume blühen mit den köstlichsten Gerüchen erfüllen, die durch die Menge der Blumen welche in den schönsten porzellainernen Töpfen an der Wand des Konzertsaales stehn, noch vermehrt werden. Der Saal ist übrigens sehr schön u. geschmackvoll meublirt u. dekorirt. – Nun giengen wir ins Schloss. An der Thüre steht eine prächtige *Collonade* die der König aus dem Schlosse Sans-souci nehmen liess. Das Schloss ist nicht sehr gross, hat aber eine ausserordentlich SCHÖNE LAGE am heiligen See. Das erste Zimmer das wir sahn war ein schöner Esssaal, von dem man eine äusserst prächtige Aussicht hat, was auch fast bey allen andern Zimmern der Fall ist, deren man uns eine Menge zeigte; sie sind alle sehr prächtig, meistens klein, aber sehr geschmackvoll u. mit vielen marmornen Verzierungen, sehr schönen Möbeln, Spieluhren, krystallenen Kronleuchtern, Statüen, Urnen, Gemählden, schönen Fussböden und Plafons, ausserordentlich hellen Fensterscheiben von Spiegelglas etc. Auch sahn wir den Stuhl, worauf Friedrich der zweite starb; auch ein Zimmer welches ein türkisches Zelt vorstellt: Tapeten u. Möbeln sind von Atlas, mit Glasschmelzel besetzt, auch steht da ein Sofa, den der Gross-Sultan dem König schenkte. Auf dem Marmorschloss ist ein THURM von dem man eine ganz vortreffliche Aussicht hat. Nun giengen wir im Garten, er ist schön, im englischen Geschmack. Besonders zeigte man uns eine EINSIEDELEI die von draussen von Baumrinde, inwendig aber mit allen Holzarten die im Lande vor-

kommen, symetrisch ausgelegt ist: am Fussboden sind die beiden Hemispheren der Erde, mit allen Linien, Städten, Inseln, u. Ländern in Mosaic, von mannigfaltigen Marmorarten sehr schön ausgelegt; diese Arbeit ist von einem Potsdamer Bildhauer. Dann führte man uns zur *Grotte*: von aussen ein nachgemachter Fels, inwendig sind aber einige kleine Zimmer deren Wände mit allerhand viel farbigen glänzenden Mineralien u. Muscheln ausgelegt sind, die ihnen das Ansehn eines Feen-Palastes geben. Danach sahn wir einige HIRSCHE U. REHE, in einem eingeschlossenen Bezirk, welche so zahm waren, dass man sie mit der Hand streicheln konnte. – Vom Marmorschloss fuhren wir nach Potsdam zurück. Wir sahen DORT AUF DER PARADE den König, der kommandierte, ganz in der Nähe, u. auch die schöne Königinn, welche aus dem Fenster der Parade zusah. – Nachmittag fuhren wir nach dem Schlosse *Sans-souci*, welches Friedrich der Grosse erbaut hat. Das Schloss ist nicht gross, sehr altmodisch, u. die Möblen sind von den Hunden des grossen Königs, deren Gräber wir sahn, ganz zerfetzt. Besonders zeigte man uns das Zimmer worinn Friedrich der Grosse starb, seine Handbibliothek, u. einen sehr schönen marmornen ESSSAAL mit schönen Säulen und Statüen geziert. Der GARTEN von Sans-souci ist mehr einem Holze als einem Garten ähnlich. Er hat sehr viele Pavillons, worunter das *japanische Haus* welches beinahe ganz vergoldet ist, mit chinesischen Figuren etc. Im Garten stehn mehrere schöne STATÜEN; besonders fiel mir eine auf, die einen Fischer vorstellt dessen Netz ausserordentlich natürlich gemacht ist. Der Garten von Sans-souci führt bis zum sogenannten *neuen Palais* welches Friedrich der Grosse auch erbaut hat. Dies Schloss ist sehr gross u. schön; aber gegenüber stehn die STÄLLE U. WIRTHSCHAFTSGEBÄUDE welche viel schöner wie das Schloss selbst aussehn, u. mit einer schönen Colonade geziert sind. Die Zimmer sind wie die von Sans-souci. Besonders bemerkte ich ein Zimmer welches grösser als das ganze Marmorschloss ist, u. dessen Wände mit mannigfaltigen sehr schönen Mineralien u. Coquillien bedeckt sind. Über diesem ist ein schöner Saal von gleicher Grösse. Auch zeigte man uns das kleine STUDIERZIMMER DES GROSSEN KÖNIGS in dem er immer allein sass, u. wo noch der Stuhl

u. Tisch an dem er gesessen hat steht. Am Abend fuhren wir nach Potsdam zurück, wo wir dem König zu Fuss mit ein paar Offizieren begegneten. –

Mittwoch, 1. Oktober.
Wir wollten heute schon um eilf Uhr von Potsdam weg, bekamen aber erst um ein Uhr Pferde, u. kamen am Abend im Flecken *Treuenbrietzen* an. –

Donnerstag, 2. Oktober.
Diesen Morgen verliessen wir früh Treuenbrietzen, u. kamen zu Mittag in *Wörlitz* an. Nachmittag giengen wir im fürstlichen Garten spatzieren. Dieser GARTEN ist ungeheuer gross, u. vielleicht einer der schönsten in Deutschland. Ein SEE theilt ihn in mehrere Theile u. verschönert ihn sehr. Der erste Theil den wir heute sahn heisst der *Neumärkische Garten*. Das Merkwürdigste in demselben ist: ein Pavillion, in welchem verschiedene Kleidungen, Waffen, u. Geräthe wilder Völker sind; ein sehr hübscher *Labyrinth* mit unterirdischen gemachten Felsengängen, u. auch ein schöner freier Platz mit verschiedenen fremden Baumarten besetzt, welche sich sehr schön ausnehmen. Dann sahen wir noch eine andere Abtheilung des Gartens in dem besonders ein Gebäude merkwürdig ist, welches man den *Vesuv* oder auch den *Stein* nennt. Das Ding ist recht hübsch hat aber nur den unrechten Nahmen erhalten; von draussen ist es ein gemachter Fels, der aber Fenstern hat! Er ist von Wasser umgeben: unten sind von aussen Grotten in denen Blumen wachsen. Inwendig sind Zimmer. Das erste stellt den *Tempel der Nacht* vor: in der Mitte desselben steht eine Statüe; das Licht kommt nur von oben durch feuerfarbigen sternförmigen Scheiben hinein, was einen sonderbaren Effekt macht. Ein anderes, welches den Tempel des Tages vorstellen soll war noch nicht fertig. Ausserdem sind hier noch Wohnzimmer für den Fürsten. Die Gänge u. Treppen aus Stein sind so finster dass man nicht die Hand vor Augen sehn kann. Oben auf dem Steine sind Öffnungen aus denen das Feuer emporsteigt wenn der Vesuv springt; auch fliesst alsdann von oben Wasser herab.

NACH CARLSBAD, PRAG, RÜCKREISE NACH HAMBURG 39

Freytag, 3. Oktober.
Heute hielt der Fürst *Parforce-Jagd*: wir fuhren auf einem leichten Jagdwagen mit. Den HIRSCH bekamen wir nur einmal zu sehn: allein das beste ist der LERM, das Geschrey mit Hundegebell u. Jagdhörnerklang vermischt. Der Hirsch ertrank diesmal in der Elbe. – Dies ist die einzige Jagd von der Art die nur noch in Europa zu finden ist: denn so zu jagen ist ein unglaublich kostbares Vergnügen. Man hat berechnet dass jede Parforce-Jagd dem Fürsten 1400 Thaler kostet, was beinahe unglaublich scheint, und blos von den Förstern, Jägern, Pferden u. Hunden herrührt, die aber das ganze Jahr gehalten werden müssen. – Nachmittag giengen wir in einen Theil des Gartens den man den GROSSEN GARTEN nennt: erstlich zeigte man uns den *Tempel der Flora*, der noch nicht völlig fertig war, aber von einem sehr grossen schönen Blumenplatz umgeben ist, der die ganze Gegend umher mit Wohlgerüchen erfüllt. Von da giengen wir zu den prächtigen *Grotten* u. dem *Tempel der Venus*. Der Weg führt durch lauter UNTERIRDISCHE GÄNGE u. Treppen in ein enges romantisches Felsenthal. Von da kommt man wieder durch unterirdische Gänge in ein freieres nur von zwey Bergen umgebenes Thal; von dem höchsten dieser Berge hat man eine herrliche Aussicht; auf dem andern ist der *Venustempel*; in demselben steht eine mediceische Venus auf einem FUSSGESTELL von feuerfarbenem Glase. Ausserdem bemerkten wir noch: eine Pyramide von Blumentöpfen, eine Urne auf einer Pappel-Insel, welche Rousseau's Grab vorstellt; das Grab des Gärtners der den Garten angelegt hat, u. seiner Frau; einen hölzernen Bergmann, der aus der Erde hervorsteigt; und die *Kettenbrücke*, welche aus lauter kleinen in der Quere zusammengeketteten Brettern besteht, so dass die Brücke wie ein schlaffes Seil hängt, u. beständig schwankt wenn man darauf geht. Auch sahn wir eine ganz eiserne Brücke, eine Menge LUSTHÄUSER U. STATÜEN, über die man ganz hinwegsieht. Dann zeigte man uns das *Pantheon*, ein sehr hübsches Gebäude. In demselben ist ein schöner Saal, in welchem Apollo u. die Musen stehn sollen; besonders gefiel mir der sehr schön gemahlte Plafond.

Sonnabend, 4. Oktober.
Diesen Morgen durchgiengen wir nochmals den schönen Garten. Nachmittag reisten wir ab, u. kamen am Abend in Dessau an.

Sonntag, 5. Oktober.
Den heutigen Tag brachten wir in *Dessau* zu. Ein schöner Gesang lockte mich ans Fenster: es waren die Chorschüler die hier nicht wie in vielen Orten plarren dass einem die Ohren wehthun, sondern sehr schön singen. Danach giengen wir spatzieren: das ganze Ländchen ist wie ein englischer Garten. Bey der Stadt ist eine schöne Brücke mit Blumentöpfen geziert, u. draussen sieht man überall Lusthäuser des Fürsten. Doch plötzlich wurden wir auf unserer Promenade von einem heftigen PLATZREGEN u. Hagel überfallen, so dass wir ganz durchnässt nach Hause kamen. Am Abend giengen wir in die *Comödie*. Das Haus ist nicht gross aber ganz sonderbar gebaut. Besonders sahn wir ganz ausserordentlich PRÄCHTIGE *Dekorationen*.

Montag, 6. Oktober.
Diesen Morgen reisten wir früh von Dessau ab, u. kamen bei trübem Wetter gegen Abend in *Leipzig* an.

Dienstag, 7. Oktober.
Heute giengen wir in der Stadt herum, um die MESSE zu sehn. In der ganzen Stadt ist nicht eine Strasse in der nicht wenigstens einige GEWÖLBE ODER BUDEN wären: alles was man nur ersinnen kann ist hier zu haben. Alle Strassen wimmeln von Menschen u. Wagen; Christen u. Juden, Türken u. Armenier laufen geschäftig durcheinander ohne sich anzusehn. Indessen geht doch alles recht friedfertig her. – Nachmittag giengen wir spatzieren: die Wälle der Stadt sind niedergerissen u. man hat sehr hübsche *Promenaden* daraus gemacht. Ausserdem besahen wir noch einige Gärten, welche aber nicht der Mühe werth sind.

Mittwoch, 8. Oktober.
Heute besahn wir die *Nicolaï-Kirche*, welche sehr hübsch u. modern ist; auch hängen dort sehr schöne Gemählde von Oeser.

Nachmittag besah ich eine Bude mit WILDEN THIEREN, worinn das vorzüglichste ein grosser afrikanischer Pavian, ein Haifisch, Hammerfisch u. Sägefisch war.

Donnerstag, 9. Oktober.
Diesen Abend giengen wir ins SCHAUSPIEL. Die Truppe ist sehr gut, gehört aber eigentlich nach Dresden, u. kommt hier nur zur Messe her; besonders zeichnete sich der berühmte Acteur *Opitz* aus.

Freytag, 10. Oktober.
Bey heftigem Regen u. Wind reisten wir diesen Nachmittag von Leipzig ab: doch noch waren wir nicht zur Stadt heraus als uns der Spannnagel am Wagen brach, der aber sogleich wieder zurechtgemacht wurde, u. wir fuhren weiter nach Merseburg zu. Langsam karrte der Postillion, STURM U. REGEN wurden immer ärger, u. ehe wir Merseburg erreichen konnten, war es stockfinster, u. der Postillion erklärte, dass er, da er den Weg nicht mehr sehn konnte, einen Führer mit einer Laterne aus dem nächsten Dorf nehmen müsse. Im Dorfe war aber keine Laterne vorhanden; wir nahmen also einen Führer ohne Laterne der uns bis ans nächste Dorf begleitete, wo wir einen andern mit einer Laterne bekamen, der uns glücklich bis nach *Merseburg* brachte wo wir matt u. müde ankamen u. ein sehr schlechtes Logi vorfanden.

Sonnabend, 11. Oktober.
Am folgenden Morgen reisten wir früh von Merseburg ab, u. kamen um 10 Uhr in *Halle* an. Wir giengen sogleich in der Stadt herum welche nicht gross, u. grösstentheils schlecht gebaut ist. Wir begegneten unterwegs einer grossen Menge Wagen voll Studenten welche einige von ihnen, welche abreisten, bis an die nächste Station begleiteten. Einige mit grünen Jacken u. Federhüten sassen auf dem Bock, oder ritten nebenher. Auch besahen wir die Salzhütten wo die halbnackten Halloren das Quellsalz sieden. Es giebt hier drey solche Salzhütten, wovon eine dem König, die andern beiden den Bürgern der Stadt gehören. Auf unser Verlangen sprang

sogleich ein junger Hallore für ein paar Groschen von einer hohen Brücke in die Saale hinab, tauchte unter, u. kam nach ein paar Minuten wieder herauf. Nachdem wir in Halle gegessen hatten reisten wir weiter u. kamen am Abend im Oertchen Kennern an, wo wir erbärmlich logirt wurden.

Sonntag, 12. Oktober.
Heute früh reisten wir von Kennern ab. Dicht vor Aschersleben riss der Federriemen am Wagen, der solange angebunden, u. in Aschersleben wieder zurecht gemacht wurde, wo wir auch zu Mittag assen. Von Aschersleben reisten wir Nachmittag ab. Den ganzen Weg über sahen wir die Gipfel der Harzberge, wovon die höchsten aber in Nebel u. Wolken gehüllt waren: am Abend kamen wir in Halberstadt an.

Montag, 13. Oktober.
Heute fuhren wir nach dem nahe bei Halberstadt liegenden *Spiegelberg*, ein englischer Garten, auf einem Berge, den er ganz bedeckt. Der würdige Baron von Spiegel legte diesen Garten zu seinem Vergnügen u. dem der Nachwelt an; er starb. Sein Herr Sohn bewohnt den Garten nicht, setzt auch keinen ordentlichen Wächter hin, sondern lässt dort einen Wirth wohnen, der gar keine Achtung darauf giebt. Nun gehn alle Halberstädter dort spatzieren, u. haben ein Vergnügen daran alles im Garten muthwillig zu zertrümmern; Grotten, Lusthäuser, Statüen u. Bäume, ist mit der grössten Gewalt zerstört u. verstümmelt: in einer Grotte steht der Sarg des alten Barons, doch die Grotte ist vergittert, sonst würden sie wohl noch den Sarg zertrümmern. Jährlich müssen die Mädchen u. Jünglinge aus Halberstadt den Sarg mit Blumen bekränzen. –

Nachmittag reisten wir von Halberstadt ab, u. kamen am Abend im Oertchen Costrun an.

Dienstag, 14. Oktober.
Heute reisten wir von Costrun nach Braunschweig, wo wir den Tag zubrachten. Braunschweig ist eine ziemlich grosse u. hübsche Stadt.

Mittwoch, 15. Oktober.
Noch vor Sonnenaufgang reisten wir von Braunschweig ab; der Weg war erbärmlich. Wir kamen durch Zelle wo wir vor drey Monaten die Achse zerbrachen, blieben aber nicht da, sondern fuhren zwey Meilen weiter nach Esche, wo wir beim Postmeister sehr gutes Logi fanden.

Donnerstag, 16. Oktober.
Am folgenden Morgen reisten wir früh von Esche ab, assen in Elsdorf, u. kamen am Abend in Lüneburg an.

Freytag, 17. Oktober.
Mit Tagesanbruch fuhren wir von Lüneburg ab, um vor Thorschluss in Hamburg zu seyn, liessen uns in Zollenspyker absetzen, u. kamen um vier Uhr Nachmittags, nachdem wir drey Monate abwesend gewesen waren, u. eine glückliche Reise gehabt hatten, alle gesund u. wohlbehalten wieder in Hamburg an.

WIRTHSHÄUSER.

In Hannover logierten wir in der Stadt London
" Cassel " " " à la cour de Hesse od: Stadt Stralsund
" Weimar " " " Kronprinzen
" Jena " " " zur goldenen Sonne
" Carlsbad " " in der Melone
" Prag " " " im Bade
" Dresden " " " Privatlogi
" Berlin " " in der Sonne, od. Hôtel de Rüssie
" Wörlitz " " " Eichenkranz
" Dessau " " " im Ringe
" Leipzig " " " Privatlogi
" Halberstadt " " im König von Pohlen
" Braunschweig " " " Hôtel d'Angleterre.

REISETAGEBÜCHER

AUS DEN JAHREN
1803–1804

Diengstag: d. 3ten May. 1803.
Schon oft war der Tag unserer ABREISE festgesetzt, u. eben so oft wieder aufgeschoben worden. Im vergangnen Jahr hatten wir schon abreisen wollen, allein die Umstände machten es unmöglich: u. auch jetzt hatten sich so viele Umstände unsrer Abreise entgegengesetzt, daß wir fürchteten auch in diesem Jahre nicht reisen zu können. Indessen wurden alle Hindernisse aus dem Wege geräumt, u. wir reisten heute, d. 3. May, ab.

Der erste Unfall den wir hatten war conträrer Wind auf der Elbe; nachdem wir vier Stunden lavirt hatten, kamen wir in Haarburg an. Hier bestiegen wir zum ersten Mal den Reisewagen, eine zweysitzige Kutsche, in der wir ziemlich eng saßen: ich nahm meinen Platz zwischen meinem Vater u. meiner Mutter ein, u. auf einem kleinen erhöhten Bock saß draußen der Bediente, ein Franzos. Die erste Nacht brachten wir in einem elenden Neste – Coßdorf – zu.

Mittwoch. d. 4ten May.
Diesen Morgen um vier Uhr fuhren wir von Coßdorf ab, nachdem der kurze Schlaf den wir dort gehabt hatten, noch durch den nächtlichen Gesang dreier Herrn die in der Nacht ankamen sehr gestöret worden war.

Am Abend kamen wir zeitig in BREMEN an. – Hr. von Längerke, meines Vaters Korrespondent, besuchte uns noch am selben Abend. –

Donnerstag. d. 5ten May.
Am andern Tage fuhren wir mit Herrn von Längerkes Mutter u. seiner jungen Frau, die er erst vor vier Wochen geheirathet hatte, in der Stadt herum. Auch diesen Mittag aßen wir bey Herrn von Längerke.

Nach Tische gieng ich den Bleykeller besehn, der in dem Rufe steht, daß todte Körper sich dort unverwest bewahren. Die Leichnahme sind aber so zusammengetrocknet, daß jetzt nur die dürre Haut die die Knochen bedeckt, sie von Skeletten unterscheidet. Indeßen sind sie völlig ohne Geruch, haben noch Haare, u. auch ihre Gesichtszüge sind noch bemerkbar.

Darauf sah ich die beiden letzten Aufzüge von Edelsinn u. Armuth. Die Truppe ist ziemlich gut: vorzüglich zeichneten sich Hr. u. *Madame Breda*, die hier Gastrollen spielten, aus.

Freytag. d. 6ten May.

Sehr früh verließen wir heute BREMEN. Nach u. nach kamen wir jetzt mehr in WESTPHALEN hinein. Wege, Wirthshäuser, u. Postillions, wurden hier wo möglich noch erbärmlicher als vorhin.

Unser Weg gieng stets auf der ungeebneten, unübersehbaren schwarzen Haide, die wohl noch vollkommen in demselben Zustande ist, in dem sie zur Zeit des Chaos lag, die keine Jahreszeit verändert; außer der Winter, der ihr schwarzes braun in weiß verkehrt. ---

Überall bekamen wir zwey Postillions: doch nie saßen sie auf ihren Pferden; sondern sie giengen immer neben denselben, u. mit ihnen gleichen langsamen Schritt.

Da man in WESTPHALEN durch so vieler Herrn Gebiet kommt, findet man viele Schwierigkeiten mit den verschiedenen Münzarten. Vorzüglich verwirrend ist eine gewiße Conventions-Münze (die man lieber Confusions-Münze nennen sollte) aus der kein Mensch klug werden kann.

Die Wirthshäuser sind ärmlich u. schmutzig, wie das sehr schlechte Essen welches man hier bekommt; so setzte man uns z. B. heute einen alten Hahn vor: doch wenn es gar zu schlecht war nahmen wir unsere Zuflucht zu einer französischen Pastete, u. unserm eignen Wein, den wir mit hatten, u. waren so von dieser Seite gesichert.

Diese Nacht schliefen wir in Kloppenburg, wo die größte Merkwürdigkeit vollkommen goldgelbes Wasser war.

Sonnabend. d. 7ten May.
Ohne daß uns irgend etwas Merckwürdiges begegnete, durchfuhren wir auch heute die traurigen westphälischen Haiden, u. brachten die Nacht in Lingen zu.

Sonntag. d. 8ten May.
Mit der größten Eile hatten wir stets unsern Weg fortgesetzt, um so bald als möglich das traurige WESTPHALEN aus den Augen zu bekommen. Heute kamen wir über die HOLLÄNDISCHE GRÄNZE. – Sogleich veränderte sich der Schauplatz: die wüsten menschenleeren Haiden verschwanden, u. von dichtem hohen Korn bedeckte Wiesen, traten an ihre Stelle. Keine schmutzige Hütten, u. von Lehm erbaute Scheunen sahen wir mehr: aus den mit unermüdlichem Fleiße gebauten zierlich bemahlten Häusern, aus jeder Hecke jedem Zaun leuchtet die so berühmte holländische Reinlichkeit hervor. Diesen Mittag aßen wir in Ammeloh, u. hofften noch am Abend Deventer zu erreichen. Dort werden aber die Thore Abends um 10 Uhr geschlossen, u. um drey des Morgens wieder geöffnet. Trotz Versprechen von Trinckgeld, trotz Bitten u. Schelten, trieb der Postillion die Pferde nicht an, u. um zehn Uhr waren wir in einem kleinen Dorfe noch eine Meile von Deventer. Wir mußten uns entschließen hier drey Stunden zuzubringen, und um ein Uhr wegzufahren, um mit Eröffnung des Thors in Deventer zu seyn.

Wir traten daher in einer kleinen ärmlichen Schencke ab. Bey unserm Eintritt saßen auf der Diele Bauern an verschiedenen Tischen, aßen u. tranken – Kaffee, u. sprachen ruhig untereinander. Da wurde nicht gesungen u. gejauchst, od. gezanckt u. geflucht, wie es wohl an andern Örtern in den Dorfschencken Abends geschieht, sondern sie saßen wie ächt holländische Bauern u. tranken Kaffee. Die ganze Szene war vollkommen so, wie man sie so häufig auf den niederländischen Bildern findet.

Man führte uns in eine Stube, die von einer, im Kamin hängenden, Thranlampe sparsam erleuchtet war. Wir trancken Thee, u. um die lange Weile zu verscheuchen hohlte ich meine Flöte aus dem Wagen u. brachte die ganze Nacht mit Musik u. Beschreibung unsrer Schicksale in meinem Journal zu. Wir waren kaum eine Stunde da gewesen als plötzlich ACHT Bauern in unsre Stube kamen, sich ohne weitere Umstände auszogen, in DREY Betten stiegen die da waren, u. beym Ton meiner Flöte sanft einschliefen, auch aus Danckbarkeit mich nachher mit Schnarchen accompagnirten.

Wir fuhren um Eins von hier weg.

Montag. d. 9ten May.
Um halb vier waren wir diesen Morgen in Deventer. Wir forderten sogleich Pferde, erhielten sie aber erst um sechs Uhr.

Es war sehr kalt, ein entsetzlicher Sturm wehte, unser Weg gieng über eine schwarze Haide, die sich aus Westphalen hierher verirrt zu haben schien. Zu meinem Glück verschlief ich zum Theil diesen unangenehmen Tag.

Um sechs Uhr Abends kamen wir in Ammersforth an. Wir wurden hier in ein ungeheuer großes Wirthshaus logiret. Es war ehemals ein Kloster gewesen, wovon die gewölbten schallenden Säle und Gänge, die tiefen Thüren, u. vergitterten Fenster, die alten Bilder u. Möbeln, alte messingne Kronleuchter u. dgl. sichere Beweise waren. Wir erhohlten uns hier beym knisternden Kaminfeuer, von der Ermüdung der durchwachten Nacht u. des stürmischen Tages. –

Wir fanden hier in der holländischen Zeitung die Nachricht von der Abreise des englischen u. des französischen Ministers, das sicherste Kenntzeichen des Krieges, der unsern Plan nach Franckreich zu gehn, gänzlich zerstöhren würde. Indessen fanden wir am folgenden Tage in Amsterdam diese Nachricht zum Theil widerrufen.

Dienstag. d. 10. May.
Wir kamen durch eine angenehme Gegend auf einem guten Wege längst den Kanälen, diesen Nachmittag in AMSTERDAM an. Wir erhielten sogleich einen Besuch von Hern Schlenter, der im vorigen Jahre in Hamburg bey uns gewesen war.

Mittwoch. d. 11ten May.
Wir fuhren diesen Morgen in der Stadt herum. AMSTERDAM übertraf bey weitem meine Erwartung. Die Straßen sind sehr breit, u.

daher ist das Gewühl hier nicht so unangenehm wie es sonst wohl in großen Handelsstädten zu seyn pflegt, auch sieht man hier wenig Wagen: sehr auffallend für Fremde sind aber die sogenannten Schleifen; dies sind Kutschen ohne Räder, die auf zwey gebognen Hölzern wie Schlitten ruhn, u. von Einem Pferde langsam gezogen werden. In den meisten Straßen ist in der Mitte ein schöner breiter Kanal, an beiden Seiten mit Bäumen bepflanzt; auch oft eine breite Allee. Die Stadt hat ein SEHR HEITERES ANSEHN: dies geben ihr die breiten Straßen, die häufigen Bäume, die vielen großen Plätze die man überall findet, u. vorzüglich die große Reinlichkeit die hier überall herscht. Die Häuser sehn nicht MODERN aber NEU aus, denn sie sind noch alle mit spitzen Giebeln nach der alten Bauart; sie scheinen aber beständig neu, weil sie immer gewaschen, u. häufig neu bekleidet u. bemahlt werden, so wie hier alles was man sieht.

Wir stiegen in einem der vorzüglichsten Laden von ostindischem Porzellän ab. Wir fanden hier einen sehr mannigfaltigen Vorrath von chinesischen Sachen. Ich war eigentlich hergekommen, um einen chinesischen Pagoden zu kaufen, fand aber keinen wie ich ihn suchte, nemlich die kleinen sitzenden grotesken Figuren, mit dicken Köpfen u. freundlich grinzenden Gesichtern; über die man sogar in mißmuthigen Augenblicken lachen muß, wenn sie einem so freundlich lächelnd zunicken. Ich fand hier zwar viele sehr schöne Pagoden, große hübsche Figuren, in seidenen Kleidern, mit vielem Ausdruck, aber doch nicht die welche ich suchte. –

Nachmittag besahen wir das RATHHAUS. Es ist ein schönes imposantes Gebäude; ganz von Quadersteinen, vor ungefähr zweyhundert Jahren erbaut. Es ist sehr geschmackvoll u. einfach, groß u. majestätisch; es entspricht ganz dem Begriff eines Hauses, aus dem dieser merckwürdigen Republik Gesetze gegeben werden.

Voll Bewunderung stand ich in dem GROSSEN MARMORNEN VORSAAL: mir schwindelte beym Anblick des hohen Gewölbes und der Mauren u. Säulen die es tragen. Und ich überdachte mit welcher ungeheuren Mühe, auf dem sumpfigen Boden, das große massive Gebäude, welches dem Zahn der Zeit zu trotzen scheint, mit seinen ellendicken Mauren u. Pfeilern gestützt ward. Ich staunte diesen GROSSEN SAAL an, in welchem die Stimme verhallt, daß man kaum die Worte des nebenan stehenden hören kann. Und ich sah mit welcher Mühe, an den hohen Marmorwänden, jede kleine Verzierung, die sich in der unzählbaren Wiederholung verliert, od. in der unabsehbaren Höhe verschwindet, ausgearbeitet ist u. wie so nach vieler mühsamer Arbeit, das vollkommne Ganze ward, dessen Anblick so viel erhabnes hat, daß man mit stummem Erstaunen das große Werck ansieht.

Das RATHHAUS faßt überdem einen großen Schatz von Gemählden in sich. Die größten niederländischen Meister haben sich hier verewigt u. alle Zimmer enthalten die schönsten Kunstwerke[a].

Vom Rathhause fuhren wir nach dem Bade, einem öffentlichen Hause wo wir Thee tranken.

Donnerstag. d. 12. May.

Wir besahen diesen Morgen das *Felix meritis* eine Privat-Anstalt, die den Künsten u. Wissenschaften gewidmet ist. Sie enthält eben nicht viel außerordentliches: mehrere Hörsäle für *Mathematik* u. ihre verschiedenen *Branchen*, für *Chimie, Anatomie*, eine Sammlung mathematischer Instrumente, einen hübschen Conzertsaal, die Abgüsse der bekanntesten Antiken, u.dgl.m. Vorzüglich interessant ist aber die Aussicht, die man vom Dache hat, von wo man ganz AMSTERDAM übersieht[b].

---

[a] Vorzüglich merkwürdig sind einige Meisterstücke von *Rembrandt* und von *van der Herst*: es sind große Geschichts-Bilder mit Figuren in Lebensgröße: alle Schönheiten die man so sehr bey den niederländischen Meistern bewundert, sind in diesen Bildern vereint; sie haben im höchsten Grad diesen sprechenden menschlichen Ausdruck, dieses Leben der Figuren, diese brennenden Farben u. diese charakteristische Mischung von Schatten u. Licht, in denen die Niederländer die Italiäner übertreffen.

[b] Nachmittag besahen wir die Quäck-Schule. Dies ist eine Anstalt wo junge Leute, selbst von guten Familien, das Seewesen erlernen. Sie wohnen essen schlafen wie die Matrosen auf der See. Sie erlernen alle für einen Seemann nothwendige Kenntnisse. Auf dem Hofe steht ein großes Schiff auf dem sie die *Manöver* kennen lernen. In einem besondern Zimmer hängt ein sehr schönes Bild des Admirals *van der Sahnen* in Lebensgröße: er nimmt eben von seiner Frau Abschied u. zeigt auf die ferne Flotte, zu der die Pflicht ihn ruft: beyde Figuren sind von sprechendem Ausdruck. Neben dem Bilde liegen die *Symbole* seiner Lebensgeschichte: sein Schwert, sein Becher – die Ehrenketten die er trug u. endlich – die Kugel die ihm alles unnütz machte. –

Abends giengen wir in die französische Comedie welche sehr mittelmäßig ist.

Freytag. d. 13. May.
Wir besahen diesen Morgen das GEMÄHLDE-KABINET DES HRN. *de Smet*. Es enthält eine beträchtliche Anzahl gewählter Bilder, verschiedene Originale von *Rembrandt, Tenier, Potter, de Hoop* u. andern. Wir fuhren von hier nach Hrn. *Laurin*, der sich ehemals in Hamburg aufgehalten hatte, welcher uns in das KABINET DES HRN. *de Winter* führte, wo wir eine noch größere Anzahl, mit eben so viel Auswahl gesammelter Bilder, als bey Hrn. *de Smet*, vorfanden.

Die JUDEN die hier sehr viel Freyheit genießen haben hier zwey *Synagogen*, eine deutsche u. eine portugiesische. Ich besuchte diesen Nachmittag die portugiesische. Es ist ein sehr großes Gebäude. Die Kirche war gepropft voll, daß man kaum gehn konnte. Ich hatte nicht gefürchtet bey der Religions-Übung der Juden irgend eine Anwandlung von Lachen zu bekommen, ich dachte, daß das feierliche des Gottesdienstes mich dafür sichern würde. Ich hatte mich geirrt: nur die Furcht die Juden zu reitzen die meine Mienen genau beobachteten, konnte mich dahin bringen ein ernstes Gesicht zu machen. In der ganzen Gemeinde herrschte keine Spur von Andacht. Indessen daß der *Rabbi* mit in die Höhe gerichtetem Kopfe, u. ungeheuer weit aufgesperrtem Maule, eine ewig lange *Roulade* machte, sprach die ganze Gemeinde wie auf der Kornbörse. So wie der Priester fertig war, sangen sie alle aus hebräischen Büchern denselben Vers nach, u. beendigten ihn mit der *Roulade*, wobey besonders zwey neben mir stehende kleine Jungens mich fast aus der *Contenance* gebracht hätten, indem sie bey der Maulsperrigen Roulade, den Kopf hebend, mich immer anzuschreien schienen, daß ich mich ein Paar Mal erschrack. Ich glaube, daß die Juden von diesem Singen so große Mäuler haben.

Wir aßen diesen Abend bey Hrn. *Schluiter*. Ein Hr. *Versteek* mit seiner Tochter war da, er hatte zu unserer Unterhaltung eine Mappe Handzeichnungen mitgebracht, worunter aber eine solche Menge *Rubens* u. *Vandyks* waren, daß sie wohl schwerlich ALLE ächt seyn mochten.

Sonnabend. d. 14. May.
Wir machten diesen Morgen mit Hrn. u. *Mad. Schluiter* eine Ausfarth nach *Harlem*. Wir besahen die umliegenden Gegenden, durchgiengen einen sehr hübschen Garten, der zu verkaufen war, u. besuchten einen Blumisten, um den berühmten holländischen Blumenflor zu sehn. Die großen Tulpen u. Hyazynthen-Felder waren aber fast schon ganz verblüht, sodaß wir beinahe nichts davon sahen. Am Abend fuhren wir wieder nach *Amsterdam* zurück.

Sonntag. d. 15. May.
Diesen Morgen besahen wir das Kabinet des Hrn. *Muilmann*. Es enthält ebenfalls eine große Anzahl sehr schöner Bilder. Besonders viele FAMILIEN-PORTRÄTS, wovon sogar zwey VON *Rembrandt* waren.

Wir waren diesen Mittag bey Hrn. *Meynts* auf den Garten gebeten. Da hier nichts wie holländisch gesprochen wurde, war ich in nicht geringer Verlegenheit. Der Sohn u. der *Neveu* des Hrn. *Meynts* sollten mich unterhalten, aber unsre Conversation wurde durch gewaltig lange Pausen unterbrochen. Diesen Abend waren wir bey Hrn. *Condêre*. Man versammelte sich erst gegen zehn Uhr. Hr. *Godeffroy* aus Hamburg war mit seiner Familie auch da, u. zu meiner großen Freude wurde den ganzen Abend nichts wie französisch gesprochen. –

Montag. d. 16. May.
Hr. *Laurin* hohlte uns diesen Morgen ab um nach *Brug* zu fahren. Wir stiegen vorher auf dem BLUMENMARCKT ab. Ich erstaunte über die unendliche Menge u. Mannigfaltigkeit der Blumen, die man hier alle Montage findet. Von dort fuhren wir theils über den Kanal theils zu Lande nach *Brug*.

Brug ist nur ein Dorf, aber gewiß eins der sonderbarsten in der ganzen Welt. Es hat viel Ähnlichkeit mit der Vorstellung die man sich von einem chinesischen Dorfe macht. Es ist von lauter schmalen Kanälen durchstrichen u. umgeben u. besteht aus Einer sich schlängelnden Straße. Es hat keine andere Merckwürdigkeit als daß es rein u. bunt ist: es ist aber so rein u. so bunt, daß wer es nicht gesehn hat, gar keinen Begriff davon haben kann. Die ganz hölzernen Häuser sind von oben bis unten bemahlt, u. vergoldet. Vor jedem Hause ist ein Garten von Buxbaum, in lauter Affen, Hasen u. Hirschen geschnitten, od. mit Muscheln u. Korallen belegt, diese Gärtchen sind von den allerniedlichsten bunten Staketen eingeschlossen. Die Straßen sind ganz mit Klinkern symetrisch belegt: Pferde dürfen garnicht hinein, denn sie würden die ganze Stadt schmutzig machen[a].

Die Einwohner von *Brug* sind meistens unermeßlich reiche Leute, die sich hierher in klösterliche Einsamkeit zurück gezogen haben, weil sie mit ihrem Geld nichts anzufangen wußten: sie sind so scheu daß man auf der Straße u. an den Fenstern fast niemand sieht.

Wir waren zu Mittag wieder in Amsterdam, u. aßen bey *Mad. Dupper*: die Wittwe des kürzlich verstorbnen *Associés* des Hrn. *Schluiter*.

Diengstag. d. 17. May.
Am folgenden Morgen verließen wir Amsterdam mit dem Gedanken uns in *Helvoetsluys* einschiffen zu müssen, weil wir nicht glaubten vor Ausbruch des Krieges in *Calais* seyn zu können. Wir kamen um 7 Uhr im *Haag* an, wo man aber den Krieg noch nicht so nahe glaubte.

Wir giengen noch in die Komödie, u. sahen den letzten Akt eines HOLLÄNDISCHEN SCHAUSPIELS in Versen, u. den Anfang einer kleinen Oper. Obgleich ich nur hin u. wieder einzelne Phrasen verstand, so war mir die holländische Comedie doch nicht so lächer-

---

[a] Da die Einwohner alle so scheu sind dürfte man es nicht wagen einen zu besuchen. Um doch Ein Haus von innen zu sehn, giengen wir ins Waisenhaus. Die Reinlichkeit die darin herrscht, geht über alle Begriffe. Es ist ein Armenhaus durch Reinlichkeit zum Pallast gemacht. Wohl nirgends in der ganzen Welt wird Reinlichkeit so weit getrieben wie in *Brug*: man treibt sie zu weit, denn sie ist hier der Bequemlichkeit im Wege. Aber es wäre zu wünschen, daß überall nur so viel Reinlichkeit herrschte, als in den gewöhnlichen Holländischen Dörfern. Denn mir scheint der Schmutz der in andern Ländern in den Hütten der Armen wohnt, das Bedaurungswürdigste der Armuth. Ohne REINLICHKEIT ist kein Genuß. –

lich als man sie sich gewöhnlich vorstellt. – Wir machten die Bekanntschaft eines Hrn. *Ries*, der mit uns in Einer Loge war, u. äußerst zuvorkommend schien. –

Mittwoch. d. 18. May.
Als wir am andern Morgen eben ausgefahren waren, begegneten wir denselben Hrn. *Ries*, der, als Mitglied der holländischen Stände, uns anbot, uns das STADTHAUS sehn zu lassen. Er führte uns hin. Es ist ein sehr schönes Gebäude. Man zeigte uns einen prächtigen Saal wo sich die Stände versammeln, einen andern in dem das *Corp législativ* zusammenkommt u. wo der allgemeine Friede geschlossen ward, die Bibliothek u. verschiedne andere sehr schöne Zimmer.

Wir fuhren von dort nach *Busch*, einem ehemaligen Lustschlosse des Stadthalters. Im Schlosse ist blos eine große Menge Gemählde merckwürdig, meistentheils Porträts großer Holländischer Admiräle u. Feldherrn, mitunter auch einige andre sehr gute Bilder. Auch zeigte man uns dort unter andern Antikitäten, Admiral *Ruysters* Schwerdt, seinen Stock u. dgl. m. Ein Theil des Schlosses ist jetzt ein Wirthshaus. Die Bilder des Stadthalters u. seiner Familie, sind nicht mehr bey den andern gelitten, sie hängen heimlich im Zimmer des Bedienten der uns herumführte. – – –

Der Garten ist sehr einfach im englischen Geschmack.

Diesen Nachmittag fuhren wir nach *Rotterdam*. Unser Wirth daselbst war ein *Politicus*, er hatte aus allen Örtern Nachrichten daß in *Calais* gar nicht mehr überzukommen sey, u. gab uns daher seinen unmaßgeblichen Rath uns in *Helvoetsluys* einzuschiffen, in welchem Fall wir noch hätten vier Tage bey ihm warten müssen. Da wir wohl sahen daß die *Politik* dieses Raths wohl nur darin bestand unsre angenehme Gegenwart zu verlängern, wurde ihm *declarirt* wir würden dennoch morgen früh wegreisen; u. als der Wirth am andern Morgen aufstand, hatte er schon Nachrichten daß der Krieg doch wohl noch nicht so ganz gewiß sey.

Donnerstag. d. 19. May.
Wir fuhren also am folgenden Morgen von *Rotterdam* ab, giengen über die *Maas* u. waren am Abend in *Bergen op Zoom*.

Freytag. d. 20. May.

Wir verließen heute früh *Bergen op Zoom* u. waren zu Mittag in *Antwerpen*, nachdem man uns auf der französischen Grenze visitirt hatte. Wir giengen nach dem Essen in der Stadt herum. ANTWERPEN ist sehr groß, die Straßen sind breit, die Häuser fast alle groß u. schön, viele stehn aber leer. Ein prächtiges Gebäude ist die große CATHEDRAL KIRCHE, sie ist im gothischen Geschmack u. sehr alt.[a]

Inwendig haben die Franzosen sie fast ganz geleert. Man zeigte uns die Börse wo gewaltige Zurüstungen gemacht werden um *Bonaparte* den man bald erwartet mit Ehren zu empfangen.

Sonnabend. 21. May.

Wir giengen heute über die Schelde, kamen durch *Bevern*, zu Mittag in *Gent* an. Wir machten Nachmittag einen Spatziergang durch die Stadt. *Gent* hat viel Ähnlichkeit mit *Antwerpen*. Einige Häuser sind Paläste, andere verfallene gothische Trümmern.

Wir besahen das Rathaus, ein sehr großes schönes Gebäude wo auch *Preparativen* zum Empfang *Bonapartes* gemacht wurden.[b]

Von da giengen wir in die Cathedral-Kirche, sie ist sehr schön gebaut, u. enthält einige gute Bilder, u. vorzüglich schöne marmorne Statüen.[c]

---

[a] Diese Kirche ist als eins der schönsten gothischen Gebäude berühmt. Die schönen Bilder, Statüen, u. Kostbarkeiten die sie enthielt sind aber von den Franzosen alle hinausgenommen, welche so weit gegangen sind den Marmor von den Gräbern zu reißen.

[b] Eine Hälfte des Rathhauses ist im gothischen die andere im römischen Geschmack: was freylich nicht sehr passend ist. Die gothische wird dekorirt um *Bonaparte* zu empfangen: indessen ist es eine große Geschmacklosigkeit, daß man die großen hohen gothischen Säle, deren Plafonds u. Mauren aus antiken Bogen u. Gewölben bestehn, mit weißen dorischen Säulchen geziert, u. die Wände, bis zur halben Höhe mit modern. Tapeten voll Arabesken u. dgl. beklebt hat; statt auch die Verzierungen im gothischen Geschmack zu machen.

[c] Man sang gerade die große Messe da wir hineingiengen. Es ist nicht zu leugnen, daß die katholischen Kirchen etwas feierliches, ehrwürdiges andachterweckendes haben, was man in unsern protestantischen Kirchen vermißt; wo uns der gellende Gesang der Menge Ohrenweh macht, u. das mit aufgesperrtem Maul blökende *Individuum* oft zum lachen zwingt. Wie ganz anders war es in dieser schönen katholischen Kirche: auf den Knien, mit Andacht im Gesicht, lag schweigend die Menge, u. horchte dem feierlichen Gesang der Priester vom Altar, die im vollstimmigen Chor, taktmäßig, bey der leisen Begleitung der Orgel, sangen: während Chorknaben in feierlichen Gewändern den Weihrauchkessel schwenckten, dessen Duft die ganze Kirche füllte.

Auch zeigte man uns das Museum, eine ausgeleerte Kirche, in der die Bilder, die die Franzosen in den andern Kirchen übrig ließen, aufbewahrt werden; auch stehn hier die Abgüsse der bekanntesten Antiken. *Bonaparte*, als Protektor der schönen Künste, will daß in jeder Departemental-Stadt ein solches Museum seyn soll.

Sonntag. d. 22. May.
Um sechs Uhr morgens reisten wir heute von Gent ab. In *Brügge* brach ein Rad am Wagen, u. wir mußten dort daher beynahe zwey Stunden warten: wir benutzten diese Zeit zum Mittagsessen. Dieses Aufenthalts ungeachtet machten wir heute 14 Posten, u. kamen diesen Abend in *Dünkerque* an.

Montag. d. 23. May u. Diengstag. d. 24. May.
Wir fuhren heute früh von *Dünkerque* ab, u. waren um elf in *Calais*, wo wir aber des *contrairen* Windes wegen den ganzen Tag uns nicht einschiffen konnten, sondern erst um zwey in der Nacht abfuhren. Nach einer viertel Stunde war ich todtkranck, u. mußte mit mehreren andern aufs Verdeck, um mir Luft zu machen, wo ich auch die ganze Zeit blieb. Ich war einer der Kränkesten, u. brachte die Nacht auf eine jämmerliche Art zu. Um 4 Uhr hatten wir *Calais* noch vor Augen. Drey Böte ruderten aus Leibeskräften auf uns zu. Es waren die Passagiere vom französischen Paketboote, welches nicht hatte weg können, weil grade da wir weg waren, die Nachricht vom Kriege nach *Calais* gekommen war. Diese unglücklichen Passagiere hatten nicht ein Mal ihre Gepäcke mitnehmen können, die Frauenzimmer u. Kinder mußten mit Angst u. Noth an unserm stets schwankenden Schiffe hinan klettern; ich sah wie jeder den Matrosen die sie hergerudert hatten, zwei Guineen geben mußte, überdem mußten sie noch die Passage auf unserm, u. wie ich vermuthe auch die auf dem französischen Paketboot bezahlen. Ueberhaupt wird man hier auf alle mögliche Art überfordert. Es waren nun gegen 100 Menschen auf dem Schiffe. Endlich kamen wir gegen ein Uhr in *Dover* an. Wir aßen hier zu Mittag, fuhren um sechs Uhr weg u. brachten diese Nacht in *Canterbury* zu.

Mittwoch. 25. May.
Wir fuhren diesen Morgen von *Canterbury* ab, frühstückten in *Rochester*, u. aßen in *Schooting-Hill* zu Mittag. Man hat von hier eine prächtige Aussicht auf *London* u. die umliegende Gegend, die wir aber eines starcken Nebels wegen nicht sehn konnten.

Nachmittag kamen wir in *London* an.

Donnerstag. d. 26. May.
Wir durchgiengen heute einige der lebhaftesten Straßen der *City*. Ich fand meine Erwartung von *London* wircklich übertroffen, ich hatte es mir doch so nicht vorgestellt, u. ich sah mit Bewunderung die schönen großen Häuser die breiten Straßen, u. die reichen Laden, die man in ganzen Straßen vor jedem Hause in bunter Mannigfaltigkeit findet.

Freytag. d. 27. May.
Wir fuhren diesen Morgen nach *Lady Anderson* die wir aber nicht zu Hause fanden. Da wir Nachmittag ausgehn wollten, begegneten wir Hrn. *Drewe* der zu uns kam, u. unsern Spatziergang verhinderte. –

Sonnabend. d. 28. May.
Wir giengen diesen Abend nach *Asthleys*, eins der vielen Nebentheater die man hier hat. Man giebt hier nichts wie Pantomimen. Die erste war sehr mittelmäßig, die 2te u. letzte aber, in der Harlekin die Hauptrolle hatte, durch den schnellen Wechsel einer Menge Dekorationen, unterhaltend. Zwischen beiden Stücken wurden, was der eigentliche Zweck dieses Hauses ist, Bereiter-Kunststücke gemacht.

Sonntag. d. 29. May. (Pfingsttag).
Wir aßen diesen Mittag bey Hrn. *Robinson* auf dem Garten.

Montag. 30. May.
[a]Hr. *Jourdan* aß diesen Mittag bey uns, u. gieng diesen Abend mit uns nach *Drury-lane*. Das Haus übertraf dennoch meine Erwar-

---

[a] Vormittag giengen wir mit Hrn. *Jourdan* nach *Sommersethouse*, wo wir eine Ausstellung von Gemälden hiesiger Künstler sahen, worunter indessen nur wenig gute Sachen waren.

tung: ich mußte über die vielen Treppen u. Säle erstaunen, die wir durchwandern mußten, ehe wir zu unsrer Loge gelangten. Es war sehr voll. Man gab *Much ado about nothing*, u. darauf eine große Pantomime in der wie gewöhnlich Harlekin die Hauptrolle hatte, indessen war seine Rolle so wie alle andern so sehr gut besetzt, auch Dekorationen u. Maschinerie so schön, daß das Stück allgemein Bewunderung u. Vergnügen erregte.

Dienstag. d. 31. May.
Obgleich *London* eine der größten Städte auf der Welt ist, so fällt es Fremden doch nicht sehr schwer die Wege zu finden, dies kommt vorzüglich davon her daß die Straßen alle ziemlich grade sind, u. man seinen Weg sehr weit vor sich sehn kann. Ich fand heute ohne zu fragen den Weg nach *St. James Park*, nachdem ich ihn vorher auf der Karte von *London* gesehn hatte. Ich fand den *Park* nicht so wie ich ihn mir vorgestellt hatte, ich dachte mir eine Art von englischem *Bosquet* darunter, u. ward durch den Anblick der großen Wiese auf der Pferde weideten, der Alleen u. der schönen Gebäude die sie umgaben, überrascht.

Wir giengen diesen Abend mit Hrn. *Jourdan* nach der großen ITALIÄNISCHEN OPER. Das Haus ist noch größer wie das von *Drury-lane*, aber bey weitem nicht so elegant dekorirt. Sieben Ränge Logen sind übereinander. Die *Logen* sind alle vom hohen Adel gemiethet: wer keine *Loge* hat, geht ins *Parterre (Pit)*, wo die *Entree* eine halbe *Guinée* ist, man darf hier nicht anders wie *in full dress* erscheinen, d. h. die Damen in weißen Kleidern, u. vorzüglich ohne Hut, u. die Herren in seidnen Strümpfen, dreyeckigen Hüten, u. meistens alle gepudert. *Mrs. Billington* ist die erste Aktriße, der alle andern weit nachstehn, u. sie ist gewiß in Fertigkeit u. Kraft unübertrefflich, sie hat indessen nicht viel Ausdruck; sie ist nicht mehr schön, u. auch ihre Stimme fängt an alt zu werden, da sie schon seit mehr wie 30 Jahre berühmt ist. Zwischen den Akten wurde getanzt. Hr. u. *Mad. Laborie* u. *Mlle. Perisot* entzückten alle Zuschauer. Nachdem die Oper, *Calypso*, aus war, tanzten sie wieder in einem *Ballet pantomime* in welchen unterandern *Laborie* mit seiner Frau einen *Menuet* tanzte,

u. es war das erste Mal daß ich einen *Menuet* ohne lange Weile ansah.

Während der Oper hören, ausgenommen wenn *Mrs. Billington* singt, die wenigsten zu, es herrscht oft eine allgemeine *Conversation*; denn obgleich man wohl EINE schöne Arie mit dem größten Interesse, u. mit Bewunderung zuhören kann, so wird doch eine solche große Oper, zumal wenn man die Sprache nicht versteht, langweilig, u. erregt auf die Länge Ueberdruß. Das Schauspiel welches um halbacht angefangen war, endigte erst um Ein Uhr.

Mittwoch. d. 1sten Juny.
Wir waren diesen Mittag bey Hrn. *Harris*, er wohnt dicht vor *London*, hat aber von seinem Hause eine sehr schöne Aussicht. Wir fuhren diesen Abend mit ihm nach einer *Pension (Boarding-School)* von jungen Mädchen, wo Hr. *Harris* auch zwey Töchter hatte. Sie lernen hier auch tanzen, u. hatten heute eine Art Ball wo sie alle in Gegenwart ihrer Eltern, u. andrer die als Zuschauer hinkommen, tanzen. Es war ein allerliebster Anblick hier über 40 junge Mädchen, von acht bis sechzehn Jahren, wircklich mit vielem Anstand, unter sich, u. alle gleich gekleidet, tanzen zu sehn. Nachher wurden ein Paar Tänze getanzt in die sich auch Herren mengten, u. die ich auch mittanzte.

Donnerstag. d. 2. Juny.
Da meine Mutter heute kranck war, u. es erschrecklich regnete, giengen wir diesen Vormittag garnicht aus dem Hause. Nachmittag gieng ich mit meinem Vater aus: wir sahen die Börse, die Bank, den *Tower*, das Monument, u. noch andre merckwürdige u. größtentheils sehr schöne Gebäude.

Freytag. d. 3ten Juny.
Diesen Morgen besuchten wir *Mad. Percival*. Sie hat einen Sohn der grade mit mir in gleichem Alter ist, u. dessen Bekanntschaft ich machte.

Ich machte gegen Abend eine *Promenade* nach *St. Jamses-Park*.

Das schöne Wetter hatte eine Menge Menschen herbeigelockt, es war sehr voll. Der Voll-Mond, der über die gotische Westminster-Kirche emporstieg, u. sich im Kanal spiegelte, gab dem *Park* eine so schöne Beleuchtung, daß ich ihn jetzt mit viel mehr Vergnügen als bey Tage durchgieng.

Sonnabend. den 4ten Juny.
Heut war des KÖNIGS GEBURTSTAG. *Sir James Durno* führte uns in *St. James Park*, wo man die Kanonen löste, u. von da giengen wir nach *St. Jams's Street*, wo wir auf einem Balkon in einem Kaffeehause Plätze bekamen, um den hohen Adel nach Hofe fahren zu sehn. Es war eine Reihe von mehr als tausend prächtigen Staats-Wagen: hinten auf standen Bediente in reichen goldnen Livreen, u. auf dem Bock saßen altmodische Kutscher mit goldenen Röcken, kleinen Perucken, u. kleinen langhörnigen mit Gold verbrämten Hüten. Die Herzöge von *Gloster* u. *Yorck* sahen wir in Wagen die an den Seiten ganz von Glas waren, u. mit vier Bedienten u. Kammer-Husaren vorbeyfahren. In den Wagen saßen die Herren in gestickten Kleidern u. gewaltigen Haarbeuteln, u. die Damen mit Poschen. *Sir James Durno* versprach uns aber uns nächstens Billets zur Antichambre zu verschaffen wo wir sie alle in der Hofkleidung sehn könnten.

Wir aßen diesen Mittag bey Hrn. *Percival*. – Diesen Abend waren alle öffentlichen Gebäude, u. die Laden die den König bedienen illuminirt.

Sonntag. d. 5ten Juny.
Wir waren diesen Mittag bey Hrn. *van der Hufen*, einem noch unverheirathetem Holländer, auf dem Garten. Wir machten auf der Hinfarth einen Umweg u. kamen bey dem großen *Canal (Grand Junction-Canal)* vorbey. Man hatte vergangne Woche, neben der großen steinernen Brücke, eine sehr hohe hölzerne gebaut, der schönen Aussicht wegen, die man von hier hat. Ich bestieg die Brücke: die Aussicht ist wirklich reizend, nur verhinderte mich der Regen, der heute den ganzen Tag fiel, sie in ihrer ganzen Ausdehnung zu sehn.

Montag. d. 6^(ten) Juny.
Der junge *Percival* hohlte mich heute ab, u. ich machte mit ihm u. einem jungen Menschen von seiner Bekanntschaft, der sich dem Kriegswesen widmete, einen Spatziergang, in welchem wir aber von einem heftigen Gewitter unterbrochen wurden. Wir sahen nachher von der *Westminster*-Brücke ein Wett-Rudern von verschiedenen Böten, um einen ausgesetzten Preis[a].

Diesen Mittag aß Hr. *Jourdan* bey uns, u. gieng diesen Abend mit uns nach *Hay-Market*. Man gab *the Mountaineers*, ein Schauspiel dessen Sujet aus dem *Don Quichotte* genommen ist. Hr. *Elliston* ein sehr guter tragischer Akteur machte die Rolle eines Wahnsinnigen, u. erndte den ungetheilten Beyfall: Er hatte seine Rolle tief studirt, bey der ihm seine schöne Figur, u. sein ausdrucksvolles Gesicht sehr zu statten kamen. Er machte die Widersprüche, das Unbeständige im Wesen eines Halbwahnsinnigen, u. sogar das phisische in der Krankheit, die Krampfhaften Bewegungen, das Zittern im Fieberfrost, mit der größten Kunst nach. – Hierauf folgte eine Farce in der sich besonders Mr. *Mathews* ein komischer Akteur auszeichnete.

Zwischen beyden Stücken, fieng auf der Gallerie plötzlich ein Matrose an, mit lauter Stimme zu singen. Zuerst zischte man, da er indeß nicht aufhörte, ward es still: er sang wircklich gut, alles war aufmercksam, u. er wurde allgemein am Ende des ersten Verses applaudirt: im zweyten vergallopirte er sich aber etwas, man lachte, er wurde aber doch beklatscht.

Dienstag. d. 7^(ten) Juny.
Wir trancken diesen Nachmittag in einem öffentlichen Garten in *Chelsea* Thee, wo es aber gar nicht hübsch war. Von da giengen wir nach dem *Royal Circus*, wo wir das Ende einer *Pantomime*, einige Bereiter-Kunststücke, u. den Anfang einer Oper mit großen Dekorationen, in der wie gewöhnlich Harlekin der Held des Stückes war sahen.

---

[a] Ich besah diesen Morgen mit Hrn. *Jourdan* eine Art *Panorama*: es stellte die Schlacht bey *Lodi* vor, die im letzten Krieg zwischen den Franzosen, u. den Oesterreichern u. *Neapolitanern* vorfiel: es ist sehr täuschend u. mit vielem Fleiße gemahlt, u. wirklich sehenswerth.

Mittwoch. d. 8^(ten) Juny.

Ich wohnte diesen Morgen einem traurigen Schauspiele bey: ich sah drey Menschen HENCKEN. Es bleibt immer der empörendeste Anblick, Menschen auf eine gewaltsame Art umbringen zu sehn: indessen hat eine solche ENGLISCHE HÄNGESZENE doch bey weitem nicht daß gräßliche was sonst Hinrichtungen haben. Der Unglückliche leidet gewiß nicht eine Halbe Minute; so wie das Gerüst fällt, ist er ohne Bewegung: man sieht auch sein Gesicht nicht, über welches eine weiße Mütze gezogen ist. Ich glaube daß dieser schnelle Tod davon herrührt daß sie nicht vom stranguliren sterben, sondern indem ihnen im Schwunge, beym Fall, ein Knoten das Genick bricht: auch hiengen sie alle gleich den Kopf auf die Seite, was dies bestätigt. Dieser Auftritt ist hier weniger schrecklich, indem man ihn nicht so feierlich macht. Hier sind keine Arm-Sünder-Glocken, Sterbekleider u.dgl., das Gerüst steht dicht vor der Gefängnisthüre, auch ist das Gewühl der Zuschauer nicht so groß, weil man regelmäßig alle sechs Wochen henckt. Ich war an einem Fenster, dem Gefängnis gegenüber, so nahe daß ich die Gesichtszüge der Deliquenten genau unterscheiden konnte; sie schienen mir selbst nicht blaß. Ich schauderte da man ihnen den Strick umband, dies war der gräßliche Augenblick: ihre Seele schien schon in der andern Welt zu seyn, es war als ob sie das alles nicht bemerckten. Ein Geistlicher war mit ihnen auf dem Gerüst; er sprach besonders mit einem von ihnen anhaltend: es war ein jämmerlicher Anblick, zu sehn mit welcher Angst diese Menschen selbst den letzten Augenblick noch zum beten benutzen wollten: Einer von ihnen der dabei immer die gefalteten Hände auf und nieder bewegte, machte nachdem er schon gefallen war, noch ein Paar Mal dieselbe Bewegung. – – – –

Ich gieng diesen Abend einen BAUCHREDNER *(Ventriloquist; Ventreloque)* zu sehen, der täglich in den Zeitungen annoncirt war. Die Vorstellung fieng um neun Uhr an. Ich habe nie etwas mit so viel Erstaunen u. Bewundrung angesehn wie diesen Bauchredner. Er ist ein Franzose u. heißt *Fitz-James*: Er führte allein ganze Stücke auf wobey die übrigen Personen theils hinter einem Bettschirm, theils auf dem Boden im Keller, unterm Tisch, vor der Thüre, od.

auf der Straße, zu seyn supponirt wurden. Man hörte einen Postillion auf der Straße blasen, u. den Nachtwächter die Stunden rufen. Er machte hinter einem Bettschirm die ganze National-Versammlung, als Karrikatur nach, wobey gewiß ein Dutzt verschiedne Stimmen, von verschiednen Quellen wechszelweise sprachen. Er machte dies alles so sehr täuschend, daß er allen Zuschauern Erstaunen u. Beyfall abzwang. Er erklärte selbst dies Talent für Gabe der Natur, u. unter Millionen wird kaum Ein vollkomner Bauchredner geboren: er sagte zugleich, es sey ein sehr falscher Begriff daß er u. seines gleichen aus dem Bauche redeten: er spräche nur mit einer hohlen Stimme aus der Brust heraus, wobey er sogar den Mund bewegt, was er aber der Täuschung wegen, durch eine verdrehte Stellung gewöhnlich verbirgt. Sein seltnes Talent ernährt diesen Mann ohne viel Mühe: er giebt wöchentlich nur drey Vorstellungen[a], läßt sich aber jedes Billet mit sieben englischen Schillingen bezahlen. Er ist überdem ein großer Mimiker: er machte einige Karrikatur-Scenen allein, bey denen auch der ernsthafteste Zuschauer aus vollem Halse lachen mußte. – Drauf setzte er sich hin, u. drückte auf seinem Gesichte alle verschiednen Karaktere, Stimmungen des Geistes, u. Leidenschaften aus: z.B. Nachdenken, Furcht, Schrecken, Ueberraschung, Freude, Schmerz, Sehnsucht u.s.w. u.s.w.; er schien sich bey jedem Karakter zu verwandeln, alle seine Züge änderten sich; er behielt jeden Karakter ein Paar Minuten bey, u. schien darin versteinert, u. wäre jedesmal der schönste Karakterkopf gewesen. – Ich verließ diesen wircklich außerordentlichen Mann voll der lebhaftesten Bewundrung.

Donnerstag. d. 9ten Juny.
Heute war großes *Drawing-Room* bey Hofe. *Sir James Durno* hatte uns Einlaß zur Antichambre verschafft, von wo wir den ganzen Hof in der altmodischen aber prächtigen HOFTRACHT vorbey gehn sahen. Es war aber auffallend mit wie wenigem Anstand u. Gracie die Hofdamen in ihren gewaltigen Poschen u. langen goldnen Schleppen einhergiengen: es schienen verkleidete Bauermädchen

---

[a] Jede Vorstellung dauert nicht völlig 2 Stunden.

zu seyn. Da alle versammelt waren kam auch der König u. die Königin, mit ihrer Familie.

Wir waren diesen Mittag zu Hrn. *Solly* gebeten. Da es aber entsetzlich regnete, mußten wir zwey Stunden warten ehe wir einen Fiaker, *(Hackney-coach)* die sonst in allen Straßen herum stehn, erhalten konnten, obgleich wir nach allen Seiten Boten schickten, u. kamen erst um halb sieben bey Hrn. *Solly* an, da man mit dem Essen schon halb fertig war.

Freytag. d. 10ten Juny.
Ich besah diesen Morgen die *Ménagerie* BEY *Exeter-Change*. Sie enthielt eine außerordentlich zahlreiche Sammlung von wilden ausländischen Thieren.

Sir James Durno aß diesen Mittag bey uns u. gieng diesen Abend mit uns nach *Covent-Garden*. Das Haus ist nicht völlig so groß wie *Drury-lane*, die Schauspieler aber durchgängig besser. Man gab *the Stranger*, eine sehr gute Uebersetzung von Menschenhaß u. Reue, worin im ganzen alle Rollen gut besetzt waren. Hierauf folgte *a tale of Mistery*, eigentlich ein Trauerspiel, welches in jeder Hinsicht unverbesserlich gegeben wurde. Zwischen beyden Stücken sang ein Akteur eine patriotische Arie, ein andrer tanzte einen *Horn-Pipe*, ein dritter sang eine komische Arie, u. einer versuchte *the Illusions of Imitation*, d.h. er machte verschiedne Berühmte, tragische u. komische Akteurs nach, u. die Engländer welche diese Akteurs gesehen hatten, versicherten sie wären außerordentlich täuschend getroffen.

Sonnabend. d. 11ten Juny.
Wir aßen diesen Mittag in *Hampstead* von wo man eine sehr schöne Aussicht auf die herumliegende Gegend hat, die wir aber des starken Regens wegen gar nicht sehn konnten.

Sonntag. d. 12ten Juny.
Ich brachte diesen Tag bey Hrn. *Percival* zu. Nachmittag besuchte ich mit dem jungen *Percival* die QUÄQER-KIRCHE. Es ist ein sehr einfaches Gebäude. Die Männer sitzen von den Frauenzimmern getrennt. Da wir hinein traten, stand ein Quäker hinter einem Ver-

schlag u. sprach, aber so undeutlich daß ich nur wenig verstand. Er setzte sich nieder: es blieb eine Zeit lang still. Jetzt trat ein andrer auf, um *a common prayer* zu verrichten, wobey alle den Hut abnehmen, (was vorher nicht geschehen war) u. stehn mußten. Er sprach als wenn Seufzer seine Stimm erstickten, verschluckte die Hälfte von jedem Wort, u. ließ dann einen minutenlangen Zwischenraum bis zum nächstfolgenden; sodaß es besonders für einen Fremden unmöglich war, ihn zu verstehn. Da er fertig war, stand nach einer kleinen Weile ein andrer auf, der etwas deutlicher redete, wir giengen weg eh' er fertig war.

Montag. d. 13. Juny.
Ich bestieg diesen Morgen das MONUMENT. Es wurde bekanntlich zum Andencken der großen Feuersbrunst errichtet, die vor etwa 150 Jahren einen großen Theil der Stadt einäscherte. Das Monument besteht aus einer ungeheuren dorischen Säule, 202 Fuß hoch. Das *Pied d'estal* ist nicht viel kleiner als die ringsum stehenden vier Stockwercke hohen Häuser, u. dient dem Schließer zur Wohnung. Ueber dem Kapitäl ist ein eisernes Geländer, zu dem eine Windeltreppe von 345 Stufen führt. Man hat von oben eine sehr ausgedehnte Aussicht, u. man könnte beynahe die ganze Stadt übersehn, wenn nicht der Rauch der aus allen Schornsteinen emporsteigt, die Aussicht auf die nächsten Straßen u. die Thurmspitzen beschränckte.

Ich gieng von hier nach dem *Ceverian Museum*. Es ist eigentlich blos ein Naturalien-Kabinet, aber das vollständigste u. ordentlichste Naturalien-Kabinet, was ich je sah, die in Göttingen, Kassel u. Dresden nicht ausgenommen. Es besteht aus 12 Zimmern u. einer großen Rotunde. In allen Zimmern stehn nach ihren Klassen abgetheilt, alle Thierarten, so schön ausgestopft u. erhalten, daß man sie für lebendig ansehn könnte; alle Mineralien, die bekanntesten Holzarten, kurz alle Wercke der Natur, in ihren Abstufungen, Reihenfolgen, u. Abweichungen von ihrem gewöhnlichen Gange, stehn hier in der faßlichsten Ordnung in Glasschräncken; u. bey jedem der Name, gewöhnlich auf englisch, französisch, u. lateinisch. Das Licht fällt in allen Zimmern von oben hinein. In der großen Rotunde stehn die Vögel; unten stehn die größern, u. eine ganz außerordentlich schön konservirte u. vollständige Schmetterling-Sammlung: im obern Theil der Rotunde ist, auf schönen jonischen Säulen von rothem Marmor gestützt, eine Gallerie, in der hinter Glasschräncken die größte Mannigfaltigkeit von Vögeln steht; aus allen Klimaten gesammelt, u. ausgestopft, daß man sie von lebendigen nicht unterscheiden kann, stehn sie, im größten Kontrast von Farben u. Gestalt, nebeneinander.

Außerdem enthält dieses Museum noch einige Kunstsachen: z.B. eine Vase von Raphael gemahlt, einige antike römische Vasen, Sachen die ihres Alterthums wegen merckwürdig sind, z.B. ein Kalender von A°. 1432, u.dgl.m. Ein, wegen der mühsamen u. wircklich schönen Arbeit, auch wegen seiner Kostbarkeit merckwürdiges Denckmal orientalischer Arbeit ist das von Gold u. Edelsteinen nachgemachte Grab des Confuzius, die Figuren darauf sind schön gearbeitet, u. so fein, daß man sie am besten in dem daneben stehenden Hohlspiegel vergrößert sieht. Besonders merckwürdig sind die Waffen, Kleider, Geräthe, Götzen fast aller unzivilisirten Völcker; einige davon muß man wircklich der künstlichen Arbeit wegen bewundern: sie sind größtenteils von *Cook* gesammelt. Sehr angenehm ist es daß man hier nicht, wie es wohl in andern *Museums* der Fall ist, herumgeführt wird, u. wenn man herum ist hinaus muß. Man kann bleiben so lang man will; ich hielt mich dritte halb Stunden auf. In den meisten Zimmern brennt Kamin-Feuer, u. vor jedem Kamin stehen zwey Sophas. In einem der größten Zimmer steht hier ganz an seinem Platz *Pope's* schöner Vers, den man erst recht fühlt wenn man hier die Natur in ihrer ganzen Mannigfaltigkeit bewundern muß.

> *"See through this air, this ocean and this earth!*
> *All matter quick and bursting into birth:*
> *Above how high progressive life may go!*
> *Around how wide, how deep extend below!*
> *Vast Chain of Beings, which from God began:*
> *Natures ethereal, Human, Angel, Man:*
> *Beast, Bird, Fish, Insect, what no eye can see!*
> *No glass can reach from Infinite to thee!*
> *From thee to nothing."* –

Diesen Abend besah ich *Metlins* Museum. Es enthält nur mechanische Kunststücke: eigentlich Spielzeug, womit man sich aber wohl eine Stunde amüsiren kann z. B. Schaukeln, Karoussels, ein Paar Stühle die jämmerlich heulen wenn man sich darauf setzt, ein paar sonderbare Klaviere, ein Türke der beständig den Mund auf u. zu macht, wobey man versucht hineinzuschießen u. der dabey erschrecklich die Augen verdreht; ein kleiner Herr der immer auf u. ab geht die Zuschauer lorgnirt u. grüßt, u. eine Menge dergleichen Sachen mehr. ---

Diengstag. d. 14. Juny.
Wir besahen diesen Morgen die WESTMINSTER-ABTEY, wo die Unsterblichkeit der großen Männer Englands noch durch ein marmornes Denckmal gesichert wurde. *Milton, Garrick, Händel* u. *Shakespear's* Gräber erblickt man zuerst am Eingang: mit ernstem Gesicht steht *Shakespear* in Lebensgröße auf seinem Grabe, u. hält seinen schönen Vers über die Vergänglichkeit in der Hand. *Garrick* kommt hinter einem Vorhang, den er zurückschlägt hervor, er scheint in die bessere Welt einzutreten. Unter *Gay's* Büste steht sein bekannter Vers:

> *Life is a jest, and all things show it:*
> *I thought so once, and now I know it.*

Man führte uns in allen Gängen dieses großen gothischen Gebäudes herum, in denen meistentheils sehr alte Gräber sind, wovon aber viele sehr gut gearbeitet sind: wir sahen eine Menge uhralter Särge, die in allen Wrinckeln u. Kapellchen vertheilt sind, auf denen der Held den sie enthalten, von Holz geschnitzt, in voller Rüstung mit zusammen geschlagenen Händen liegt. Man zeigte uns das Grab der Königin *Elisabeth*, u. die Königin selbst in Wachs poussirt, in den Kleidern die sie trug. Die anderen Könige haben kein Monument, ihre Särge stehn in einem Gewölbe unter der Kirche. Auch sahen wir das Grabmahl u. die Statüe der unglücklichen *Marie* von Schottland: überhaupt viele Gräber von Männern die sich in der ältern englischen Geschichte merckwürdig gemacht haben. In einem besonderen Gange stehn die Gräber von merckwürdigen Menschen der neuern Zeit: einige bekannte Schriftsteller, u.

Gelehrte aus allen Fächern, besonders aber viele Admiräle. Auch zeigte man uns den Saal in dem die Wappen, Helme u. Schwerter aller *Bath*-Ritter hängen.

Gewiß giebt der Anblick der Westminster-Kirche unendlichen Stoff zum Dencken. Wenn man in diesen gothischen Mauern, die Überreste u. Denckmähler aller dieser Dichter, Helden u. Könige sieht, wie sie, aus so verschiedenen Jahrhunderten, hier zusammen stehn, od. vielmehr wie hier ihre Gebeine zusammen ruhn; so ist es ein schöner Gedancken ob sie wohl SELBST jetzt so beysammen sind, dort wo nicht Jahrhunderte, nicht Stände, nicht Raum u. Zeit sie trennen: u. was wohl jeder von dem Glanz, von der Größe die ihn hier umgab, hinüber nahm: die Könige ließen Kron u. Szepter hier zurück, die Helden ihre Waffen, den Ruhm ließen die Dichter: doch die großen Geister unter ihnen allen, deren Glanz aus ihnen selbst floß, die ihn nicht von äußerlichen Dingen erhielten, die nehmen ihre Größe mit hinüber, SIE nehmen alles mit was sie hier hatten.

Mittwoch. d. 15ten Juny.
Wir fuhren heute nach *Richmond-Hill*. Obgleich es heute, wie überhaupt während der ganzen Zeit unsers Aufenthalts in *London*, den ganzen Tag über regnete, war die Luft doch ziemlich klar, sodaß wir die schönste Aussicht die man sowohl in *Richmond-Hill* als auf dem Wege dahin hat, sehn konnten. Auf dem Hin-Wege hielten wir beym Königlichen Garten in *Kew* an. Wir besahen den botanischen Garten, der sehr merckwürdige Treibhäuser enthält, u. auch überhaupt sehr hübsch ist, aber in den eigentlichen *Pleasure-Ground* konnten wir durchaus nicht hineingelassen werden.

Die Aussicht die man von einem großen Saal im Wirthshause *(Star u. Garter)* in *Richmond-Hill* hat, ist unaussprechlich schön. Sie ist nicht unübersehbar, grade so groß daß das Auge sie umfassen kann: man übersieht in großer Abwechslung Ebnen von sanften Hügeln begränzt, u. von der *Thames* durchschlängelt, große hellgrüne Wiesen, mit weidenden Pferden u. Kühen bedeckt u. auf denen dunckle Bäume sich gruppiren. Kleine Dörfer, u. einzelne Landhäuser, liegen zerstreut umher, u. beleben das Ganze: der nächste Gegenstand auf dem das Auge ruht, ist *Pope's* Haus, in welchem er einen großen Theil seiner Gedichte schrieb; er ist jetzt seit sechzig Jahren todt. Wir fuhren nach Tisch hin um das Haus zu sehn; es wird aber nicht mehr gezeigt. Wir fuhren von da nach *Hampton court*, einem königlichen Pallast, in dem der König aber seit zwanzig Jahren nicht gewesen ist. Der holländische Stadthalter hat ihn während sieben Jahren bewohnt. Dieses Schloß ist sehr alt, ein Theil davon ist noch ganz gothisch: es ist ganz ungeheuer groß; wir durchgiengen nur die hauptsächlichsten Zimmer: sie enthalten viele zum Theil sehr schöne Gemählde, auch die Porträts von den meisten englischen Königen. Der Garten ist nicht im neusten Geschmack, aber ziemlich hübsch u. groß; die Orangerie ist sehr hübsch.

Donnerstag. d. 16. Juny.
Diesen Mittag aßen wir bey dem Bruder des Hrn. *Solly* bei dem wir vor acht Tagen gewesen waren; er wohnt dicht vor der Stadt. Vormittag eher wir hinfuhren, hohlte uns Hr. *Jourdan* ab: er führte uns, da es schönes Wetter war, durch die schönsten Straßen u. *Squares* von London. Wir giengen nach der *Roman Gallery*, eine Sammlung von Gemählden; sie ist nicht groß, enthält meistentheils italiänische Bilder, wovon einige sehr gut sind. Von da giengen wir nach der *Shakespear-Gallery*: sie ist sehr sehenswerth: es ist eine sehr zahlreiche Sammlung von Oehlgemählden zu *Shakespears* Schauspielen, viele davon sind Meisterstücke der Kunst, auch die Stellen sind sehr gut gewählt.

Freytag. d. 17ten Juny.
Wir besahen diesen Morgen mit *Percivals* den *Tower*. Ein Soldat aus der königl. Garde, die Heinrich der 7te einsetzte führte uns herum. Er zeigte uns erstlich ein Zimmer in welchem alte spanische Waffen, die Beute der *Armada* unter Elisabeth, aufbewahrt werden: die Kleidung unsers Führers war noch ganz dieselbe die Heinrich der 7te dieser Garde gab: ganz roth, mit blauem Sammt u. Gold überall gepufft, ein platter runder Hut, die Krone u. das englische Wappen mit *Dieu et mon droit* auf dem Rücken gestickt, u. eine große Halle-

barde. Diese Kleidung paßte sehr gut zu den alten Waffen die er uns zeigte. Auch stand im Zimmer der spanischen Waffen die Königin Elisabeth in Wachs pußirt, u. in derselben Rüstung in der sie 1588 ihre Armee anredete. Von da führte man uns in den Rüstsaal in dem alle Arten von alten Waffen u. eine Menge Harnische u. Helme für Menschen u. Pferde hängen. Auch sind hier alle englischen Könige von Holz nach Original-Gemählden geschnitten, in den Rüstungen die sie selbst trugen, zu Pferde. Von da giengen wir ins eigentliche Zeughaus, wo in Einem Saal für 2000 Mann Waffen hängen; vor dem jetzt ausgebrochenen Kriege mit Franckreich waren Waffen für 3000 Mann da. Alle die Gewehre Pistolen u. Säbel sind mit so vielem Geschmack aufgestellt u. so rein, daß sie einen allerliebsten Anblick gewähren. – Man zeigte uns die Reichskleinodien: Kronen für die ganze königliche Familie, den Szepter, den Reichsapfel, das Friedensschwert, die Öhlungsflasche u. dgl. mehr. Sehr auffallend u. widrig finde ich es daß diese Sachen in einem Keller, von zwey Lichten kärglich beleuchtet, u. hinter einem Gitter gezeigt wurden; besonders da ich vorher die viel beträchtlichern Kostbarkeiten im grünen Gewölbe in Dresden gesehen hatte, die ein jeder in die Hand nehmen kann. Wir besahen jetzt den Löwenthurm *(Tower of the Lions)*. Er enthält viele Löwen u. Tyger, wilde Katzen, Adler u. s. w.

Wir aßen diesen Mittag bey Hrn. *Percival*.

Sonnabend. d. 18. Juny.
Da es heute den ganzen Tag ohne Unterlaß regnete, u. wir keinen Plan irgendwo hinzugehn hatten, blieben wir den ganzen Tag zu Hause. *Miss Percivals* aßen diesen Mittag bey uns.

Sonntag. d. 19. Juny.
Wir fuhren heute mit *Sir James Durno* nach *Greenwhich*. Wir aßen dort, u. Nachmittag besahen wir das berühmte *Hospital* für See-Invaliden. Es sieht einem Pallast ähnlicher wie einem Hospital. Es besteht eigentlich aus mehreren durch große Höfe getrennten weitläuftigen Gebäuden, sehr massiv u. geschmackvoll gebaut. Es liegt an der Themse u. die alten Seeleute haben täglich das Vergnügen

noch Schiffe zu sehn. Die Invaliden sind alle sehr ordentlich u. rein gekleidet; u. ein jeder hat seine eigene Schlafkammer. In einigen Sälen u. Zimmern des Hauses hängen recht gute Bilder, deren Gegenstände fast alle Schiffe u. Seeschlachten od. Porträts von Wohlthätern dieser großen Anstalt sind. Die Kirche ist außerordentlich geschmackvoll decorirt.

Montag. d. 20. Juny.
Es regnete heute ohne Unterlaß. Ich gieng nirgends hin, u. brachte den Abend mit Schreiben nach Hamburg zu.

Dienstag. d. 21. Juny.
Ich war heute den ganzen Tag bey Hrn. *Percival*.

Mittwoch. d. 22. Juny.
Wir aßen die Mittag bey der alten *Madame Solly*.

Donnerstag. d. 23. Juny.
Wir giengen diesen Abend nach *Covent-Garden*: man gab *John Bull* ein National-Stück, in welchem alle Karaktere ächt englisch sind. Hierauf folgte *the lying Valet* eine Farce, die aber sehr gut gegeben wurde.

Freytag. d. 24. Juny.
Diesen Morgen besahen wir das Waarenlager eines der größten hiesigen MÖBELHÄNDLER. Wir durchgiengen viele große Säle mit Möbeln aller Art angefüllt. Ich mußte erstaunen mit welcher Vollkommenheit man es hier in der Befriedigung jedes kleinen Bedürfnisses gebracht, u. mit welcher Kunst man die größte Bequemlichkeit, Geschmack u. Reichtum in jedem Möbel vereinigt hatte. Wir waren, da das Wetter sehr schön war, zu Fuß gegangen, u. kamen auf dem Rückwege bey *Bedlam* vorbey. Es wird jetzt nicht mehr gezeigt weil man es für grausam hält das Elend der Wahnsinnigen zum Gegenstand der Neugierde zu machen: wir blieben aber einige Minuten vor *Bedlam* stehn um die beyden sehr schönen Statüen über dem Thorwege, den Rasenden u. den Melancholischen, zu sehn, die für Meisterstücke der Kunst gelten.

Diesen Abend gingen wir nach *Vaux-hall*, mit Hrn. u. Mad. *Schmidt* aus Danzig, die mit uns in einem Hause wohnten, Hrn. *Paleske, Sir James Durno* u. *Capt. Barnby* aus *Hull*. Die Illumination ist sehr prächtig u. geschmackvoll, doch nicht so überraschend beym Eintritt als ich gedacht hatte. Von acht bis elf Uhr ist Konzert. Die Musici sind auf einem süperb illuminirten Tempel, in der Mitte des Gartens. Das Konzert war recht gut: *Miss Bland* sang sehr schön, u. ein Musikus dessen Namen ich vergessen habe spielte eine Konzert auf der Trompete, sehr brav. Um elf gehen die Wasser: d.h. der Vorhang eines kleinen Theaters geht auf, auf welchem man eine Brücke mit verschiedenen künstlichen Wasserfällen, aber äußerst Natürlich nachgeahmt erblickt; über die Brücke gehn allerhand Marionetten: ein Jäger der eine wilde Ente schießt, ein Bauerwagen, die *Mail-coach*, etc. aber alles außerordentlich natürlich nachgemacht. Um zwölf wurde ein süperbes Feuerwerck abgebrannt. Nach dem Feuerwerck drängt sich alles nach den Lauben u. Tischen um zu soupiren.

Nach dem Abendessen wird die Gesellschaft lauter u. gemischter; in verschiedenen Theilen des Gartens nehmen Musikanten Platz, spielen Tänze, welche von sehr zweydeutigen Damen getanzt werden.

Das *Vauxhall* ist alle Abend; wenn es regnet bleibt die Gesellschaft im Hause welches aus mehreren großen sehr geschmackvollen illuminierten Sälen besteht. Wir fuhren nach zwey Uhr weg.

Sonnabend. d. 25. Juny.
Mit derselben Gesellschaft mit der wir Gestern in *Vauxhall* gewesen waren, machten wir heute eine große Ausfarth, die am vergangenen Abend abgeredet worden war.

Zuerst fuhren wir nach *Kew-Gardens*, die wir dies Mal da wir ein Einlaß-Billet hatten zu sehn bekamen. Ein deutscher Gärtner der sich dort vervollkommnen will führte uns herum. Der Garten ist erschrecklich groß aber noch sehr wüst. Wir hatten nicht Zeit das Schloß u. die chinesische Pagode zu sehn, weil sie zu weit ab lag. Ein höchst sonderbarer Einfall ist eine Heerde von 27 Kängourus, die auf einem Grasplatz herumspringen u. den lächerlichsten

Anblick gewähren. Es war sieben als wir in *Salt-Hill* ankamen wo wir sogleich zu Mittag aßen u. auch die Nacht blieben.

Sonntag. d. 26. Juny.
In *Salt-Hill* ist nichts merckwürdig als das ganz außerordentlich gute Wirthshaus *(Castel inn.)* Aber in einem nahen Dorfe wohnt *Herschel,* den wir diesen Morgen besuchten. Er zeigte uns seine TELESKOPE, die von ungeheurer Größe, u. auf proportionirten, das ist häuserhohen, Gerüsten, in seinem Garten aufgestellt sind.

Diesen Nachmittag fuhren wir nach *Windsor,* was nur zwey englische Meilen von hier liegt. Wir gingen als wir hinkamen gleich auf die TERRASSE, von wo man eine ganz süperbe Aussicht hat. Nach einer Stunde kam der KÖNIG hin. Es war jetzt gedrängt voll, u. das Volk bildete zwey Reihen zwischen denen der König mit seiner Familie immer auf u. ab gieng. Er führte die Königin beym Arm, ihm folgte sein Sohn der Herzog von *Cambridge* mit zwey Prinzessinnen, hinter denen noch zwey andre Prinzessinnen kamen u. einige Hofdamen beschlossen den Zug. Und so geht der König alle Sonntag, wenn es nicht regnet, mit seiner Familie traulich zwischen seinen Unterthanen spazieren. Ihn begleiten keine Soldaten u. dgl., nur ein Konstabel geht vor ihm um etwas Platz zu machen. Der König ist ein sehr hübscher alter Mann. Die Königin ist häßlich und ohne allen Anstand. Die Prinzessinnen sind alle nicht hübsch u. fangen an alt zu werden.

Wir fuhren gegen Abend wieder nach *Salt-Hill* zurück.

Montag. d. 27. Juny.
Heute verließen wir wieder *Salt-Hill,* u. fuhren nach *Oatland,* wo das Schloß u. der Garten der Herzogin von *York* ist, was wir besahen. Das Schloß ist kaum mehr wie bürgerlich; der Garten aber sehr hübsch. Er enthält eine außerordentlich schöne Grotte mit Muscheln u. Steinen sehr geschmackvoll ausgelegt: die meisten Steine sind aus der großen Grotte in *Derbyshire* hergebracht. In einer Abtheilung der Grotte ist das klarste Bad, was ich je gesehn habe: das Wasser tröpfelt beständig ab u. zu, u. ist wircklich so klar daß man kaum sagen kann, ob das *Bassin* voll oder leer ist. Von hier

fuhren wir nach *Wimbledon* wo wir in meinem nachmaligen Aufenthalt, bey Hrn. *Lancaster* aßen. Hr. *Percival* u. seine Familie waren auch da. Am Abend fuhren wir nach *London* zurück.

Dienstag. d. 28. Juny.
Wir aßen diesen Mittag bey Hrn. *Paleske*. Hr. u. *Mad. Schmidt* aus Danzig waren auch da.

Mittwoch. d. 29. Juny.
Diesen Abend giengen wir mit Hrn. u. *Mad. Schmidt,* u. Hrn. *Paleske* nach *Vauxhall*. Es war ganz dasselbe wie das erste Mal.

Donnerstag. d. 30. Juny.
Ich nahm heute von meinen Eltern Abschied, u. fuhr diesen Abend zu Hrn. *Lancaster* nach *Wimbledon* hinaus.

Diengstag. d. 20. September 1803.
Ich verließ heute Hrn. *Lancasters* Haus u. *Wimbledon*, nach einem Aufenthalt von zwölf Wochen, u. kehrte zu meinen Eltern nach *London* zurück, die schon seit vierzehn Tagen zurück waren. Es regnete heute unaufhörlich; da ich dem ohngeachtet ausgieng, kam ich bis aufs Hemd durchgenäßt zurück.

Mittwoch. d. 21. Sept.
Der Regen der auch heute nicht nachließ, verhinderte uns, wie wir uns vorgenommen hatten, nach den *Horse-Races* zu *Enfield* zu fahren.

Sonnabend. d. 24. Septemb.[a]
Wir fuhren diesen Abend mit Hrn. *v. Hess, Mathiessen, Wiler,* u. *Sir James Durno* nach *Covent-garden* wo wir den *Hamlet* sahen. *Kembel*

---

[a] Ich habe in diesem Theil meines *Journals* nicht alle Tage bemerckt, da wir die Merckwürdigkeiten *Londons* schon fast alle während unsers ersten Aufenthalts gesehn haben: u. jetzt mehr hier bleiben, weil alle Verbindung mit Franckreich aufgehört hat, u. wir also nicht über *Calais* wegkönnen, als aus Wahl.

der heute zum ersten Mal auf diesem Theater auftrat, spielte den *Hamlet*, was seine Force-Rolle ist, unübertrefflich: die übrigen Rollen waren in gleichem Maaße gut besetzt. Der große komische Akteur *Munden*, zog aber, meiner Meynung nach, den *Polonius* zu sehr ins lächerliche. Im Nachspiel aber, *(the Rival Soldiers)* eine Farce in der er wie immer die Hauptrolle hatte, war er allerliebst. Ehe wir nach *Covent-garden* fuhren, sah ich einer sonderbaren Volckskomedie aus dem Fenster zu, die ein gutes *Sujet* für einen Hogartischen Kupferstich gewesen wäre. Dicht vor unserm Fenster schlug ein Gaukler seinen Puppenspiel-Kasten auf. Ein Gewühl von Pöbel sammelte sich sogleich um ihn herum u. versperrte die Straße, u. ihr Gelächter über die Prügeleien des Polischinells erfüllte die Luft. Nachdem der erste Akt, unter allgemeinem Beyfall ausgespielt war, zog der Künstler den Hut ab, den Lohn seiner Mühe zu ernten: den Preis seiner Arbeit der Großmuth seiner ergötzten Zuschauer überlassend; doch so wie er den Huth anfaßte, drehte ihm die undanckbare, u. leider größre Hälfte der Zuschauer den Rücken, u. gieng davon. Einige derselben mit einer Miene u. einem Anstand als wenn sie jetzt des albernen Zeugs genug hätten, u. ihren feinern Geschmack an etwas besserm zu weiden giengen. Nachdem der Künstler aber von der getreuen Hälfte bezahlt war, schritt er zum zweyten Akt. Diejenigen die ihn erst mit einer so verachtenden Miene verlassen hatten, schlichen jetzt wieder herbey das Ende des Schauspiels zu sehn. Doch jetzt erschien ein Freude-Stöhrer. Ein Mann im schwarzen Rock u. dreyeckigen Huth mit einem Gesicht auf dem eine heimliche höhnische Freude über das Ansehn was er sich jetzt geben wollte, geschrieben stand, durchdrang mit stolzem gebietrischem Schritt die Menge, bis er an dem Kasten stand, auf den er mit einem weißen Stöckchen welches er aus der Tasche zog, zwey derbe Schläge that: sowie dieser Zauberer mit seinem Stäbchen den Kasten berührte, blieben Polischinelle u. sein Gegner auf der Bühne wie versteinert stehn, u. der Puppenspieler steckte den Kopf aus dem Kasten. Der schwarze Mann, der ein *Constable* war, verwies ihm mit einem majestätischen Gesicht diese öffentliche Stöhrung. Und sah mit einer triumphirenden Miene zu, wie der arme Gaukler aufpacken mußte, u.

die unzufriedne Menge langsam sich zerstreute. Einige schelmische Gassenjungen begangen aber die Ausgelassenheit die Decke des Kastens aufzuheben, u. die Helden des Stücks, die jetzt mit den Beinen aneinander gebunden da lagen, dem öffentlichen Gelächter preiszugeben. Der *Constable* der jetzt seine Unpartheilichkeit zeigen wollte, stand nun dem unglücklichen Künstler bey, nahm einem der Zuschauer den Stock aus der Hand u. schlug damit nach den bösen Buben, die aber seinen Schlägen ausweichend, lachend u. Gesichter schneidend vor ihm her hüpften.[a]

Sonntag. d. 25. Sept.
Wir fuhren diesen Morgen nach Hrn. *Scott,* der bey *Bromley* ein süperbes Landhaus hat, welches er selbst vor kurzem im neuesten Geschmack hat bauen lassen. Es liegt in der Mitte seines Parks, welcher sehr groß u. geschmackvoll angelegt ist. Wir blieben die Nacht bey ihm.

Montag. d. 26. Sept.
Nachdem wir diesen Morgen Hrn. *Scott's* Park noch ein Mal mit ihm durchgangen waren, nahmen wir von ihm u. seiner Frau Abschied, u. fuhren nach *Seven-Oaks* wo wir zu Mittag aßen. Wir besahen hier das SCHLOSS u. den Park des HERZOGS VON *Dorset*. Das Schloß ist ein sehr großes altes gothisches Gebäude: es enthält aber viele zum Theil sehr gute Gemählde: größtentheils Porträts von berühmten Männern, von den meisten englischen Königen, von *Maria Stuart, O. Cromwell,* Luther u. *Melanchton, Thomas Morus, Ludwig* d. 14., von *Pope, Locke, Baile, Adisson, Newton, Shakespear, Swift,* u. von den meisten englischen Schriftstellern: auch von allen Herzogen von *Dorset*. Einige Zimmer werden noch jetzt bewohnt und sind modern zurecht gemacht. In einem von diesen zeigte man uns eine Landschaft die wir für einen Kupferstich ansahen: es war aber gestickt u. so fein gearbeitet daß es unmöglich war es für Stickerey zu erkennen, wenn man es nicht wußte. Wir

---

[a] Blos weil ich, da ich dies schrieb, nichts anders zu thun wußte, habe ich dieser unbedeutenden Geschichte in meinem *Journal* einen so großen Platz eingeräumt. –

fuhren Nachmittag von *Sevenoaks* nach *Tunbridge,* wo wir spät ankamen u. die Nacht zubrachten.

Diengstag. d. 27sten Sept.
Tunbridge ist ein kleiner Bade-Ort, der aber wohl mehr der Mode als der Gesundheit wegen besucht wird. Das Wasser ist kalt, u. hat einen sehr leichten mineralischen Geschmack. Wir giengen diesen Morgen auf die Promenade, die wir aber sehr leer fanden, weil die *Saison* schon beinahe vorüber ist. – Um elf fuhren wir von hier weg, machten ohne auszusteigen 37 englische Meilen, u. waren um fünf in *London* wo wir aßen, u. hernach mit *Sir James* nach *Covent-garden* fuhren. Man gab *Isabella,* ein sehr altes gräßliches Trauerspiel. *Mrs. Siddons,* die man für die größte tragische Aktriße hält, u. die mit ihrem Bruder, *Kembel,* zusammen *Drury-Lane* verlassen hat, debütirte hier heute in der Rolle von *Isabella.* –

Im Nachspiel, *the Irishman in London,* machte *Munden* wie gewöhnlich alle Zuschauer lachen. –

Donnerstag. d. 29. Sept.
Wir waren heute bey Hrn. Mathießen u. von Heß, den Deputirten von Hamburg zu Mittag. Die Gesellschaft war zahlreicher wie die englischen Gesellschaften gewöhnlich sind, u. bestand, zwey oder drey ausgenommen, aus lauter Deutschen.

Sonnabend. d. 1. Oktober.
Wir aßen heute bey Hrn. *Drewe* in *Kensington.* Ehe wir hinfuhren machten wir eine große Ausfahrt über *Kingston* nach *Richmond-Hill,* wo wir die schöne Aussicht noch einmal sahen, u. den Park durchgiengen. Von da fuhren wir nach *Kew,* wo wir nochmals den botanischen Garten besahen, der sich jetzt, da der Herbst einige Bäume sehr sonderbar gefärbt hatte, noch schöner ausnahm.

Sonntag. d. 2. Oktober.
Wir waren diesen Mittag bey Hrn. *Court* in *Maryland point*[a].

---

[a] Ich machte hier die Bekanntschaft eines jungen Holländers, *Suirmand,* der auf dem Komtoir des Hrn. Court ist, u. mit dem ich nachmals öfter zusammen war. – – –

Montag. d. 3. Oktob.

Ich fuhr heute mit meinem Vater nach *Enfield*; wo wir den Park des Hrn. *Mellish* besahen, der recht hübsch ist.

Diesen Abend sahen wir im *Covent-garden, King Richard the third*. Indessen ist dies schöne Trauerspiel von *Shakespear* so umgeändert daß man es kaum erkennt. Es ist nicht nur sehr viel weggestrichen, sondern man hat sogar ganze Rollen hinzugefügt u. andre ausgelassen. *Cook* machte den *Richard*, u. übertraf alles was ich noch von englischer Schauspielkunst gesehn habe. Ich ziehe ihn *Kembeln* weit vor. Nur darin hatte er gefehlt, daß er sich bey weitem nicht genug entstellt hatte, da im ganzen Stück auf seine Häßlichkeit u. Unförmlichkeit angespielt wird.

Mittwoch. d. 5. Oktob.

Ich gieng diesen Abend nach dem *Royal-Circus*.

Donnerstag. d. 6. Okt.

[a]Hr. *Mathießen* u. Hr. *Paleske* besuchten uns diesen Abend.

Freytag. d. 7. Okt.

Wir besahen heute noch ein Mal das *Ceverian Museum*. Obgleich ich es schon während unsers ersten Aufenthalts in *London* gesehn habe, war mir doch alles wieder neu, u. ich hielt mich sehr lange darin auf.

Hr. *Apostool*, aus Rotterdam, war diesen Mittag bey uns, u. Nachmittag besuchte uns Hr. *Schwalbe* aus Hamburg.

Sonnabend. d. 8. Okt.

Wir besahen heute noch ein Mal die Thier-*Menagerie* in *Exeter-change*. — —

---

[a] Wir besuchten diesen Morgen die *invisible girl*. Dieses sonderbare Kunststück was überall den größten Beifall gefunden hat, war mir, so wie es bis jetzt jedem gewesen ist, unbegreiflich. Aus einer blechernen Kugel, die nur mit dünnen Bändern aufgehängt ist, spricht aus vier Sprachröhren eine weibliche Stimme; sie spricht engl., deutsch u. französisch, singt, u. spielt das Klavier. Man kann deutlich hören daß die Töne aus der Kugel kommen u. sogar den Atem fühlen; sobald man ein Paar Fuß von der Kugel steht, hört man nichts mehr. –

Sonntag. d. 9. Okt.
Wir fuhren heute nach *Epping-forest*. Der Weg dahin ist sehr angenehm. In *Epping-forest* selbst ist nichts sehenswerth. Wir begegneten Hrn. *van der Huven*, u. aßen mit ihm zusammen.

Mittwoch. d. 12. Okt.
Herr *Apostool*, Herr *Schwalbe*, Hr. *Percival* mit seiner Tochter, u. der junge *Suirmand* aßen diesen Mittag bey uns, u. giengen diesen Abend mit uns nach *Covent-garden*. Man gab *the provoked Husband*, was mir nicht sehr gefiel. Das Nachspiel aber, *the padlock*, eine Oper, war sehr hübsch, *Miss Mortimer* sang allerliebst. –

Donnerstag. d. 13. Okt.
Wir aßen diesen Mittag bey Hr. *Rich*. –

Sonnabend. d. 15. Okt.
Wir besahen diesen Morgen das *Licaeum*; eine Art Panorama welches nur dadurch von jenem verschieden ist, daß das Bild nur einen HALBEN Circkel bildet. Ich habe hier schon einmal die Schlacht bey Lodi gesehn. Wir sahen heute den Sturm von *Seringapatnam*, der mir noch besser gefiel, u. eine lebhafte Idee von den Schrecken einer Schlacht giebt. –

Darauf fuhren wir mit Hrn. *Mathiessen* nach *Kensington-Gardens*, die ich obgleich sie so nahe an der Stadt sind noch gar nicht gesehn hatte. Heute war ein sehr schöner warmer Herbsttag. Der Garten nahm sich sehr gut aus da der Herbst den Bäumen so vielfärbiges Laub gegeben hatte. Wir giengen den Garten der ziemlich groß ist ganz durch.

Sonntag. d. 16. Okt.
Wir waren diesen Mittag wieder bey Hrn. *Court* in *Maryland-Point*. Ich blieb die Nacht da.

Montag. d. 17. Okt.
Ich gieng diesen Morgen mit dem jungen *Suirmand* wieder in die Stadt. Diesen Abend fuhren wir nach *Covent-garden*. Man hatte

zum ersten Mal auf diesem Theater *Pizarro* anoncirt, das Haus war gedrängt voll, da alle die großen Akteurs darin spielten. Die Rolle von *Pizarro* war mit *Cook*; *Rolla* mit *Kembel*; u. *Elvira* mit *Mrs. Siddons* besetzt. *Cook* wurde mit allgemeinem *Applause* bewillkommt, doch kaum hatte er ein Paar Worte gesprochen so versagte ihm die Stimme, er konnte kein Wort mehr herausbringen u. sah sich gezwungen das Theater zu verlassen. Man sagt *Cook* habe diesen Zufall schon ein Paar Mal gehabt, wenn er des Abends vorher betruncken gewesen sey. Er ist dafür bekannt daß er oft halb nüchtern auf das Theater kommt. Als *Cook* abtrat, mahlte sich die größte *Consternation* auf den Gesichtern der übrigen Akteurs. Sie versuchten die Scene auszulassen, u. weiter zu spielen, aber das Gezisch der unzufriednen Menge überstimmte sie; der Vorhang fiel. Das Orchester fieng sogleich die *Ouverture* an u. rekapitulierte sie immer fort, da der Vorhang nicht aufgieng, bis das Pfeifen u. Zischen sie ganz überstimmte. Ein Neben-*Acteur* trat hervor um etwas zu sagen, man ließ ihn aber nicht zu Wort kommen, u. einige riefen *Kembel*. *Kembel* kam sogleich aber auch er konnte sich kaum hörbar machen. Als er anfieng: *Mr. Cook is taken ill:* antwortete das Parterr: *No, no, he is drunk!* – u. der Lerm fieng wieder an. Nur mit Mühe konnte *Kembel* dazwischen rufen daß, wenn das Publicum damit zufrieden wäre, man das Stück noch ein Mal anfangen u. der junge *Siddons Cooks* Rolle lesen würde. Dies geschah u. das Stück wurde, diesen Vorfall ausgenommen sehr gut gegeben. Auch das *Costume* u. die Dekorationen waren über alle Beschreibung glänzend[a]. Zum Nachspiel gab man *the rival soldiers*, was wir schon ein Mal gesehn hatten.

Dienstag. d. 18. Okt.
Wir besahen diesen Morgen mit Hrn. *Apostool* u. Hrn. *Schwalbe* das BRITTISCHE MUSEUM. Zuerst zeigte man uns *Hamiltons* Antiken Sammlung. In Hinsicht der HETRURISCHEN *Vasen* fand ich meine Erwartungen nicht erreicht. Ich hatte mir diese Weltberühmten Vasen von Marmor mit prächtigen *Basreliefs* gedacht, u. erstaunte

---
[a] Die Amerikaner hatten z. B. ächte indische Federmäntel.

da ich blos schwarze irdene Töpfe mit rothen Figuren bemahlt fand. Die Formen derselben sind indessen sehr schön, u. nur darum weniger auffallend, weil wir sie jetzt schon, in allen modernen Gefäßen nachgeahmt, zu sehen gewohnt sind. Auch die Figuren sind im ganzen sehr schön gezeichnet, obgleich sie HIE u. DA auffallend disproportionirt sind. Indessen wenn man bedenkt daß die *Vasen* blos das alltägliche Hausgeräth der alten Römer waren, so verdient der Geschmack u. die Kunst mit der jeder gemeine Topf geformt u. bemahlt ist, die größte Bewunderung. Diese Sammlung ist ziemlich zahlreich, u. enthält außer einer Menge römischer Geräthe, auch einige aegyptische Sachen: Mumien, Götzen usw. die alle sehr hübsch gearbeitet sind. Nächst diesem sahen wir eine Sammlung indianischer Kleider, Waffen, Götzen, Geräthe usw. Und eine sehr gut konservirte Naturalien-Sammlung, die aber der im *Ceverian Museum* nachsteht. Wir durchgiengen die ungeheuer große Bibliothek, von der wir natürlich wenig mehr wie die Außenseite sahen. *Mr. Parker*, der Aufseher des Museums, ein sehr gelehrter Mann, der uns herumführte, u. alles mit der größten Artigkeit zeigte u. erklärte, ließ uns hier eine sehr merckwürdige Sammlung ALTER EIGENHÄNDIGER BRIEFE, von den wichtigsten Männern aus allen Perioden der englischen Geschichte, sehen. Er zeigte uns den Brief den Wilhelm der Eroberer bey seiner Ankunft in England schrieb, einen andern von *Oliver Cromwell* an seine Frau, verschiedene Briefe von *Maria* von Schottland in der ersten Zeit ihrer Gefangenschaft, einige von der Königin *Elisabeth*, wovon indessen nur die Unterschrift eigenhändig ist, u. viele andre von beynahe allen englischen Königen. Ueberhaupt enthält dies *Museum* eine unschätzbare Sammlung von *Manuscripten*.

Mittwoch. d. 19. Okt.
Wir fuhren heute nach *Rohampton* um das Landhaus des Juden *Goldsmith* zu sehn, das einen so großen Ruf erlangt hat, daß sogar der König ein Mal hingefahren ist. Der Garten ist sehr hübsch u. hat eine sehr schöne Aussicht. Das Haus ist nicht groß, u. von außen eben nicht außerordentlich schön, die Meubeln u. Dekoration der Zimmer sind aber wircklich sehr prächtig. –

Wir fuhren von hier, durch *Richmond-Park*, nach *Richmond*, wo wir zu Mittag aßen.

Donnerstag. d. 20. Okt.
Wir waren diesen Mittag bey Hrn. *Paleske*.

Sonnabend. d. 22. Okt.
Wir aßen heute bey Hrn. *Hennings*.

Sonntag. d. 23. Okt.
Den heutigen Tag brachten wir bey Hrn. *Percival*, in *Sidenham* zu.

Diengstag. d. 25. Okt.
Wir besahen heute *Weak's Museum*. Es enthält mechanische Kunststücke, die aber so sonderbar, so vollkommen, kunstreich, unbegreiflich, u. kostbar sind, daß ich nie glaube etwas gesehn zu haben, was mich mehr in Erstaunen versetzt hat. Man könnte in den Feen Palästen des Tausend u. Eine Nacht zu seyn glauben, wenn man *Weaks* ungeheuren KUNSTSAAL durchwandert! –

Mittwoch. d. 26. Okt.
Wir giengen diesen Abend mit dem jungen *Huttwalker* u. Hrn. *Schwalbe* nach *Drury-lane*. Da ich das Haus lange nicht gesehn hatte, überraschte mich von neuem die Größe u. Erhabenheit mit der es gebaut ist. Allein die Truppe steht der in *Covent-garden* bey weitem nach. Man gab *Marriage-Promises*, u. *Fortunes Frolick*, zwey sehr mittelmäßige Stücke. Blos *Bannister* ein komischer Akteur spielte sehr gut.

Donnerstag. d. 27. Okt.
Diesen Morgen besahen wir die *Pauls*-KIRCHE. Obgleich die Außenseite davon wohl das sehenswertheste ist; so hat doch das Innere etwas unaussprechlich erhabnes und ehrfurchterregendes: der Anblick davon erweckte in mir dieselben Ideen, wie im großen Saal im Rathhaus zu Amsterdam. Man schwindelt beym Anblick der ungeheuer gewölbten Kuppel, u. es ist sonderbar wie erstaun-

AUS DEN JAHREN 1803-1804

lich klein u. unbedeutend die Menschen in dem Riesen-Gebäude scheinen, es sieht aus als wenn für ein Geschlecht wie sie, dies nicht gebaut wäre. In der Kirche sind nur wenige aber sehr schöne Statüen, vor kurzem als Grabmähler aufgesetzt. Zwey schöne Gruppen stehn auf den Gräbern zweyer englischer Seehelden; u. auf dem Grabe *Howards*, der die Gefängnisse fast in der ganzen Welt durchsah u. verbesserte, steht eine sehr schöne Statue von ihm. Man führte uns zu den Merckwürdigkeiten der Kirche. Wir sahen die Bibliothek, die sehr unbedeutend ist; den Plan dieser Kirche, der von Holz ganz ausgearbeitet u. nach einer noch größern Idee gemacht, als wie in der Kirche ausgeführt ist. Darauf zeigte man uns die Geometrische Treppe, sie ist sehr kunstreich, so gemacht, das EINE Stufe sich immer auf die Nächstfolgende stützt, u. die unterste die ganze Treppe hält. Von da giengen wir auf die äußere Gallerie die rings um die Kuppel geht, u. von der man eine sehr ausgebreitete Aussicht hat; u. ich bestieg die höchste Gallerie, welche nur wenig unter der Kugel auf der höchsten Spitze ist, von wo ich die so merckwürdige AUSSICHT AUF GANZ *London* vollkommen übersah. Auf dem Rückwege besahen wir die berühmte *Whispering-Gallerie*; sie ist inwendig am untern Theil der Kuppel; u. obgleich sie so groß ist daß man querüber sich mit der größten Anstrengung kaum verständlich machen könnte; so kann man doch, mit dem Ohr gegen die Wand gelehnt, deutlich verstehn was der Gegenüberstehende leise gegen die Mauer flüstert. Dieses sonderbare Phaenomen ist einzig, unnachahmlich u. blos durch Zufall entstanden.

Freytag. d. 28. Okt.
Wir sahen heute in *St. James Park* einen Theil der *Londoner Volontairs* von der Revüe in *Hydepark* zurückkommen, was ein sehr schöner Anblick war: es waren 16000 Mann die sich ihre Kleidung u. Waffen alle selbst hielten, u. daher alle mit der größten Reinlichkeit, sogar mit Aufwand gekleidet waren; die Kavalrie hatte die schönsten englischen Pferde, welche den Reitern alle selbst gehörten. Man zählt jetzt beynahe eine Million *Volontairs* in *London*, die alle, wo nicht die geübtesten, doch die glänzendsten Regimenter sind, die es wohl giebt. –

Sonnabend. d. 29. Okt.
Wir waren diesen Mittag bey Hrn. *Brown*.

Sonntag. d. 30. Okt.
Wir brachten den heutigen Tag draußen bey Hrn. *Harris* zu.

Diengstag. d. 1. Nov.
Wir fuhren diesen Abend nach *Coventgarden*. Man gab eine sehr hübsche Oper: *the Cabinet*, worin *Braham* u. *Signore Storace* sangen, u. von einem jedem mit Entzücken u. Bewunderung zugehört wurden. Auch das Nachspiel, *the Jew & the Doctor*, war recht hübsch.

Mittwoch. d. 2. Nov.
Wir besahen heute *Northumberland-* u. *Norfolk-House*, zwey altmödische Schlösser in denen wenig sehenswerthes ist, ein Paar recht gute Bilder, besonders in *Northumberland-House*, ausgenommen: u. einige Rennthiere die in *Norfolk-House* auf dem Hofe herumlaufen.

Sonnabend. d. 5. Nov.
Nachdem von den letzten vierzehn Tagen, die wir in London zubrachten, ein jeder nach der Reihe zum Tag unsrer Abreise festgesetzt war; reiseten wir endlich heute ab, u. richteten unsern Weg nach *Harwich* wo wir ein Schiff gemiethet hatten, welches uns nach *Rotterdam* bringen sollte. Mit uns, in einem andern Wagen fuhren Hr. Schwalbe u. Hr. Gleim aus Amsterdam, die sich mit in unserm Schiff embarkiren wollten. Um 7 Uhr kamen wir in *Witham* an, wo wir die Nacht blieben.

Sonntag. d. 6. Nov.
Wir fuhren diesen Morgen von *Witham* ab, u. kamen, auf einem sehr angenehmen Wege, zu Mittag in *Harwich* an.

Montag. d. 7. Nov.
Heute blieben wir noch in *Harwich*: theils weil der Wind noch nicht günstig war, u. um die Päße, *Licenses*, Visitationen, *etc. etc.* in Ordnung zu bringen.

In *Harwich* selbst ist nichts sehenswerthes; die Stadt ist klein u. schmutzig. Die Gegend umher ist recht hübsch. Wir machten heute einen Spatziergang auf die Küste: von der höchsten Spitze derselben hat man eine sehr hübsche Aussicht auf die See, die Stadt, u. ein kleines Lager dicht vor uns auf der Küste, dessen buntes Gewühl u. Feld-Musik die Scene belebte.

Diengstag. d. 8. Nov.
Nachdem wir noch diesen Vormittag mit Langerweile u. Ungeduld auf guten Wind gewartet hatten: kam der Schiffer endlich diesen Nachmittag uns zu sagen daß der Wind gut wäre, u. wir schifften uns diesen Abend um 7 Uhr ein. –

Donnerstag. d. 10. Nov.
Nach einer höchst unangenehmen, u. sogar stürmischen Ueberfahrt, von vierzig Stunden, kamen wir endlich, matt u. halbkrank, diesen Mittag u. 12 Uhr in *Maassluys* an. Ich habe die ganze Zeit der Ueberfahrt zwischen Wachen u. Schlafen, ohne das geringste zu essen od. zu trinken u. immer krank, im Bette gelegen, u. kann nur noch mit Schrecken daran dencken. Indessen war diese Überfahrt doch bey weitem nicht so beschwerlich als die bey *Calais*, da wir hier ein Schiff für uns allein, u. ein jeder sein Bett hatte. Wir hielten uns nur in Maassluys auf um zu frühstücken, u. fuhren gleich nach *Rotterdam* was nur drey Meilen davon ist.

Freytag. d. 11. Nov.
Wir waren noch heute alle so müde u. halb seekrank; daß wir die Einladung des Hrn. *Suirmonds*, an den wir Adreß Brief hatten, ausschlagen mußten.

Ich machte jedoch mit Hrn. Schwalbe einen Spatziergang durch die Stadt. Die geräuschlosen Straßen u. kleinern altmodischen Häuser kamen mir jetzt sehr sonderbar vor, da ich aus *London* kam. Die Stadt ist übrigens recht hübsch, die Straßen sind von Kanälen durchflossen, wie in Amsterdam, womit diese Stadt überhaupt viel Ähnlichkeit hat; nur daß sie weit kleiner ist u. die Straßen nicht völlig so breit rein u. heiter sind.

Sonnabend. d. 12. Nov.
Diesen Mittag waren wir bey Hrn. *Suirmond*. Es ist auffallend wie außerordentlich zuvorkommend man hier gegen Fremde ist. Wir hatten schon vorher viel von dem angenehmen Ton der in Rotterdam herrscht gehört, u. er war uns nur desto auffallender, da wir seit langer Zeit nichts wie die steifen langweiligen englischen *Dinners* gesehn hatten. Hr. *de Free* den wir hier trafen führte uns nach Tisch in ein Liebhaber-Conzert welches hier wöchentlich gegeben wird. Es war bey weitem das vollkommenste, was ich je von der Art gehört habe. Der Saal, der blos zu diesem Behuf gebaut ist, ist groß, sehr hoch u. schallend. Das Orchester sehr zahlreich u. vollständig: u. alle die sich hören ließen lieferten etwas vollkommenes u. schönes.

Sonntag. d. 13. Nov.
Wir waren diesen Abend bey Hrn. *van der Kin*, u. fanden auch hier eine außerordentlich freundschaftliche Aufnahme.

Montag. d. 14. Nov.
Wir waren diesen Mittag bey dem Bruder des Hrn. *Suirmond* bey dem wir Sonnabend gewesen waren.

Diengstag. d. 15. Nov.
Da es heute zum ersten Mal seit unser Ankunft in Rotterdam schönes Wetter war, durchgieng ich den größten Theil der Stadt. ROTTERDAM ist nicht so groß wie ich es mir vorgestellt hatte, die Straßen sind breit u. sehn sich fast alle gleich, der größte Theil der Häuser ist klein. Ich sah die Börse, sie ist geräumig, sehr einfach u. geschmackvoll gebaut.

Diesen Abend waren wir bey Hrn. *van der Pot*, dessen Bekanntschaft wir bey Hrn. *van der Kin* gemacht hatten. –

Mittwoch. d. 16. Nov.
Wir fuhren diesen Morgen von Rotterdam ab, u. kamen auf sehr gutem Wege, zum Theil ganz mit Klinker gepflastert, gegen Abend in *Gorkum* an. Wir hatten aber mancherley Unglück unter-

wegs. Vor einem kleinen Dorfe brach uns eine Feder vom Wagen, die wir, zur großen Belustigung einiger holländischer Bauern, die sich sogleich als müßige Zuschauer einfanden, binden mußten, u. als wir in *Gorkum* ankamen, fuhr unser Postillion mit solchem Ungestüm durch den Jahrmarckt, der unglücklicherweise in unserm Weg lag, daß er das Wagen-Glas höchst ungeschickter Weise gegen eine Spielzeug-Bude zerstieß.

Donnerstag. d. 17. Nov.
Ich machte noch diesen Morgen in aller Frühe eine *Promenade* durch die Stadt *Gorkum*: sie ist nicht ganz klein, aber schlecht gebaut. Eine große Merckwürdigkeit für mich war die alte gothische Kirche, an der mein Ur-Ur-Groß-Vater mütterlicher Seite, Prediger gewesen ist. Um 9 Uhr fuhren wir weg. Der Weg war so schlecht, daß die Pferde mit Mühe den Wagen aus dem Schlamm heben konnten. Wir machten daher nur Eine Station, wobey wir vier Mal über Wasser mußten, u. kamen gegen Abend in *Breda* an.

Freytag. d. 18. Nov.
Diesen Morgen um halb neun fuhren wir von *Breda* ab. Der Weg war erbärmlich. Wir kamen über die französische Gränze, wo man uns ziemlich gelinde visitirte, und waren um fünf Uhr in ANTWERPEN.

Sonnabend. d. 19. Nov.
Wir blieben heute in ANTWERPEN. Ich durchgieng noch ein Mal die schöne ehrwürdige GOTHISCHE KATHEDRAL-KIRCHE, die wir schon als wir zum ersten Mal hier waren besehn hatten. Diesen Abend gieng ich mit dem jungen *Freundt* aus Hamburg in ein Liebhaber-Concert, welches dieselbe Einrichtung wie das in Rotterdam hat. Die Musik steht indessen, obgleich sie sehr gut ist, hinter der im Rotterdammer-Concert weit zurück. Der Saal ist größer, u. im Komödien-Hause befindlich. Nach dem Concert gab der Haupt-*Entrepreneur* einen Ball, zu dem ich aber nicht blieb. –

Sonntag. d. 20. Nov.
Diesen Morgen reisten wir von Antwerpen ab. Wir kamen durch Mecheln *(Malines)* wo wir uns indessen nur aufhielten um Pferde zu wechseln. Wir sahen im Vorbeyfahren die ur-alte gothische Kirche, es ist ein schönes großes ehrwürdiges Gebäude, aber schon ganz im Verfall, der Thurm ist schon zum Theil abgefallen.

Zu Mittag waren wir in Brüssel.[a]

Montag. d. 21. Nov.
Ich machte diesen Morgen, da es außerordentlich schönes warmes Wetter war, eine *Promenade* in den Park.

Ich fand nicht was man in England unter dem Namen versteht, sondern ein sehr wohl unterhaltnes Hölzchen eben nicht groß, was für die Einwohner von Brüssel aber ein höchst angenehmer Spatziergang ist, da es innerhalb der Stadt liegt; auch waren viele Leute da. Der Park liegt im schönern u. höhern Theil von BRÜSSEL u. ist von sehr schönen Gebäuden umgeben. Er ist mit einer Menge marmorner Statüen gefüllt, die ich aber nicht gesehn habe, weil sie der Jahreszeit wegen überzogen waren.

Diesen Abend erhielten wir einen Besuch von Hrn. *Overmann* an den wir adressirt waren. –

Diengstag. d. 22. Nov.
Hr. *Overmann* fuhr diesen Morgen mit uns nach einer der ersten hiesigen Spitzenfabriken: wo wir die Spitzen machen u. einen außerordentlich kostbaren u. schönen Vorrath sahen. Von da durchfuhren wir die hauptsächlichsten Plätze der Stadt.

Diesen Abend giengen wir in die Comedie.

Mittwoch. d. 23. Nov.
Ich durchgieng diesen Morgen noch einmal die Hauptstraßen der Stadt. Die schönre Hälfte von BRÜSSEL liegt auf einer Anhöhe: ganz oben liegt *la place de légalité*, ehemals *place Royal*, die in Hin-

---

[a] Wir fuhren noch diesen Abend nach der Comedie. Das Haus ist ehr groß: die Truppe ziemlich gut, besonders die Sänger, unter denen sich eine *Mad. Berteau* auszeichnete.

sicht der Regelmäßigkeit in *London* nicht ihres Gleichen findet: auf diesem Platz liegt eine sehr geschmackvolle Kirche, vor derselben stehn zwey sehr schöne kolossalische Statüen: ein *Moses*, u. ein *David*. Das Innere der Kirche ist sehr einfach. Das hiesige Rathhaus wird für das schönste gothische Gebäude in den Niederlanden gerechnet. Es ist einfach gebaut, u. nicht mit der Menge Verzierungen überladen, wie die gewöhnlichen gothischen Gebäude. Besonders wird der Thurm, seiner Regelmäßigkeit wegen für ein Meisterstück der Baukunst gehalten.

Donnerstag. d. 24. Nov.
Wir fuhren diesen Morgen um 5 Uhr, bey Sternenlicht, von Brüssel weg. Zu Mittag waren wir in *Mons* (Bergen), u. am Abend kamen wir in *Vallenciennes* an. –

Freytag. d. 25. Nov.
Von *Vallenciennes* fuhren wir heute wieder vor Tages-Anbruch weg, aßen in *Cambray* zu Mittag, u. brachten die Nacht in *Péronne* zu. –

Sonnabend. d. 26. Nov.
Wir fuhren heute von *Péronne* nach *Sanlys*, wo wir gegen Abend ankamen.

Sonntag. d. 27. Nov.
Diesen Morgen früh fuhren wir von *Sanlys* ab, u. waren um 12 Uhr Mittags in *Paris*.

Montag. d. 28. Nov.
Wir aßen diesen Mittag bey einem der ersten hiesigen *Restaurateurs* mit Hrn. *Muhl* u. fuhren diesen Abend nach dem THEATER *des Français*. Das Haus ist kleiner wie *Coventgarden*, auch bey weitem nicht so erleuchtet, aber sehr geschmackvoll gebaut, u. bequem eingerichtet. Man gab: *le Conciliateur* u. *les deux Frères*, eine Übersetzung von Kotzebue's Versöhnung. Die Truppe ist, wie es sich von selbst versteht, sehr gut: besonders wurde das letzte Stück vortrefflich

gegeben. Dicht vor dem Anfang desselben entstand plötzlich ein allgemeines lautes Geklatsch: es war *Bonaparte*. Er machte einige leichte Verbeugungen u. setzte sich zurück. Seine Loge liegt auf dem Theater in der zweyten Reihe, u. ist mit einer blauen Gardine geziert. Ich gieng nachher in die Loge seiner gegenüber, um ihn besser zu sehn: indessen konnte ich auch dort seine Gesichtszüge nicht ganz genau unterscheiden, weil es in seiner Loge zu dunkel war. Er hatte eine ganz einfache französische Uniform an: hinter ihm standen zwey Offiziere, übrigens war er ganz allein.

Mittwoch. d. 30. Nov.
Wir durchfuhren diesen Morgen mit Hrn. *Muhl* die merckwürdigsten Straßen von *Paris*. Ich habe meine Erwartungen wenigstens vom Äußern von Paris bey weitem nicht erreicht gefunden, da ich aus *London* komme! Welch ein Vergleich zwischen den wohlgepflasterten, reinlichen, mit breiten erhabenen *Trottoirs* versehenen Straßen von *London*, u. den Gassen von Paris, wo der ewige Schlamm dem Auge das schlechte Pflaster verbirgt, u. der Fußgänger in beständiger Gefahr ist, von einem rollenden *Cabriolet* übergefahren zu werden. Wie leer erscheinen mir diese Straßen wenn ich an das ewige Gewühl von Wagen u. Fußgängern in *London* dencke. Die Häuser sind hier fast alle weiß; sehen aber eben so schmutzig u. räuchrich aus wie die *Londoner City*, mit dem *West-End* von *London* halten die Straßen im Ganzen keinen Vergleich aus; aber einzelne schöne Gebäude u. Plätze trifft man hier weit häufiger wie in *London*. Wir durchfuhren die *Rue St. Honoré* welche die schönsten *Boutiquen* von Paris enthält, aber: auch diese stehn in jeder Hinsicht hinter denen in *London* doch zurück. Die Aussicht vom *Pont-neuf* ist allerdings sehr schön, auch ist es in dieser Gegend sehr lebhaft: der *Pont-neuf* selbst ist aber doch bey weitem nicht das was die *Londoner* Brücken sind. Man hat jetzt nahe dabey eine eiserne Brücke gebaut, *(Pont des arts)* die aber nicht wie die englischen aus einem Bogen, sondern aus mehreren besteht. Wir fuhren bey dem *Louvre* u. dem *Palais des Thuilleries* vorbey, die gewiß mit allem Recht den Ruhm verdienen, zwey der schönsten Gebäude in Europa zu seyn. Auch kamen wir über die *Place Vendôme* die ohne Zweifel in *London*

nicht ihresgleichen findet. Wir besahen das *Hôtel des Invalides*, es ist ein sehr schönes massives Gebäude, in dem 4000 Invaliden sehr gut gehalten werden. Der erste Consul hat ihnen kürzlich eine Bibliothek geschenckt, wo man die Invaliden den ganzen Tag lesen sieht: hier hängt *Bonapartes* berühmtes PORTRÄT in Lebensgröße, wie er seine Armee über den *Mont St. Bernard* führt. Er sitzt in einer kraftvollen Stellung auf einem sich bäumenden Schimmel: sein Gesicht ist voll Ausdruck, mit der Hand zeigt er nach der Spitze des Berges mit einem Blick als ob er sagen wollte: dort oben winckt mir der Nachruhm.

Wir besahen die Kirche der Invaliden. Hier ist die sehr merckwürdige Sammlung aller Fahnen u. Flaggen die im letzten Kriege von den Franzosen erobert sind. Auch enthält diese Kirche das Grab des *Maréchal's de Turenne* mit einem sehr schönen marmornen Monument, u. einige recht gute Bilder.

Donnerstag. d. 1. December.
Diesen Morgen besahen wir den *Jardin des plantes*. Von den Pflanzen konnten wir der Jahrzeit wegen nichts sehn. Indessen besahen wir die wilden Thiere. Man zeigte uns zwey ausgewachsene Elephanten, mit den langen Zähnen, wie man sie in Europa selten sieht, Löwen, Tyger, Panter, Leoparden, Wölfe, weiße und schwarze Bären, Hyänen *etc. etc*. Eine sehr hübsche Einrichtung ist die, daß die Gemsen, Hirsche, Rehe u. verschiedene fremde Thiere auf umzäumten Grasplätzen im Freyen sind.

Diesen Abend fuhren wir nach dem THEATER *des Francçis*. Man gab *Agamemnon*, ein großes Trauerspiel in Versen, worin vorzüglich ein junger *Talma* sehr gut spielte. Zum Nachspiel hatte man *Scanarelle* annoncirt, da eine Aktrice aber krank geworden war, fieng man an ein andres Stück zu spielen. Sobald das Parterre dies merckte, wurde entsetzlich geschrien u. gepfiffen, man forderte durchaus *Scanarelle* u. ließ die Schauspieler kaum zum Wort kommen. Nachdem der Lerm ununterbrochen eine halbe Stunde gedauert hatte, entschlossen sie sich *Scanarelle* zu geben, u. die fehlende Rolle die sehr klein war, wurde gelesen. *Scanarelle* ist eine sehr hübsche *intrigante Farce* u. wird sehr gut gegeben. –

Freytag. d. 2. Dec.

Heute besuchte ich zum ersten Mal das *Palais-royal*. Hier fand ich die reichen eleganten *Boutiquen*, wie in *London*, die einer Menge Spatziergänger, welche man den ganzen Tag unter den Arkaden wandeln sieht, eine fortwährende Unterhaltung verschaffen. Auch sind hier eine Menge Kaffé-Häuser u. Eis-Buden, die man niemals leer findet. In der Mitte des Platzes ist neuerlich ein recht hübscher Garten angelegt, von wo man die Arkaden u. schönen regelmäßigen Gebäude die den Platz umgeben, mit ein Mal übersehn kann. Das *Palais-royal* ist zu jeder Jahrzeit eine sehr unterhaltende Promenade, u. gewiß einzig in seiner Art.

Sonntag. d. 4. Dec.

Wir fuhren heute nach *Versailles*. Der Weg dahin führt durch eine sehr angenehme, u. sogar etwas bergigte Gegend. Nachdem wir in *Versailles* gefrühstückt hatten, giengen wir sogleich in den Schloßgarten. Obgleich der Geschmack in dem dieser Garten angelegt ist, nicht mehr gut heißt, u. mit unsern heutigen Ideen vom schönen nicht mehr übereinstimmt, u. der jetzige gute Geschmack auf den ehemaligen, wie ein *Parvenu* auf einen *Cidevant* herabsieht; so ist es doch nicht zu leugnen, daß das große majestätische dieser Anlage, (was man ihr nicht absprechen kann) die breiten Terrassen, zu denen riesenmäßige marmorne Treppen führen, die großen graden Alleen mit denen an beyden Seiten rangirten marmornen Statüen, mehr den Wohnsitz eines Königs anzeigen, als die geschlängelten Gänge eines englischen Gartens. Wir hatten heute nicht Zeit genug, diesen großen Garten ganz, u. mit aller Muße zu besehen. Er enthält eine Menge Statüen von Marmor und Bronze. Sie sind alle sehr schön gearbeitet, u. meistentheils Copien von Antiken: man könnte einen ganzen Tag mit Vergnügen damit zubringen jede von ihnen mit Aufmercksamkeit zu betrachten. Auch sind hier eine Menge Fontänen, in deren Mitte sehr hübsche bronzerne Figuren in Gruppen Wasser speien; sie sind noch alle in Ordnung, die Wasser springen aber jährlich nur Ein Mal. Überhaupt ist es ein Vergnügen zu sehn wie wenig dieser Garten von der zerstöhrenden Hand der Revolution gelitten hat; es ist noch alles in der alten

Ordnung, u. besonders unter der jetzigen Regierung wird er sehr
gut unterhalten. Wir besahen die ORANGERIE. Sie enthält 500
Bäume, wovon die ältesten sechshundert Jahr alt sind. Sie trugen
als ich sie sah fast alle Früchte: und besonders in der jetzigen Jahrzeit, wo draußen alles entlaubt ist, ist es entzückend unter den vollbeladenen Orangen- u. Citronen-Bäumen zu gehn. – Das Schloß
von *Versailles* ist ein außerordentlich schönes, prächtiges, u. unermeßlich großes Gebäude. Man hat es jetzt zum *Musée de l'école françoise* gemacht, u. es enthält eine sehr große Sammlung von Gemälden französischer Meister, worunter viele sehr gute Bilder sind.
Die Möbeln u. Tapeten des Schloßes sind alle verkauft, u. keine
Spur der alten Pracht ist mehr zu finden. Wir besahen die Kapelle,
sie ist sehr geschmackvoll eingerichtet, steht aber jetzt leer.

Montag. d. 5. Dec.
Wir fuhren diesen Abend nach dem THEATER *Louvois*. Das Haus ist
nicht sehr groß, war aber gedrängt voll. Hier werden lauter kleine
Komedien gegeben, die sich im französischen so sehr gut ausnehmen. Die Truppe die nicht groß scheint, ist für den Zweck dieses
Theaters unverbesserlich. Man gab heute *malice pour malice, Monsieur Musard,* u. *ruse contre ruse. Monsieur Musard* ist von *Picard*, neu
u. ganz originell.[a]

Mittwoch. d. 7. Dec.
Heute fuhren wir zum ersten Mal nach dem *Louvre*. Es ist unmöglich diese so zahlreichen Sammlungen von Meisterstücken der
Kunst mit Einem Mal zu übersehn. Wir hielten uns heute so lange
bey den Antiken auf, daß wir die lange Gemählde-Gallerie nur
durchgehn konnten, ohne bey einem einzelnen Kunstwercke verweilen zu können. Man weiß nicht wo man zuerst hinblicken soll,
wenn man zum ersten Mal in den ANTIKEN SAAL kömmt. Alle
diese lebenden Steine scheinen in Bewegung: nur nach u. nach

---

[a] Der Autor des Stücks, *Picard*, spielte selbst darin – der jetzt sehr in Mode ist, u., ich
dencke, sehr mit recht; da er Karakter-Gemählde auf die französische Bühne bringt, wo
man bis jetzt bloße *Intriguen*-Stücke gesehn hatte: u. gewaltig über die EINHEIT der Zeit, des
Orts, u. der Handlung stritt, sich aber um die Einheit der Person wenig kümmerte.

gewöhnt sich das Auge an diesen Anblick, u. man betrachtet jede Statüe einzeln. Alle diese prächtigen Wercke der Kunst, wovon man überall unvollkommene Abgüsse u. Kopien sieht, sah ich hier neben einander gestellt, in aller ihrer eigenthümlichen Pracht dastehn; DEN *Laocon,* DEN VATIKANISCHEN APPOLL, DIE MEDIZËISCHE VENUS, DEN STERBENDEN FECHTER: alle Götter des Olymps leben hier noch, stehn wie sie vor Jahrtausenden standen, u. sehn mit ruhigem Blick den Wechsel der Zeiten um sich herum. Auch von fast allen römischen Kaisern sind hier Büsten u. Statüen. Die Sammlung enthält 250 Antiken, die alle mit Zahlen bezeichnet, u. in einem Katalog weitläuftig erklärt sind. Man sieht hier immer Künstler die nach den Antiken zeichnen: zwey Mal wöchentlich ist das Museum dem Publikum offen: Fremde können aber bey Vorzeigung ihrer Pässe täglich hinein. Heute hatte man hier eine alte TAPETE ausgestellt, welche die Gemahlin WILHELM'S DES EROBERERS gestickt hat, u. welche die Thaten ihres Gemahls darstellt; die Tapete ist sehr schlecht u. geschmacklos gemacht, was keinen Zweifel an ihrer Aechtheit übrig läßt. Wir aßen diesen Mittag bey Hrn. *Power.* –

Donnerstag. d. 8. Dec.
Heute fuhren wir nach dem *Luxembourg.* Die GEMÄHLDE-SAMMLUNG die hier aufbewahrt wird, ist bey weitem nicht so zahlreich als die im *Louvre.* Den größten Theil derselben nimmt eine lange Reihe allegorischer Gemählde von *Rubens* ein, welche die Geschichte der Maria von *Medecis* vorstellen, u. für die er damals sehr gut bezahlt worden ist: sie sind sehr fein ausgearbeitet aber langweilig und geschmacklos, auch sind die Figuren nicht schön da es lauter Porträts sind. In einem andern Zimmer ist die GESCHICHTE DES HEILIGEN BRUNO, VON *le Sueur,* in einer Reihe sehr gut gewählter Bilder, vortrefflich dargestellt: in der Mitte dieses Zimmers steht *le Sueurs* Büste von Marmor. Aber das Kostbarste was diese Sammlung enthält ist ein großes Bild VON *David,* einem jetzt lebenden französischen Maler: es stellt *Brutus* nach der Hinrichtung seiner Söhne vor; im Hintergrund werden ihre Leichnahme vorbey getragen: auf der einen Seite des Bildes steht *Brutus'* ver-

zweifelnde Gattin mit ihren beyden Töchtern, in einer Stellung, als wollte sie zu der Leiche hin, die sie mit starrem Blick ansieht, eine von ihren Töchtern liegt ohnmächtig in ihren Armen, die andre klammert sich an sie an: aber auf der andern Seite mit dem Rücken gegen die Leichen gewandt, sitzt *Brutus* bei der Statue von Rom: den Blick mit einem schrecklichen Ausdruck starr zum Himmel gerichtet. Jetzt, da er das Opfer unwiederruflich gebracht hat, sucht er Trost; nicht bey seiner Familie kann er den finden; Rom soll ihm alles ersetzen, darum sitzt er bey der Bildsäule von Rom: u. sein Blick scheint zu fragen, ob er je für das was er gethan Vergeltung finden wird. – –

Wir fuhren von hier nach dem *Louvre* wo ein andres Bild von *David* für Geld ausgestellt ist. Es stellt den Augenblick dar, in dem die geraubten Sabinerinnen sich zwischen die um sie kämpfenden Römer u. Sabiner werfen. Dies Bild ist sehr groß, u. enthält eine Menge Figuren, wovon auch die geringste mit einem unbegreiflichen Fleiß ausgearbeitet ist. Die Stellungen, Gruppen, Formen, der Ausdruck auf diesem Bilde, alles ist unübertrefflich.

Diesen Abend fuhren wir nach dem THEATRE DE L'OPÉRA COMIQUE, gewöhnlich FAIDEAU genannt. Das Haus ist sehr geschmackvoll u. planmäßig eingerichtet. Man gab *l'habit du chevalier de Grammont u. la folie*. Die Sänger sind alle sehr gut.

Freytag. d. 9. Dec.
Wir besahen diesen Morgen die MANUFAKTUR DER *Gobelins*. Wir sahen mehrere Arbeiter beschäftigt: es ist aber unmöglich, einen ganz deutlichen Begriff von der Verfertigung dieser Tapeten, beim bloßen flüchtigen Zusehn zu bekommen: besonders auffallend scheint es, daß der Arbeiter das Bild, welches er copirt, hinter sich hat, u. er seine Tapete von unten auf wirckt: indessen ist seine Arbeit nichts weniger als mechanisch: es erfordert viele Jahre Erfahrung u. Arbeit, um eine vollständige Kenntnis der Farbenmischung zu bekommen, u. der vollkommene *Haute-lisse*-Würcker kann sowohl wie der Mahler unter die Reihe der Künstler gezählt werden. Man zeigte uns eine Zahlreiche Sammlung fertiger Tapeten, zu verschiedenen Zeiten gewirckt, wovon einige sehr alt sind:

es ist sehr bemercklich wie sich diese Kunst in neuern Zeiten verbessert hat. Die ältern Tapeten haben etwas grelles, was man bey den neuern nicht mehr findet. Aber auf allen diesen *Gobelins* ist ein Leben, eine Wahrheit, eine Natur, wie man sie meiner Meynung nach auf keinem Ölgemählde antrifft. Die Figuren scheinen hervorzutreten; der Grund ist nicht so finster wie bey vielen Öhlgemählden, es ist alles bestimmt, deutlich u. rein; diese lebhaften u. gemilderten Farben sind der Natur so treu; alles dieses giebt dem Ganzen etwas unbeschreiblich Bedeutungsvolles. Die Süjets dieser Tapeten sind größtentheils aus der alten u. jüdischen Geschichte genommen. Auf den ältern Tapeten sind die Stellungen u. Drapirung zum Theil steif; u. bey weitem nicht so geschmackvoll wie bey den neuern.

Sonnabend. d. 10. Dec.
Wir besahen heute die ANTIKEN-SAMMLUNG im *Louvre*. Obgleich wir uns nicht übermäßig lange bey jeder Statüe aufhielten, kamen wir doch nur zur Hälfte herum. Bey den meisten Statüen könnte man sich stundenlang aufhalten: je länger man sie ansieht, je mehr vertieft man sich in den Sinn der so wunderbar aus diesen Steinen spricht: aber wenn man viele Antiken hintereinander sieht, wird man gleichsam betäubt, die Aufmercksamkeit wieder abgestumpft u. man verliert den Genuß. Man thäte daher wohl am besten, jedes Mal nur wenige von diesen Meisterstücken zu betrachten, aber diesen seine ganze Aufmercksamkeit zu schencken.

Sonntag. d. 11. Dec.
Diesen Abend giengen wir nach der OPER. Das Haus ist wie ich erwartete sehr groß. Aber die Vorstellung übertraf meine Erwartungen bey weitem u. gewinnt besonders, wenn ich sie mit der Oper in *London* vergleiche. Was den großen Unterschied zwischen beyden macht, ist glaube ich, dies: daß das Schöne der *Londoner* Oper in ein Paar glänzenden Rouladen von *Mrs. Billington*, od. einem schönen *Pas de deux* von Hrn. u. *Mad. Laborie* besteht: weswegen diese Oper auch nur von der vornehmen Classe besucht wird, u. auch von dieser nur *par Ton*; da man hingegen Menschen aus allen

Ständen sich zur großen Oper in *Paris* drängen sieht: denn hier ist es auf ein vollkommnes schönes Ganzes abgesehn: hier will man, was der Zweck der Kunst ist, auf das Gefühl wircken, nicht die Urtheilskraft u. den Criticism beschäftigen. Sowie der Vorhang aufrollt, wird man in eine schöne harmonische Welt geführt, u. es ist dafür gesorgt, daß keine kleine Ungereimtheit die Illusion stöhre u. den Zauber unterbreche. Man höret kein Stimmen u. Probiren von Instrumenten: mit Einem Mal giebt das ganze vollstimmige Orchester den ersten Bogenstrich. Die Dekorationen u. Kostüms sind alle mit der so mühsamsten Sorgfalt ausgesucht. Man gab: *les Mistères d'Isis*, eine sehr veränderte, u. wo möglich, noch verschlechterte Übersetzung der Zauberflöte. Die Dekorationen waren alle genau nach den neusten Kupferstichen die man von den ägyptischen Ruinen hat gemahlt u. so schön, daß man, besonders wenn man vorher die kleinern Kupferstiche gesehn hat, u. auf dem großen Theater mit Einem Mal ganz dieselben Gegenstände wiedersieht, wircklich glauben kann, Egypten vor sich zu sehn. *Mad. Maillard* u. *Lays* sangen heute: allein nicht allein diesen beyden großen Sängern war es überlassen den Beifall des Publicums einzuärndten; ein jeder Sänger in dem mit der größten Sorgfalt gewählten Chor, ein jeder Musikus im Orchester muß ein Virtuose in seiner Art seyn. Im Stücke waren nur zwey kleine sehr hübsche Ballet eingewebt in denen aber keiner von den berühmten Tänzern tanzte. –

Montag. d. 12. Dec.
Wir besahen heute die Kirche *St. Roc* u. die ehemalige Jesuiterkirche, als wir zufälligerweise dort vorbeyfuhren; sie sind aber beyde sehr im Verfall u. enthalten nichts sehenswerthes, ausgenommen etwa ein Paar hübsche Statüen in *St. Roc*. Auch stiegen wir auf dem PLAZ AB WO DIE BASTILLE STAND. Ein steinerner Thorweg, ein Theil des Schloßgrabens u. das Haus des Gouverneurs *Delaunay*, helfen noch der Einbildungskraft sich diesen Schauplatz des ewigen Elends, der ungehörten Klagen, u. des hoffnungslosen Jammers zu vergegenwärtigen.

Diesen Abend sahen wir die Bereiter Gesellschaft des in Frankreich so berühmten *Franconi's* ihre Kunststücke machen: ich fand aber meine Erwartung nicht erreicht. –

Diengstag. d. 13. Dec.
Diesen Morgen besuchten wir die GEMÄHLDE-GALLERIE im *Louvre*. Diese Gallerie, welche fast ganz in Einem Saale aufgestellt ist, ist sehr zweckmäßig, nach den verschiedenen Schulen, in drey Theile getheilt. Wir konnten heute nur einen Theil der französischen Schule u. einen Theil der niederländischen sehen. Auch von dieser Sammlung ist ein Katalog, in welchem das Süjet jedes Bildes weitläuftig erklärt, u. der Name des Mahlers, der Ort u. das Jahr in welchem er geboren u. gestorben, u. auch sein Lehrmeister angegeben ist. Dieser Katalog hat den doppelten Vortheil, daß er das Besehen der Gemählde interessanter macht, u. wenn man Paris verlassen ist er ein sehr gutes Hülfsmittel um sich diese Bilder, die man mit so inniger Freude betrachtet hat, wieder ins Gedächtnis zurückzurufen.

Mittwoch. d. 14. Dec.
Wir giengen diesen Abend nach dem *Théatre Feydeau*. Man gab eine neue Oper, *Ma tante Aurore*, bey der *Bonaparte* über alle Maaßen gelacht haben soll: was nicht schwer zu glauben ist da diese Truppe, in ihrer Art, das vollkommenste ist, was man sehn kann. Auch das zweite Stück, *le Medicin turc* wurde unverbesserlich gegeben. *Cambasserès* war da.

Donnerstag. d. 15. Dec.
Heute fuhren wir nochmals nach dem LUXEMBOURG um diejenigen Bilder zu betrachten, bey denen wir uns das erste Mal nicht hatten aufhalten können, unter diesen waren vorzüglich eine heilige Familie von *Raphael*, u. eine große sehr schön gemahlte Sammlung von fast allen Häfen Frankreichs, von *Joseph Vernet*, u. *Hue*. Auch besahen wir dieses Mal einige sehr schöne moderne Statüen, die an den Thüren des Saals vertheilt sind.

Von hier fuhren wir nach dem OBSERVATORIUM. Wir konnten die Teleskope nur von außen sehn, eins davon ist nach Herrschel's

Modell gemacht. Im großen Observations-Saal auf dem steinernen Fußboden zeigte man uns eine Linie die der eigentliche MERIDIAN ist, nach welchem die Franzosen die Welt messen. Oben auf dem Observatorium hat man eine schöne Aussicht, auf den größten Theil von Paris, von der wir aber des starken Regens wegen nicht viel sahen.

Denselben Abend um 10 Uhr reiste ich von Paris, mit der *Diligence*, nach *Havre* ab: eine Reise nach der ich mich sehr sehnte; denn schon lange war es mein Wunsch den Ort, wo ich mein zehntes, elftes u. zwölftes Jahr erlebt hatte, u. meine ehemaligen Freunde, wieder zu sehen.

Die Gesellschaft in der *Diligence* fand ich freylich gemischt, aber doch im ganzen recht gut. Am Abend des folgenden Tages war ich in *Rouen*, wo ich Hrn. Hilscher besuchte, u. die Nacht zubrachte. Und am andern Abend kam ich in *Havre* an. Es war mir eine sonderbare Empfindung, mit Einem Mal mich wieder unter Menschen zu befinden, von denen ich in den 4 Jahren meiner Abwesenheit keinen einzigen gesehn, u. wenig von ihnen gehört hatte. Ich hatte während dieser Zeit viel an sie alle, an die Örter um u. in der Stadt, wo ich oft so froh gewesen war, gedacht, viel davon geträumt, hatte aber niemand gehabt, mit dem ich davon sprechen konnte, u. dadurch war mir alles dies beinah wie ein bloßes Bild meiner Einbildungskraft geworden. Und so war es mir natürlich ein ganz wunderbares Gefühl gerade an derselben Stelle mit denselben Gegenständen umgeben zu seyn: ich konnte mich kaum überreden, daß ich wircklich in *Havre* wäre. Auf eine sonderbare Weise kamen mir allerhand Dinge u. Gesichter, an die ich während der ganzen Zeit meiner Abwesenheit nicht gedacht zu haben glaube, wieder ins Gedächtnis zurück, ich erkannte einen jeden. Bald war mir als wäre ich gar nicht weg gewesen. Noch eine sonderbare Bemerckung drängte sich mir auf: alles war auffallend kleiner geworden, dies hat vielleicht seinen Grund darin, daß ICH größer geworden bin, u. alle Plätze meines ehemaligen Aufenthalts mit mir, in meiner Vorstellung von ihnen, gewachsen sind, od. vielleicht kommt es davon her, daß ich seitdem mehr gesehn habe.

Acht Tage blieb ich in *Havre*; u. nachdem mein Wunsch erfüllt war, ich alles noch einmal gesehn hatte, besonders die so schönen u. für mich doppelt reizenden Gegenden u. Aussichten um *Havre*, deren Eindruck auf mich ganz unverwischt geblieben war, u. ich glaube immer bleiben wird, reiste ich Sonntag den 25. Dec. am ersten Weihnachtstage früh Morgens wieder mit der *Diligence* ab, u. war am folgenden Abend in *Paris*.

Diengstag. d. 27. Dec.
Ich gieng heute nach dem ANTIKEN-SAAL im *Louvre*. Man hatte eine neue PALLAS aufgestellt: sie wird als ein großes Meisterstück betrachtet; sie ist kolossalisch, u. besonders ist das Gewand sehr schön gearbeitet.

Mittwoch. d. 28. Dec.
Wir besahen heute das *Palais du Corps législatif*. Dieser große u. prächtige Pallast gehörte vormals dem Hause *Condé*, war nachher der Versammlungsort des *Conseil des Cinq-Cents*, u. wird in wenig Tagen dem *Corps législatif* wieder geöffnet werden, welchem der erste Consul jetzt die Stimme wieder gegeben hat. Der Saal in dem sie sich versammeln werden, ist außerordentlich geschmackvoll eingerichtet. Die eine Hälfte desselben nehmen die *Législateurs* ein, die auf stufenweis sich erhebenden Bänken hintereinander sitzen: die andre der President u. die *Sécretairs*: oben im Hintergrund ist eine Gallerie für die Zuschauer von sehr schönen jonischen Säulen von weißem Marmor gestützt. Der Saal ist mit Statüen der griechischen u. römischen Gesetzgeber u. einem schönen *Bas-relief* geziert.

Auch besahen wir heute ein sehr hübsches *Panorama* von *Neapel*: indessen ist es nicht so groß wie das in *London*.

Es wehte heute ein solcher Sturm, daß die Fußgänger nirgends, der herabfallenden Schiefer, Steine, u. Schornsteine wegen, sicher waren. Mehr als hundert Menschen, sagte man, wären heute in Paris verwundet, u. einer getödtet. Im Garten der *Thuilerien* wurden mehrere starcke Bäume umgeweht, wovon einer eine schöne marmorne Statüe zerschlug.

Donnerstag. d. 29. Dec.
Diesen Morgen brachten wir einige Zeit im ANTIKEN-SAAL zu. Und giengen diesen Abend nach dem THEATER *des jeunes Artistes*, wo man zum hundert u. sechsten Male eine Art *Melo-drame, Arlequin dans un Oeuf* gab. Das Haus ist klein, u. schlecht gebaut. Das Stück war von der Art der Pantomimen die man in *London* bey *Asthleys*, im *Circus*, u. bisweilen im *Drury lane* sieht, wo dergleichen aber zum höchsten Grad der Vollkommenheit gebracht ist: dieses war aber albern u. langweilig.

Freytag. d. 30. Dec.
Wir giengen diesen Abend nach der OPER. Man gab *Saul*: ich fand wieder dieselbe Vollkommenheit die ich das erste Mal so sehr bewundert hatte, u. noch mehr Pracht in den Dekorationen u. Costüms. *Mad. Armand* sang vortrefflich. *Laïs* machte den David, u. entzückte nicht nur durch seine schöne Stimme, sondern auch durch sein ausdrucksvolles Spiel. Im Ballet, *Hero* und *Leander*, tanzte *Vestris, Mad. Vestris, Mad. Gardel, Duport*, u. viele andre große Tänzer, deren Namen nur nicht so wie diese durch die ganze Welt gegangen sind. *Vestris* ist schon alt u. sehr häßlich, seine Frau u. *Mad. Gardel* sind beyde jung u. schön. *Duport* ist noch ziemlich jung; er wurde mehr *applaudirt* wie *Vestris*, was vielleicht Partheilichkeit war; doch finde ich daß er mehr *Aplond*, Stärcke, u. Leichtigkeit in den *Pas* hat als *Vestris*: aber er kommt diesem in Hinsicht der Pantomime nicht nahe. *Vestris* u. *Mad. Gardel* rissen durch ihre Pantomime, durch den sprechenden Ausdruck in jeder Beziehung, alle Zuschauer hin. In der Scene, in der *Hero* zum ersten Mal die Liebe des beglückten *Leanders* erwiedert, wurde das Spiel von *Mad. Gardel* u. *Vestris* durch die schönen Dekorationen die wircklich täuschende Nachahmung des Mondscheins, das sanfte *Accompagnement* der Waldhörner so gehoben: daß man ringsum Ausrufungen des Entzückens u. der Bewunderung hörte. ––

Sonnabend. d. 31. December.
Ich machte heute, am letzten Tag im Jahr, einen Spatziergang im *Jardin des Thuileries*. Es war ein prächtiger Tag: der Sturm der

vorher geweht hatte, hatte den Boden getrocknet, die Sonne schien heiter am unbewölckten Himmel, die Luft war so warm, daß man den Athem nicht sehn konnte. Auch hatte das schöne Wetter eine Menge Pariser an diese ihre Lieblings-Promenade gelockt. Im Sommer muß dieser Garten u. die daneben liegenden *Champs elisés* sehr angenehm seyn, obgleich die Anlage noch steif ist. Er enthält viele schöne marmorne Statüen, u. die Aussicht auf die prächtige Façade des *Palais des Thuileries* giebt einen herrlichen Prospekt. Auf dem Gitter vor dem Schloße stehn die VIER BERÜHMTEN BRONZERNEN PFERDE, die *Bonaparte* aus Venedig gebracht hat, u. die immer den Erobern gefolgt sind. Ich finde sie aber nicht so außerordentlich schön wie ich sie mir vorgestellt hatte.

Sonntag. d. 1sten Januar 1804.
Wir waren heute zum Mittag bey dem General *de Boigne* in *Beauregard* nahe bey *Versailles*. Auf dem Hinwege besahen wir *St. Cloud*. Der Garten scheint noch ganz die alte Einrichtung beybehalten zu haben, ist aber nichts außerordentliches. Im Schloß findet man die allerhöchste Pracht, mit Geschmack u. Bequemlichkeit vereinigt. Die größte Eleganz leuchtet überall hervor. Die Möbeln sind alle reich vergoldet, haben aber moderne Formen; die Wände sind größtentheils mit in Falten gelegter Seide beschlagen; überall sind eine Menge großer außerordentlich heller Spiegel angebracht; besonders prächtig sind die süperben bronzernen Candelabres, Pendülen *etc. etc* die in großer Menge vorhanden sind: auch sind fast in allen Zimmern sehr schöne Ölgemählde, worunter besonders zwey merckwürdig sind: die *Madonna* VON *Raphael*, u. *Phedre & Hipolite* VON *Guérin*, einem jetzt lebenden französischen Mahler, der mit *David* wetteifert, u. die größte Bewunderung verdient. Auch ist hier eine ziemlich zahlreiche Bilder-Gallerie, die fast ganz aus der niederländischen Schule ist, u. viele sehr hübsche Bilder enthält. Die eigentlichen Schlafzimmer des ersten Consuls werden nie gezeigt: indessen sahen wir die ZIMMER DER *Mad. Bonaparte*, die unbeschreiblich prächtig sind, besonders das Bad welches auf eine wunderbare Art mit Spiegel dekorirt ist; DIE BIBLIOTHEK *Bona-*

AUS DEN JAHREN 1803-1804   105

partes; u. auch das Zimmer in welchem er *Conseil* hält; der Stuhl worauf er hier sitzt ist dadurch ausgezeichnet, daß die Armlehnen vorne ganz zerhackt sind, woran der Consul während des *Conseils* immer mit seinem Federmesser arbeitet. Die Gesellschafts-Zimmer sind nicht außerordentlich groß, aber ihre Pracht übersteigt alle Begriffe: die Zimmer in denen *Bonaparte* sich gewöhnlich aufhält sind die einfachsten.[a]

Montag. d. 2ten Januar.
Wir fuhren diesen Abend, mit Hrn. u. *Mad. Jacobs* aus *Riga*, nach dem *Theatre du Vaudeville*. Man gab *La Vieille* und *Fanchon la Vielleuse*. Ich hatte das letztere Stück kurz vorher in Brüssel gesehn: ich erkannte es kaum wieder, es wurde so schön gegeben, daß es ein ganz anderes Stück zu seyn schien[b].

Diengstag. d. 3ten Jan.
Diesen Abend fuhren wir nach dem *Theatre du Cit. Pièrre*. Man sieht hier optische Darstellungen von bekannten Gegenden, die aber wircklich sehr hübsch gemahlt sind, u. durch die beweglichen Figuren, die diese Bilder beleben, u. durch die sonderbare Beleuchtung viel täuschendes haben.

Mittwoch. d. 4^{en} Jan.
Heute besahen wir die GEMÄHLDE-GALLERIE des *Lucien Bonaparte*. Sie ist sehr zahlreich, enthält einige sehr schöne Bilder, worunter verschiedene Originale von *Rubens*, u *Marcus sextus* am Sterbebett seiner Gattin, *von Guérin*, aber auch viele mittelmäßige Sachen. –

---

[a] Auch zeigt man uns hier einen PLAN DER SCHWEIZ, die Frucht einer unbegreiflich mühsamen u. langwierigen Arbeit! Dieser Plan ist von der Größe eines gewöhnlichen Billiards. Man kann jeden einzelnen Berg, jede Quelle, jedes einzelne Haus in der ganzen Schweiz darauf finden! Die Entfernungen dieser Gegenstände von einander sind mit der größten Genauigkeit ausgemessen. Der Urheber davon hat mehrere Jahre darauf zugebracht, die Schweiz zu Fuß durchreist, u. sogar jeden einzelnen Fußsteg genau gemessen, den man auch auf dem Plan finden kann. Die Berge, Häuser, Wälder usw. sind von Holz: das Wasser ist mit Spiegelglas angegeben.

[b] Die schöne *Mad. Henry* zeichnete sich in der *Fanchon*, ihrer Hauptrolle aus.

Donnerstag. d. 5. Jan.

Wir besahen heute mit Hrn. *Mercier* das *Panthéon*. Es ist noch nicht fertig u. wird gewiß so bald auch nicht vollendet werden. Indessen ist es gewiß eines der schönsten Gebäude Europens: u. die Größe der Anlage stimmt mit der Größe des Entzwecks dieses herrlichen Gebäudes überein. Das Portal ist sehr schön, u. mit vier prächtigen kollossalischen Statüen, u. mehreren *Bas-reliefs* umgeben; über demselben steht die Inschrift: *Aux grands hommes la patrie réconnaissante*. Unter dem *Pantheon* ist ein ungeheures von vielen Pfeilern gestütztes Gewölbe in welchem die Leichnahme der großen Männer, deren Statüen oben stehn, ruhen sollen; bis jetzt ist nur *Jean Jaques Rousseau* da.

Auch besahen wir heute die Außenseite des *Institut de Chirurgie*, ein außerordentlich schönes Gebäude, inwendig werden Kollegien über Medicin gelesen: es ist aber nichts darin zu sehn.

Freytag. d. 6. Jan.

Hr. *Mercier* zeigte uns heute das *Institut national*, welches einen Theil des *Louvres* einnimmt. Die Bibliothek des Instituts ist sehr zahlreich, u. enthält einige sehr hübsche Büsten. Wir sahen hier verschiedene sonderbare u. merckwürdige Sachen: z. B. eine alte *Tunika*, die, wie man aus gewissen *Data* weiß, über 4000 Jahr alt ist: sie ist auf dieselbe Art, u. mit denselben Figuren bestickt, die noch gebräuchlich sind. Das Modell vom Thore *Troya's*, u. von der Art Steine zu schneiden, wie sie ehemals üblich war, u. wodurch die Mauern weit fester wurden. Diese Methode beruht hauptsächlich darauf, daß die Steine nach Regeln zackicht geschnitten werden, u. die Ecken und Zacken immer ineinander greifen, wodurch die Mauer solide wird, daß sie beynahe ohne Kalk stehn könnte. Auch zeigte man uns einen Saal in welchem die Modelle von allen verschiedenen Bauarten der Schiffe sind. Wir besahen bey dieser Gelegenheit verschiedene Zimmer des *Louvre's* die alle sehr antik sind: man zeigte uns das Schlafzimmer *Heinrichs* des 4ten, was ebenso ist, wie es zu seiner Zeit war, über u. über mit schweren Vergoldungen bedeckt.

Von hier fuhren wir nach der *Bibliotheque nationale*. Vielleicht ist dieses die zahlreichste Büchersammlung in der Welt. Außer dieser ungeheuren Menge in großen Sälen aufgestellten Bücher, ist hier ein sehr merckwürdiges Antiken-Kabinet, was für Fremde die der Bibliothek nur höchstens ein Paar Stunden zu widmen haben das intressanteste ist. Es enthält eine besonders merckwürdige Sammlung ägyptischer Antiken: zwey große silberne Schilder mit antiken *Bas-Reliefs*, wovon das eine *Scipio's* das andere *Hannibal's* gewesen sein soll: u. sehr viele kostbare Altherthümer aus dem Mittel-Alter, die in verschiedenen Gegenden Franckreichs gefunden sind. Auch sahen wir die beyden berühmten GLOBEN DER NATIONAL-BIBLIOTHEK, welche zwölf Fuß im Durchmesser haben.

Sonnabend. d. 7. Jan.
Wir besahen heute das NATURALIEN-CABINET DES *Jardin des Plantes*: es ist außerordentlich zahlreich u. vollkommen, u. die Gegenstände sind auf eine bewundernswürdige Art *conservirt*. Die untern Zimmer nimmt eine sehr weitläuftige Mineralien-Sammlung ein, worunter ich einen Schranck bemerckte, in welchem alle verschiedene Felssteine der Insel *Corsica*, geschliffen liegen, u. das ein Geschenck *Bonapart's* ist. Oben ist die sehr schöne vollständige Thier-Sammlung, in der sich noch besonders die ausgestopften Vögel auszeichnen.

Ich besah hierauf nochmals die wilde Thiere im Garten. Es ist sonderbar in welcher fortdauernden Unruhe diese Thiere immer sind; sie sind in beständiger Bewegung, keins von ihnen steht einen Augenblick still. Bisweilen fangen die Löwen plötzlich an zu brüllen, wobey die Wölfe fortwährend heulen. Hier sind sieben Löwen: worunter vier Löwinnen, wovon zwey einen Hund bey sich haben, dem sie nichts thun u. nicht von sich lassen würden.

Sonntag. d. 8ten Jan.
Wir fuhren heute mit Hrn. *Mercier* nach *Charenton*, einem an sich unbedeutendem Dorf, von der Brücke aber welche über die *Marne* gebaut ist, die sich hier mit der *Seine* vereinigt, hat man eine sehr schöne Aussicht: auch ist diese Brücke durch mehrere blutige Scharmüzel merckwürdig. Her. *Mercier* führte uns zu einem

Manne, der dicht an *Charenton* wohnt, u. es sehr weit in der Kunst gebracht hat, Häuser von gestampfter Erde zu bauen. Er nennt seine Arbeit *Pisé*. Er zeigte uns Häuser, Säulen, Mauern davon, u. versicherte, sie seyen ebenso fest u. sicher als steinerne, könnten mehrere Jahrhunderte stehn, u. hätten nicht die Feuchtigkeit der steinernen Häuser, u. haben den Vortheil nur den zehnten Theil derselben zu kosten. Wenn das alles so ist, wie er sagt; so kann diese Sache eine große Wohlthat für die Menschheit werden. Ich finde daß die Mauern von *Pisé* besser als alle anderen aussehn, wenn sie übermahlt sind, da sie ganz aus Einem Stück geformt sind.

Diesen Abend sah ich in der OPER den *Oedipe à Colonne* der sehr schön gegeben wurde, u. *Psiché*, was allgemein für das prächtigste Ballet anerkannt ist. *Vestris, Duport* u. *Mad. Gardel* übertrafen sich selbst darin, auch die Dekorationen waren prächtiger wie je. –

Mittwoch. d. 11. Jan.
Diesen Morgen wohnten wir einer Sitzung des *Tribunats* bey, die aber kaum eine halbe Viertelstunde dauerte, da keine Gegenstände zu *Débatten* waren: es wurden blos die Titel einiger Bücher die dem Tribunat gewidmet waren gelesen, u. die Sitzung auf Montag verschoben, weil Depeschen die man erwartete noch nicht da waren. Der Saal hat viel Ähnlichkeit von dem des *Corps legislatif*, ist aber nicht völlig so schön.

Von hier fuhren wir nach dem *Museum* im *Louvre*.

Diesen Abend giengen wir nach dem *Théatre Feydeau*. Man gab *le Trompeur trompé, la Maison à vendre* u. *les Confidents*. In den beyden letzten Stücken spielten *Martin* u. *Elvion*, die besten Akteurs dieses Theaters, die sich mit einander so eingelernt haben, daß sie fast immer zusammen spielen, u. alsdann ganz unübertrefflich sind. Auch sind sie beyde, BESONDERS *Martin*, außerordentlich gute Sänger.

Donnerstag. d. 12. Jan.
Wir besahen diesen Morgen mit Hrn. *Mercier* die *Monuments français*. Diese höchst merckwürdige u. sehenswerthe Sammlung aller Grab- u. Denck-Mäler, von Menschen, die sich in der französi-

schen Geschichte von jeher merckwürdig gemacht haben, ist in einer großen uralten gothischen KIRCHE, *des petits Augustins,* aufgestellt. Die Denckmäler der Vorzeit die hier zusammen gebracht sind, sind nicht nur aus *Paris* sondern aus allen Örtern in ganz Franckreich gesammelt. Diese *Collection* ist daher so zahlreich geworden, daß die ganze Kirche mit allen ihren Kapellen u. Kreuzgängen u. sogar der Klostergarten mit alten Bildsäulen angefüllt sind. Es gefällt mir nicht, daß diese Monumente, die die Vorältern der Nachwelt zum Gedächtnis aufstellten, von den Orten weggerissen sind, wo die Menschen lebten u. die sich nach ihrem Tode ein Monument verdienten, u. wo ihre Namen noch gekannt sind; u. daß diese Denckmäler jetzt in den Kapellen des Klosters zusammengedrängt, als bloße Gegenstände der Kunst u. der Neugierde, betrachtet werden. Es wäre mir unmöglich all die Monumente aufzuzählen die hier stehn. Die Grabsteine von alten französischen Königen, von den ersten *Clodewigs* an, sind hier. Diese sind besonders durch die verschiedenen Arten der Darstellung u. Arbeit merckwürdig. Die allerältesten Könige liegen grob u. steif gearbeitet, mit zusammengeschlagenen Händen auf ihren steinernen Särgen: andere sind auf eine scheußliche Art, im Augenblick des Sterbens dargestellt, alle Muskeln von Schmerz u. Angst gespannt, mit verdrehten Augen, aufgerissenem Munde, u. fliegenden Haaren, liegen sie auf dem Sarge. Von den späterhin gearbeiteten Monumenten sind einige geschmackvoll u. sehr schön, besonders das von Franz dem ersten, u. seiner Gemahlin, u. von seiner *Maitresse Diane de Poitiers.* Auch bemerckte ich eine sehr schön gearbeitete *Buste* VON DER *Pucell d'Orléans,* die nach der Natur gemacht seyn soll. Von allen Helden, Dichtern, Staatsmännern, Priestern, die sich in der französischen Geschichte merckwürdig gemacht haben, sahen wir Bildsäulen. Eine andre Merckwürdigkeit des Altherthums sind die gemahlten Fenster der Kirche, sie übertreffen an Lebhaftigkeit der Farbe u. Schönheit der Zeichnung, alles was ich je von der Art gesehn habe.

Diesen Abend fuhren wir nach dem *Theatre Louvois.* Man gab *la femme invisible,* eine ziemlich alberne Comedie, u. *la petite Ville* VON *Picard,* die mir indessen nicht so sehr wie die deutschen

Kleinstädter gefällt, welche nach den französischen gemacht seyn sollen: doch hat die *petite Ville* im französischen den Vorzug, daß sie nicht übertrieben ist. *Picard*, der jetzt in der Mode ist, spielte selbst darin, u. wurde sehr applaudirt. Seine Stücke haben allgemeinen Beyfall, den sie mit Recht dadurch verdienen, daß sie nicht wie fast alle französische Stücke bloße Intrigen, sondern Karaktere darstellen. Je mehr ich aber dergleichen kleine Comedien od. auch die komische Opern im *Faydeau* u. *Vaudeville* sehe; je mehr finde ich Geschmack daran: die französische Sprache u. die Akteurs scheinen zu diesen Stücken gemacht: an die höchst unnatürliche rauhe Deklamation der französischen Tragiker, werde ich mich aber nie gewöhnen.

Sonnabend. d. 14. Jan.
Ich besah diesen Morgen die Kirche *Notre-Dame*. Ich fand sie kleiner u. weniger schön als ich sie mir gedacht hatte. Sie ist mit einer ungeheuren Menge Verzierungen überladen, z.B. im *Portal* sind mehrere hundert kleine häßliche Heilige geschnitzt, demohngeachtet ist sie doch nicht im reinen gothischen Geschmack, u. hält mit der Kathedrale in Antwerpen, od. gar mit der *Westminster-Abbey* keinen Vergleich aus. Im Innern hängen einige mittelmäßige Gemählde. Einige Fenster sind mit außerordentlich lebhaften schönen Farben gemahlt.

Sonntag. d. 15. Jan.
Der erste Konsul hielt heute, auf dem Hofe der Thuillerien REVÜE über 6000 Mann italiänische Truppen, die kürzlich angekommen sind. Ich war an einem Fenster auf dem Platze der Thuillerien, von wo ich die Revüe ganz übersehn konnte. Es war ein herrlicher Anblick. Die Person des Konsuls konnte ich sehr gut unterscheiden, doch war ich zu weit ab, um seine Gesichtszüge zu erkennen. Er reitet einen prächtigen Schimmel, u. neben ihm ist stets sein treuer Mameluk. Die italiänischen Truppen sind fast alle klein, haben aber sehr geschmackvolle u. schöne Uniformen, besonders die Husaren, die wircklich prächtig sind. *Bonaparte* theilte jedem Regiment, nach der Revüe, feierlich seine Fahnen aus.

Montag. d. 16. Jan.
Wir fuhren diesen Abend nach dem *Théatre faideau*. Der ERSTE
KONSUL war da. Ich war so placirt daß ich ihn während der ganzen
Zeit der Vorstellung sehr gut sehn konnte. Man gab *la Maison
isolée*, u. *la jeune prude*, ein neues Stück, was unter andern Originalitäten die hat, daß blos Frauenzimmer darin spielen. Es fand so allgemeinen Beyfall, daß der Autor herausgerufen wurde.

Diengstag. d. 17. Jan.
Wir waren diesen Abend im *Vaudeville*. Es wurde *l'Intendant, l'embarras du choix*, u. ein neues Stück: *la Tapisserie de la reine Mathilde*
gegeben: es ist eine Art Gelegenheits-Stück, u. enthält lauter
Anspielungen auf das jetzige Projekt einer Landung in England;
die Veranlassung dazu ist die alte Tapete, welche die Gemahlin Wilhelms des Eroberers gestickt haben soll, u. die jetzt im *Louvre* ausgestellt ist, gewesen. Das Stück spielt zu der Zeit Wilhelms von
Normandie, hat viele hübsche Situationen u. wird sehr gut gegeben. *Mad. Henry* machte die Königinn *Mathilde*.

Donnerstag. d. 19. Jan
Wir wohnten diesen Morgen einer öffentlichen *Lection* des *Abbé's
Sicard*, im TAUBSTUMMEN-INSTITUT bey. Er erklärt auf eine sehr
deutliche u. einfache Art die Methode durch die er es dahin
gebracht hat, diese Menschen, denen man ehemals die Vernunft
absprach, der menschlichen Gesellschaft fähig zu machen. Sein
ganzes System beruht auf der sehr vernünftigen u. zweckmäßigen
Eintheilung der Äußerungen unsrer Gedanken u. Empfindungen,
od. des Worts in dreierley Arten, das gesprochene Wort, das
geschriebene Wort, u. das GESTIKULIRTE Wort: das letztere ist das
natürlichste u. bey weitem das vollkommenste Mittel unsre
Gedanken mitzuteilen: das geschriebene Wort ist als das unvollkommenste anzusehn, hat aber den Vorzug, daß es durch sich
selbst bleibend ist. Die gestikulirte Rede ist überall dieselbe, u. allen
Menschen eigen, bey den Taubstummen aber durch Nothwendigkeit u. Übung mehr kultivirt. SEIN Geschäft ist die Taubstummen
zu lehren, das gestikulirte Wort ins geschriebene zu übersetzen:

u. seine sehr zweckmäßigen Mittel hierzu sind durch den glücklichsten Erfolg gekrönt. Er setzte weitläufig alle die so sinnreichen Mittel auseinander durch die er es dahin gebracht. Sein bester Zögling ist der berühmte *Massieu*, der zu jedem Geschäft im menschlichen Leben fähig ist, u. sogar in Gesellschaft sehr unterhaltend seyn soll, obgleich er seine Gedanken nur stets schriftlich mitteilen kann. *Massieu* ist sechs bis acht u. zwanzig Jahr alt, u. hat ein außerordentlich ausdrucksvolles Gesicht, wovon ich aber so viel gehört hatte, daß ich meine Erwartungen nicht erreicht gefunden habe. Er hat in der Revolution Gelegenheit gefunden dem *Abbé Sicard* das Leben zu retten, was zum Theil durch seine Taubstummen-Beredsamkeit geschehn seyn soll. Der *Abbé Sicard* begleitet seinen Vortrag mit einer auffallenden Deklamation u. Mymik daß es beynahe Grimacen scheinen, u. man Mühe hat sich daran zu gewöhnen; dies kommt wohl davon her, daß er gewöhnt ist, mit den Taubstummen auf eine sehr markirte Weise zu reden. Die Kunst des Abbés ist wohl am meisten an einem jungen Mädchen zu bewundern, die es dahingebracht hat, daß sie alle artikulirten Töne hervorbringt. Er zeigt ihr die Bewegungen die er, zur Hervorbringung der Silben, mit der Gurgel, dem Munde u. der Zunge macht: sie bemüht sich dieses Nachzuahmen, u. dann kneift er sie mehr oder minder starck u. auf verschiedene Arten in den Arm, wodurch sie wircklich alle artikulirten Töne hervorbringt. – Ich bemerckte daß alle Taubstummen, u. besonders dieses Mädchen einen auffallend ruhig heitern milden Ausdruck im Gesicht haben. – Die Zahl der Zöglinge soll sehr groß seyn: der Saal war so voll von Zuschauern daß die Taubstummen nicht alle gegenwärtig seyn konnten. Die, welche da waren unterhielten sich fortwährend sehr lebhaft durch Zeichen.

Ich gieng von hier nach dem *Louvre*, wo ich den noch übrigen Theil des Morgens bei den Bildern der italiänischen Schule zubrachte.

Freytag. d. 20. Jan.
Ich brachte auch noch diesen Morgen zum Theil in der Bildergallerie zu. Je mehr ich diese herrlichen Kunstwercke betrachte, je mehr

Freude machen sie mir. Ich habe jetzt die niederländische Schule, soweit es sich thun läßt, durchgesehn, u. bin zu den ernstern erhabnern Bildern der Italiäner gekommen, u. habe nun die *Raphaels,* wovon hier 10 in einer schönen Reihe nebeneinander hängen, die *Corregios, Carrache, Dominicins,* u. die schönen Darstellungen des *Leonardo da Vinci,* mit der innigsten Bewundrung betrachtet.

Diesen Abend fuhren wir nach der *Opera buffa.* Die Truppe ist nicht außerordentlich gut. Man gab *Donna il genio volubile* die eine herrliche Musik hat.

Sonntag. d. 22. Jan.
Wir aßen diesen Mittag bey Hrn. *Dupons* in *Versailles.* Auf dem Wege dahin stiegen wir bey der PORZELLAIN-FABRIK IN *Sèvres* ab. Wir konnten weil es Sonntag war nicht die Arbeit sehen: der Vorrath von Porzellain den wir indessen besahen ist unermeßlich groß: man hat es jetzt in diesen Arbeiten gewiß weiter wie je gebracht. Die Formen u. Mahlereien sind alle außerordentlich geschmackvoll, auch die Farben sind auffallend schön; man zeigte uns Services' wovon ein jeder Teller zu 8 Louid'or verkauft wird, u. wircklich als ein Kunstwerck sehr schätzbar ist. Man hat es dahin gebracht ganze Gemählde auf Porcellain zu machen, die sehr fein ausgearbeitet u. zum Bewundern gerathen sind. Auch in Biskuit-Arbeit sahen wir ganz außerordentlich schöne Figuren. Auch besahen wir bey dieser Gelegenheit *Trianon.* Das Schloß ist von Innen ganz ausgeleert. Die Außenseite desselben aber, die unbeschädigt geblieben ist, steht noch als ein Denckmal der ehemaligen Pracht. Das Schloß besteht aus zwey Gebäuden, die ganz mit Marmor belegt, u. durch eine süperbe marmorne Colonade vereinigt sind. Der Garten ist nach dem ehemaligen Geschmack sehr hübsch, ziemlich groß u. enthält einige sehr künstliche Wasserfälle, Statüen u. d. gl.

Wir durchgiengen auch heute nochmals den *Versailler-*GARTEN, dessen große herrliche Anlagen mir doch immer sehr gefallen. Auch giengen wir dies Mal in einige verschloßene Boskets die man sonst nicht sieht, zu denen Hr. *Duponts* aber den Schlüssel hatte. Diese Boskets enthalten marmorne Tempel, prächtige Colonaden, die, um sie gegen den muthwilligen Theil des Publikums zu bewahren, eingeschlossen sind, indessen hat man sie nicht gegen den nagenden Zahn der Zeit geschützt, sie sind schlecht unterhalten, u. diese mit so großen Kosten aufgerichteten Säulen verfallen. Eins von diesen Boskets ist wircklich sehr schön, u. nach einer herrlichen Idee angelegt: es stellt den Besuch *Apollos* bey der *Thetis* nach vollendeter Laufbahn vor. In der Mitte dieses Boskets ist mit ungeheuren Kosten ein großer künstlicher Fels aufgerichtet, der aber sehr natürlich nachgeahmt ist: drey Grotten sind in den Fels gehauen, in der mittelsten ruht sich *Apollo* in den Armen der *Thetis* u. ihrer Nymphen aus: In den beyden andern Grotten werden die, außerordentlich schön gearbeiteten, Rosse des Sonnenwagens von den übrigen Nymphen abgezäumt: die Statüen sind alle Meisterstücke, u. von schneeweißem Marmor, der auf dem dunckeln Grund der Felsengrotte einen auffallenden Effeckt macht.

Montag. d. 23. Jan.
Diesen Morgen besahen wir das *Hotel de la Monnoye*. Die eigentliche Münze wird nicht gezeigt. Wir sahen blos das *Cabinet de Pharmacie et de phisique*, welches verschiedne sehr wohl vertheilte Zimmer enthält, in denen eine sehr große Mineralien-Sammlung unter Glasschräncken, verschiedne mechanische, physische Instrumente u. dgl. aufgestellt sind. Im Hauptsaal wurden als wir das Cabinet sahen Vorlesungen über Pharmacie gehalten.

Von hier aus fuhren wir nach dem *Champ de Mars*, um diesen seit der Revolution so merckwürdigen Plaz doch auch zu sehn: es ist nichts weiter wie ein großes Feld; man hat die kolossalischen marmornen Ochsen u. Löwen weggenommen, die ich mich erinnere vor sechs Jahren hier gesehn zu haben. An dem Einen Ende des Feldes steht die *Ecole militaire*, ein sehr schönes Gebäude.

Auch besahen wir heute die große SPIEGEL-FABRIK. Die Spiegel werden hier nicht gegossen, sondern nur polirt u. mit Quecksilber belegt. Diese Anstalt ist unermeßlich: es ist ein sehr intressanter Anblick, in den unabsehbaren Sälen mehrere Hunderte von Menschen mit dem Poliren der Spiegel beschäftigt zu sehn: die Spiegel werden einer gegen den andern, u. nachher mit einem rothen Steine, abgerieben: sie kommen alle in ungeheuren Stücken her, weil man die Fehler erst nachdem sie polirt sind, sehn kann, u. nach diesen werden sie zerschnitten. Auch sahen wir die Spiegel mit Zinn u. Quecksilber belegen.

Diesen Abend gieng ich nach dem THEATRE *Montancier* im *Palais royal*. Das Haus ist klein. Hier werden nichts wie *Farcen*, travestirte Stücke *etc.* gegeben. Heute wurden fünf verschiedene Stücke gegeben. Die Truppe ist nicht schlecht u. hat einige sehr gute komische *Acteurs* unter denen sich der berühmte *Brunet* auszeichnet, der von einigen für den größten Komiker in Frankreich gehalten wird. Es ist ein kleiner magrer blaßer Mensch, er spielt sehr gut u. soll sehr witzig seyn, seine *Calembours* werden gedruckt verkauft: ein Paar Mal hat er, auf dem Theater, seinen Wiz über die Regierung ausgelassen, u. ist daher verschiedene Mal eingesperrt u. wieder losgelassen worden.

Diengstag. d. 24. Jan.
Da das Wetter diesen Morgen sehr schön war, bestiegen wir den *Montmartre*, von dessen Spitze man die so intressante Aussicht auf ganz Paris hat: indessen verdarb der Nebel viel daran, der immer über jede volkreiche Stadt schwebt, u. im Winter doch stets stärkker als im Sommer ist. Wenn ich diese Aussicht mit der vom Gipfel der *St. Pauls* Kirche in *London* vergleiche; so ist es recht augenscheinlich wie sehr viel kleiner *Paris* ist.

Von hier gieng ich nach dem *Louvre*, wo ich mich noch zum letzten Mal an den schönen Bildern freute, u. auch einen letzten Blick auf die herrlichen Antiken warf, die ich so bald nicht wieder zu sehn gedencke.

Diesen Abend sahen wir in der Oper *Anacréon chez Policrate*. Nie hat mir eine Oper so viel Vergnügen gemacht wie diese. In Hinsicht der Musik, u. auch der Worte, übertrifft sie, meiner Meynung nach, alle die ich bisher gesehn hatte, auch hat *Laïs* nie ausdrucksvoller gesungen wie heute, auch nie mehr *Applause* erhalten. *Cambasserès* u. auch *Lebrun*, den ich heute zum ersten Mal sah, waren da. Zum Ballet gab man *Télémaque*, worin *Vestris* u. *Mad. Gardel* wie gewöhnlich alle meine Bewunderung erregten. –

Freytag. d. 27. Jan.
Nach einem Aufenthalt von zwey Monaten verließen wir diesen Morgen Paris. Unser Weg gieng jetzt nach *Bordeaux*. Doch noch waren wir nicht aus der Stadt heraus, als ein Rad vom Wagen fiel: wir hatten dieses Unglück gerade in *Fauxbourg St. Marceau*, der für das schmutzigste *Quartier* bekannt ist. Wir mußten hier zwey volle Stunden, in einer elenden Weinschencke zubringen, während daß der Wagen zurecht gemacht wurde. Dieses Aufenthalts wegen kamen wir heute nicht weiter wie *Arpageon*.

Sonnabend. d. 28. Jan.
Wir fuhren heute früh von *Arpageon* weg. Überall fanden wir grüne Felder u. weidendes Vieh, ein für mich im Januar, sehr ungewohnter Anblick; die Luft war auffallend warm, der Himmel unbewölckt. Die Gegend fanden wir bis *Orléans*, wo wir am Abend ankamen, außerordentlich flach.

Sonntag. d. 29. Jan.
Diesen Morgen giengen wir etwas in *Orléans* herum. Die Stadt ist ziemlich groß, u. an einigen Stellen sehr gut gebaut: über die *Loire* geht hier eine schöne steinerne Brücke, von der man eine hübsche Aussicht hat. Wir besahen die große KATHEDRAL KIRCHE, ein ehrwürdiges gothisches Gebäude. Von den Wällen der Stadt hat man eine sehr hübsche Aussicht.

Von hier gieng unser Weg beständig längst der *Loire*. Rings um *Orléans* sieht man nichts wie unabsehbare Flächen, die fast so weit das Auge reichen kann mit WEINGÄRTEN bepflanzt sind. Diesen Abend kamen wir in *Blois* an, wo wieder eine Brücke über die *Loire* ist.

Montag. d. 30. Jan.
Bis hieher waren die Wege erträglich gewesen, jetzt wurden sie aber immer schlechter. Zur Entschädigung aber verschönerte sich die Gegend bey jeder Meile. An beyden Ufern der *Loire* sahen wir nichts wie schönes bebauetes Land, doch weniger Weingärten als bei *Orléans*. Auf dem ganzen Wege, von *Orléans* bis nahe bey *Bor*-

deaux, wird man in jedem Städtchen, auf jeder Post-Station, von einer unausstehlich zudringlichen Menge Weibern belästigt, die mit MESSERN handeln. Sobald man des Abends eingelagert, dauert es nicht eine Viertelstunde, ehe drey bis vier Weiber, mit einer großen Menge Messer, (die sie in einer, zu dem Behuf gemachten Tasche tragen) herein kommen, u. aller Versicherungen daß man nichts brauche ungeachtet, ihre Waare auskramen, u. sie unermüdet stundenlang anpreisen. Bey jeder Poststation ist man sicher einen ganzen Vorrath Messer u. Scheeren aller Art in den Wagen zu bekommen, u. in der Gegend von *Tours* bekömmt man durch das andere Fenster Körbe getrockneter Pflaumen u. Birnen. Dies beweist wie wenig Absaz in den jetzigen Kriegszeiten alle diese Messerfabriken finden: diese Messer sind alle sehr gut gearbeitet, u. ganz Franckreich wird von hier aus damit versorgt. –

Es machte einen angenehmen und wunderbaren Eindruck auf mich, die mit BLÜTHEN BEDECKTEN MANDELBÄUME häufig am Wege zu sehn, da bey uns in diesem Monat die Bäume vom Schnee weiß sind u. nicht von Blüthen. Doch sagte man uns daß diese Bäume die so früh blühen, bey einem leicht eintretenden Nachtfrost vergehn werden. Es ist auffallend wie sehr bebaut das Land in dieser Gegend ist. Man sieht keinen ungeackerten Flecken u. längst beyden Ufern ist eine fast ununterbrochene Reihe von Häusern. Auch sahen wir sehr häufig Edelhöfe u. altfränckische Schlößer mit schönen breiten *Avenuen*: sehr viele Ruinen, verfallene Burgen u. Klöster, u. alte Warten. Die Gegend wird hier sehr felsig. Längst dem Ufer läuft eine Längsreihe von Felsen die fast alle ausgehöhlt sind u. zu Kellern gebraucht werden. Näher an *Tours* gewähren diese Felsen einen seltsamen Anblick. Sie sind inwendig ganz zu Häusern ausgehauen, mit mehreren Etagen Zimmern u. Treppen, u. sind alle bewohnt: von außen haben sie aber ihre rauhe Gestalt beybehalten, hin und wieder ist einem Fehler im Felsen durch ein Stück Mauer abgeholfen. Es ist ein gar wunderbarer Anblick wie hier eine Thür, Fenstern, oben Schornsteine, seitwärts ein Stück Mauer aus dem Felsen hervor lucken, es sieht aus als wenn der Fels das Haus gebähren wollte. – Wir schliefen diese Nacht in *Tours*.

Diengst. d. 31. Jan.

Als wir diesen Morgen weiter reisten, kamen wir durch einen Theil der Stadt *Tours*. Die Hauptstraße ist für schön berühmt, u. ist auch wircklich durchgängig schön gebaut. Die übrigen Theile der Stadt scheinen so wie in den meisten französischen Städten schmutzig u. schlecht gebaut. Doch sind die Häuser wegen der vielen Steinbrüche die in dieser Gegend sind, alle von Quadersteinen. Auch hier geht eine steinerne Brücke über die *Loire*. Gleich hinter *Tours* kamen wir auf einen Berg, von dem man eine herrliche Aussicht hat. In dieser ganzen Provinz ist die Gegend außerordentlich schön, bebaut u. fruchtbar: u. auf dem Wege längst der *Loire* sieht man eine fortwährende Reihe von schönen Lagen u. Aussichten: auch überall viele alte u. neue Schlösser. Diese Nacht brachten wir im Städtchen *Châtellereau* zu. –

Mittwoch. 1. Febr.

Das Wetter war uns bis jetzt immer günstig, warm u. heiter gewesen. Aber von heute an regnete es fast unaufhörlich. Wir kamen heute durch *Poitiers*. Die Stadt scheint mir so viel ich davon gesehn habe sehr armselig: sie hat aber eine sehr schöne Lage u. ist ganz von Felsen umgeben: ringsum *Poitiers* bemerckte ich außerordentlich viele Ruinen u. alte Thürme. Wir kamen wegen der sehr schlechten Wege heute nicht weiter als *Maison blanche*.

Donnerstag. d. 2. Febr.

Nachdem wir sehr früh von *Maison blanche* weggefahren waren, kamen wir heute gegen Mittag in *Angoulême* an, wo wir bleiben mußten, weil der Wagen der von den schlechten Wegen sehr gelitten hatte, zurecht gemacht werden mußte.

Angoulême liegt auf einem Berge u. ist noch häßlicher u. schmutziger wie alle Städte durch die wir bis jetzt gekommen waren. Von den halbverfallenen uralten Mauern der Stadt hat man eine unbeschreiblich schöne Aussicht.

Freytag. d. 3. Febr.

Mit Tages-Anbruch verließen wir heute *Angoulême*. Ich hatte nicht geglaubt daß die Wege schlechter seyn konnten, als wie wir sie bishierher gehabt hatten. Ich wurde heute eines bessern belehrt. Der Weg bestand aus lauter großen Steinen od. Stein-Haufen, welche die unerträglichsten Stöße verursachen: diese Steine, u. die Zwischenräume von einem zum andern, sind mit einem dicken Schlamm bedeckt u. ausgefüllt, in welchem die Räder bis an die Axe gehn: u. obgleich wir vor unserm sehr leichten englischen Wagen zwey Pferde mehr wie gewöhnlich gespannt hatten, blieben wir ein Paar Mal so darin stecken daß die Postillions absteigen u. die Pferde durch die schrecklichsten Hiebe bewegen mußten aus der Stelle zu gehn. Im Sommer sollen diese Wege practicabel seyn: im Winter aber ist die Reise von *Paris* nach *Bordeaux* außerordentlich beschwerlich. Es regnete dabey unaufhörlich. Wir sahen hier schon an beyden Seiten des Weges beständig Weingärten. Die Nacht mußten wir in *Montlieu*, einem höchst armseligen Dorfe in einem elenden Wirthshause zubringen.

Sonnabend. d. 4. Febr.
Bis zur *Dordogne*, die wir diesen Mittag passirten, hatten wir ebenso abscheuliche Wege wie gestern. Das Land zwischen der *Dordogne* u. *Garonne* heißt *entre deux Mers* und bringt sehr viel Wein hervor: auch sahen wir hier nichts wie ewige unabsehbare Weingärten. Wir blieben diese Nacht diesseits der *Garonne* liegen. Am andern Ufer liegt gleich *Bordeaux*: hart am Wasser. –

Sonntag. d. 5. Febr.
Als wir am folgenden Morgen ans Ufer giengen, um uns übersetzen zu lassen, überraschte mich der herrliche Anblick der schönsten Stadt in Franckreich. *Bordeaux* hat seinen Namen sehr passend davon erhalten daß es ganz am Wasser, *au bord de l'eau*, liegt. Die ganze Stadt sieht man längst dem Ufer der Garonne liegen. Wir waren grade dem *Quai* u. der *Bastide* gegenüber, wo die schönsten massivsten Häuser liegen; im Hintergrund sieht man mannigfaltige Thurmspitzen hervorragen: ein prächtiger imposanter Anblick.–

In *Bordeaux* ist keine einzige von denen Merckwürdigkeiten die in andern großen Städten eine fortwährende Beschäftigung der

Fremden sind u. die jeden Tag merckwürdig machen. Man bringt seine Zeit damit zu Gesellschaften zu besuchen u. bringt manchen Tag ganz zu Hause zu. Die Nothwendigkeit den Winter ganz vorbey gehn zu lassen, der in diesen Gegenden wo nicht kalt, doch naß u. trübe ist, u. eine Unpäßlichkeit meines Vaters haben unsern Aufenthalt in *Bordeaux* sehr verlängert. Der schönste Theil von *Bordeaux* ist wohl der, dessen Anblick mich am andern Ufer der *Garonne* so sehr überraschte, der *Quai*, wenigstens stehn hier die größten massivsten Häuser. Weiter herunter heißen die Häuser am Wasser *les Chartrons* u. in diesem Theil von *Bordeaux* wohnen die meisten Kaufleute, welche die Bequemlichkeit haben daß die Schiffe ihnen bis vor das Haus kommen, daher ist es auf dem *Chartron* eine ewige Bewegung von dem Laden u. Entladen der Schiffe *etc*. Zwischen den Einwohnern des *Chartrons* u. denen der eigentlichen STADT, liegt eine große Scheidewand. Die Bewohner des *Chartrons* unter denen all unsre Bekanntschaften sind, haben ihre Circkels unter sich, in die keiner aus der Stadt kommt; u. die Bewohner der Stadt ebenso. Die eigentliche Stadt liegt hinter dem *Quai*, u. besteht, eine od. zwey schöne breite Straßen durch die Alleen gehn ausgenommen, aus lauter krummen schmutzigen engen Gassen. In der STADT sind einige sehr große gothische Kirchen. Zwischen der Stadt u. dem *Chartron* liegt ein *Quartier*, welches in meinen Augen das schönste u. angenehmste ist: es besteht aus vier od. fünf schönen Straßen, die man jetzt *Tourny* nennt, ehemals *St. Surin*. Die Straßen von *Tourny* sind alle sehr breit, größtentheils nur auf einer Seite mit Häusern besetzt, die aber alle sehr schön u. modern sind. Durch die Mitte dieser Straßen gehn *Alleen*, die, sobald das Wetter darnach ist, mit einer Menge Spatzierender angefüllt sind, besonders des Abends. Bey *Tourny* liegt ferner der *Chapeau rouge*, auch eine prächtige, breite Straße, in der die meisten *Boutiquen* sind, u. zwey schöne Plätze am Wasser, der *Marché au Vin*, u. die *place royal*: dicht an dem Letztern liegt die BÖRSE, die neu erbaut, ziemlich groß, u. sehr hübsch eingerichtet ist.[a] In *Tourny* ist der *Jardin public*,

---

[a] Hinter *Tourny* ist eine sehr sehenswerthe RUINE, die sich noch aus den Zeiten der Römer herstammt. Man nennt sie gewöhnlich *le palais de Gallien* obgleich sie nie ein kaiserlicher Palast gewesen ist, sondern ein Amphitheater in welchem Schauspiele u. Thiergefechte ge-

der ziemlich groß ist, u. blos einige Gras-Plätze u. Alleen enthält: an diesem Garten liegt das *Manège national*, ein ziemlich großes, zweckmäßiges Gebäude, in welchem ich während meines Aufenthalts Stunden nahm. Im Wasser vor dem *Chartron*, liegt das antike *Chateau-Trompette*, eine große uralte Festung, eigentlich eine Art *Citadelle*, die jetzt als *Caserne* gebraucht wird. Von allen Häusern die auf dem *Chartron*, auf dem *Quai*, u. überhaupt am Wasser liegen, hat man eine reizende Aussicht auf das andere Ufer.

Es traf sich gerade daß wir in *Bordeaux* die letzten acht Tage des CARNAVALS zubrachten, welches in diesem Jahr weniger froh wie gewöhnlich gewesen ist. Hr. *Lienau* führte uns in zwey große Suscriptions-Bälle die die Haupt-Ergötzlichkeit im Winter in *Bordeaux* sind. Der erste war der *Bal de l'Intendance*, der in der Stadt ist u. von den Einwohnern der Stadt u. dem ehemaligen Adel besucht wird. Das *Local* besteht aus einer Reihe ziemlich großer Zimmer, die aber gleich schlecht erleuchtet, möblirt, u. dekorirt sind. Die Gesellschaft bestand aus 80 bis 90 Personen. Es ist auffallend wie sehr viel deutsch man hier sprechen hört; es scheint wircklich die Modesprache zu werden. Freilich sind in *Bordeaux* viele Deutsche etablirt, doch die kommen gerade nicht auf diesen Ball. Auch in *Paris* habe ich bemerckt, daß viel deutsch gesprochen wird, u. viele Franzosen es, ohne besondere Nothwendigkeit, lernen.

Der zweyte Ball den wir besucht haben, ist der *Bal à l'hôtel franclin*, sehr häufig *Bal anglais* genannt, obgleich man jetzt fast gar keine Engländer da sieht. Das *Local* u. die Gesellschaft dieses Balls ist eleganter wie bey dem ersten. Die Suscribenten sind fast alle die Bewohner des *Chartrons* u. daher lauter Kaufleute, u. viele Fremde. Die Gesellschaft besteht aus ungefähr hundert u. funfzig Personen. Man tanzt in einem außerordentlich großen Saal, dem es aber sehr an Höhe gebricht: außer diesem ist noch ein andres Zimmer wo *Écarté* gespielt wird, was nebst der *Bouillotte* jetzt das einzige Spiel

---

geben wurden. Diese Ruine hat der zerstöhrenden Gewalt der Zeit auf eine wunderbare Art widerstanden; man sieht noch die ganze große Rotunde, mit ihren Arkaden, von denen nur wenige verfallen sind, auch der Thorweg steht noch ganz; aber innerhalb des beträchtlichen Platzes den die Rotunde einschließt sind Häuser gebaut, u. gegen diese ehrwürdigen Mauern, die ein Jahrtausend nicht wankend machte, sind baufällige Hütten gestützt.

ist. Die Erleuchtung ist auf diesem Ball gut, aber das *Ameublement* ebenso schlecht wie auf der *Intendance*. Ich finde es etwas kleinlich, daß auf diesen Subscriptions-Bällen die Erfrischungen auf der Stelle bezahlt werden. Als wir um halb-elf auf diesen Ball kamen, waren wir beynahe die ersten. –

In den letzten drey Tagen des *Carnevals* laufen hier die MASKEN AUF DEN STRASSEN herum: dies ist besonders für das Volk eine große Belustigung: doch geschah es dies Mal nur sehr wenig, was man aus der großen Unzufriedenheit des Volkes erklärt.

Am *Mardi gras* besuchten wir die beyden Haupt-MASKERADEN. Zuerst giengen wir nach dem *Grand Théatre*. Die *Entrée* dieses prächtigen Gebäudes ist besonders an diesem Tage überraschend. An beyden Seiten der Thüre nach innen führen zwey schöne steinerne Treppen zu einer herrlichen von edlen Säulen gestützten Gallerie, ein Meisterstück der Baukunst. Der Vorplatz, die Treppen, die Gallerie, alles ist mit vielfarbigen Lampen illuminirt u. mit dem bunten Gewühl der Masken angefüllt, u. überrascht den, der es zum ersten Mal sieht, auf eine wunderbare Art. Das Haus ist wircklich ungeheuer groß: es besteht aus dem großen Schauspiel Saale, einem geräumigen Conzert-Saal, u. aus vielleicht noch sechs andern großen Zimmern. Demohngeachtet war im ganzen Hause in allen Logen, Gängen u. Treppen ein Gedränge zum Erdrücken: sodaß es fast unmöglich war zu Tanzen. Da die Plätze sehr viel zu niedrig sind (3 £) so ist es unvermeidlich daß die Gesellschaft nicht sehr gemischt seyn sollte, was man besonders an dem starken KNOBLAUCH-GERUCH merckt, der in diesen Gegenden durchgängig den gemeinen Mann, auf eine, besonders für Fremde, die daran weniger gewöhnt sind, sehr unangenehme Art, karakterisirt. Obgleich man am heutigen Tage noch mehr Masken wie gewöhnlich sieht, so konnte ich doch auf 12 Unmaskirte höchstens eine Maske rechnen, unter denen aber keine einzige außerordentlich od. brilliant war. Das Hauptvergnügen vieler, auf diesen Bällen, ist das SPIEL. In einem langen Zimmer stehn zwey Reihen Tische, welche zu 12 £ vermiethet werden: an einem jeden sitzen ein od. zwey *Dominos* bisweilen aber auch unmaskirte, oft Frauenzimmer, mit einem großen Haufen falscher *Louisd'ors* neben sich: u. laden wenn sie unbeschäftigt sind, durch lautes Klopfen mit den *Cornets* die Liebhaber ein, um eine jede Summe, doch selten unter einem *Louisd'or* mit ihnen zu würfeln: wobey sie doch gewöhnlich gewinnen, da viele ihre guten *Louisd'ors* gegen schlechte aufs Spiel setzen: es ist auch ein Wechseltisch dort, wo man fünf schlechte für zwey gute *Louis* bekömmt. – In einem andern Zimmer wird *Roulette* gespielt. –

Vom *Grande Théatre* giengen mir nach dem *Bal masqué d'Omont.* Das *Local* ist hier von dem im Comedien-Hause ganz verschieden: es besteht aus mehreren Zimmern u. Gängen von verschiednen Größen, die sehr hübsch dekorirt u. illuminirt sind. Da die Preise hier doppelt so hoch wie im *Théatre* Ball sind, ist die Gesellschaft etwas besser. Doch sieht man hier ebensowenig Masken wie dort. Wir begegneten hier viele die wir vorher im Comedien-Hause gesehn hatten, da die meisten Masken von einem Haus zum andern gehn. Gespielt wird hier ebenso wie auf der andern Maskerade.

So einförmig u. freudenlos diese unmaskirten Maskenbälle scheinen, die ich noch am brilliantesten Tage sah; so werden sie doch, nicht nur alle liebe Abende im Carnaval, sondern auch noch vier Wochen nachher in der Fastenzeit täglich gegeben, u. sind nicht leer. –

Die Gast-Freyheit der *Bordeauxer* gegen Fremde ist berühmt. Wir waren sehr viel in Gesellschaften, in den Häusern der Herren *Wüßtenberg, Pohls, Bethmann, Cramer, Meyer, Schieler, Crause,* u. fanden überall die ausgezeichnetste Aufnahme. In denen verschiedenen Circkeln herrscht ein auffallend angenehmer, froher u. freundschaftlicher Ton, u. die größte Zuvorkommenheit gegen Fremde, die auch überall bekannt ist, u. ohne Zweifel mit dem größten Recht gerühmt wird.

In einer Stadt wie *Bordeaux* ist es wunderbar, daß die SCHAUSPIELER nicht besser sind wie ich sie gefunden habe. Das *grand Théatre* ist von außen unstreitig das schönste Schauspielhaus, das ich je gesehn habe: es ist ein süperbes massives Gebäude, an den beiden Haupt-Seiten von herrlichen Säulen gestützt, ringsum mit Arkaden umgeben, u. auf der Vorder-Seite mit zwölf Statüen geziert. Da der Schauspiel-Saal das Innere nicht ganz ausfüllt, u.

um zu einem Konzert-Saal etc. Plaz zu lassen, ist er nicht so ungeheuer wie die Größe des Gebäudes schließen läßt. Schade daß in diesem schönen Saal keine bessre Truppe spielt, wie diese, die nur höchstens für sehr mittelmäßig angesehn werden kann. Ich war nur Ein Mal da, bey der ersten Vorstellung der *Aline Reine de Golconde*, einer sehr hübschen Oper die ich in *Paris* nicht gesehn hatte: das Haus war daher gedrängt voll: ihre erste Sängerin *Mad. Mardely* machte die *Aline* ziemlich gut; auch der Sänger *Rousseau* spielt recht gut. Die Ballette aber sind sehr schlecht. Das Sehenswürdigste von der ganzen Comedie bleibt der herrliche Eingang, der mich bey der Maskerade so überrascht hatte. Dieselbe Truppe spielt wechselweise in diesem Haus u. in dem kleinen aber hübsch gebauten *Théatre français* in der Stadt, wo ich sie indessen nicht gesehn habe.

Ein andres Schauspielhaus ist in der *Allée de Tourny*, das *Théatre de la gaieté*: das äußere desselben u. der bescheidene Preis von 25 *Sous* im ersten Rang, annoncirt eine Barracke, u. für etwas andres kann man diesen baufälligen Tempel der Kunst nicht ausgeben. Indessen möchte ich sagen, daß die Truppe, in ihrer Art, die im großen Theater übertrifft: sie haben besonders einen excellenten Akteur, *Lepeintre*: ich habe ihn in seinen *Favorit*-Rollen als *Mr. Guillaume*, u. im *Cordonnier de Chartres* mit dem größten Vergnügen gesehn. Als ich zum zweyten Mal dies Theater besuchte gab man *Fanchon la Vielleuse*, aber so, daß ich nicht dabey ausdauern konnte. – Dicht am *Théatre de la gaieté* steht ein Schauspielhaus, – dessen äußeres ganz unfehlbar auf einen Schweinestall schließen ließe, stände nicht *Théatre des jeunes artistes* darüber.

Das dritte Schauspielhaus welches ich gesehn habe, ist das *Théatre Maffé*, eine lange Bude, ohne alle Logen, deren Destination ursprünglich *Ombres Chinoises* waren: jetzt spielen LIEBHABER darinn: nämlich Liebhaber der ersten Aktriße, (die eigentlich eine kuriose Liebhaberey ist) u. der zu Gefallen, die oben erwähnten Liebhaber auch Liebhaber der Musen geworden sind: sie spielen kleine Comedien u. Operetten: ich sah hier das sehr hübsche Stück *les Chateaux en Espagne*: die Truppe ist wircklich sehr gut, u. übertrifft die in dem *Théatre de la gaité*: sie ist indessen nicht so zahlreich. Die Rezette nimmt die erste Aktriße allein zu sich. –

Ein andres Schauspielhaus, das *Théatre Molière*, in der Stadt, wo viel Pantomimen gegeben werden, habe ich nicht gesehn.[a] –

In den letzten vierzehn Tagen unsers Aufenthalts war hier EIN JAHRMARCKT an dem die ganze Stadt auffallenden Antheil nahm. Vor, um u. über der Börse waren Buden aufgeschlagen: obgleich diese nichts mehr enthielten als was man sonst auf Jahrmärckten sieht, so zogen sie doch alle Damen hin, u. besonders während der Börsen-Stunde war hier täglich die ganze *Elégance* von *Bordeaux* zu finden.

Ein merckwürdigeres Volcks-Fest war der zehnte März. Er war der erste Tag eines dreißig-tägigen *Jubileums*, welches in ganz Franckreich wegen der Wiederherstellung der Religion begangen wurde. Es war eine feierliche Prozession angestellt; die erste die man seit der Revolution gesehn hatte. Ganz *Bordeaux* war dabey auf den Beinen. Das Volck füllte alle Gassen durch die die Prozession kommen sollte, u. alle Fenster waren daselbst besetzt. Die PROZESSION gieng von der alten Gothischen Kathedrale aus, nach der *St. Michaels* Kirche in der Stadt. Nachdem ich zwey Stunden vergebliche Versuche gemacht hatte, gelang es mir im Gewühl einen Platz zu bekommen. Die Prozession gieng beständig zwischen zwey Reihen Soldaten, um das Volck abzuhalten. Der Zug wurde durch Dragoner eröffnet: dann kamen die Zöglinge des *Licaeums*, einer Art Kadetten-Schule, u. dann ein Heer von Priestern in rothen, weißen, schwarzen Gewändern, die eine große Anzahl silberne Kreuze vor sich trugen, singende Dohmherrn, u. eine Menge Chor-Knaben: in der Mitte des Zugs gieng der Erzbischoff von *Bordeaux*, ein kleiner alter Mann, im festlichen Gewande, mit der Bischoffs-Mütze u. dem Hirtenstab. Die öffentlichen Personen in ihrer Amts-Tracht, u. die vornehmsten Catholiken von *Bordeaux* beschloßen den Zug. Während der Prozession

---

[a] Am Abend vor meiner Abreise besuchte ich nochmals das große Theater, wo *Paulin*, ein sehr guter komischer Akteur, der seit zwanzig Jahren auf diesem Theater ist, zum letzten Mal spielen sollte; indessen in der Hoffnung, vom Publicum zum Bleiben aufgefordert zu werden. Er spielte in der *Adrienne* von Terenz mit unbegränztem u. wohlverdientem Beifall. Aber zu seinem Unglück wurde das Nachspiel, ein neues Stück, ausgepfiffen, was das Publicum verstimmte: nur einzelne Stimmen riefen *Paulin*, wobey er nicht kam: u. der arme *Paulin* hat zum Bedauern von ganz *Bordeaux* abziehn müssen.

war man zu keinem andern Ceremoniell gezwungen, als den Huth abzunehmen, wenn das Kreuz vorbey kam. –

Sonnabend. d. 24. März.
Nach einem sehr angenehmen Aufenthalt von beynahe acht Wochen, haben wir heute *Bordeaux* verlassen, um unsre Reise weiter fortzusetzen ins südliche Franckreich.
Wir hatten herrliches Frühlingswetter u. kamen durch eine fast ununterbrochene Reihe von Weingärten, welche die berühmtesten *Bordeau*er Weine liefern. Wir brachten die Nacht im Flecken *Langon* zu, der auch wegen seiner Weine bekannt ist.

Sonntag. d. 25. März.
Diesen Morgen setzten wir sogleich über die *Garonne*, die an *Langon* vorbey fließt. Vom andern Ufer hat man eine sehr hübsche Aussicht. Überhaupt wird die Gegend von hier aus immer reizender; wir fanden schon die größte Hälfte der Bäume grün od. in Blüthe, besonders sahen wir sehr viele blühende Pflaumenbäume auf allen Feldern stehn, da von hier aus nach der ganzen Welt Pflaumen verschickt werden. Die Wege waren bis *Langon* sandig gewesen; aber von hier aus hatten wir die allerschönsten *Chaussée*-Wege. Gegen Abend kamen wir in *Agen* an.

Montag. d. 26. März.
Ein sehr starker Regen verhinderte uns, die berühmten Promenaden von *Agen* zu sehn. Wir fuhren also früh wieder von *Agen* weg. Gegen Mittag erhob sich ein Gewitter welches uns beynah zwey Stunden im Dorfe *Château Sarazen* aufhielt. Wir kamen heute bis *Montauban*. Es ist auffallend welche große Menge alter u. neuer, großer u. kleiner Schlösser man auf diesem Wege antrifft. Verfallne Burgen u. zerstöhrte Klöster, od. noch bewohnte Schlösser ehemaliger Edelleute, wovon viele in einem höchst sonderbaren bizarren Geschmack gebaut sind.

Diengstag. d. 27. März.
Nachdem wir *Montauban* heute früh verlassen hatten, kamen wir noch vormittag in *Toulouse* an. Die Gegend von *Toulouse* ist sehr

flach. Die Weingärten sind hier nicht so häufig wie näher an *Bordeaux*. Nachmittag giengen wir aus um die Merckwürdigkeiten von *Toulouse* soviel es die Zeit erlaubte, zu übersehn. Die Straßen sind eng u. die Häuser größtentheils schlecht gebaut. Wir besahen das *Museum*. Es besteht aus einer zahlreichen Gemählde-Sammlung, in der einige sehr schöne Bilder sind, doch meistentheils Copien aus dem Pariser Museum: außerdem sind hier verschiedene sehr schätzbare Antike-Steine, u. Abgüsse.

Es geht hier eine schöne Brücke über die *Garonne*, von der man eine reizende Aussicht hat: an der Brücke liegen sehr viele hübsche Häuser. Jenseits ist eine sehr schöne Promenade am Ufer der *Garonne*, die aus einer prächtigen Allee besteht u. eine herrliche Aussicht hat. Auch sahen wir den großen *Langedocer* Canal, der hier vorbey fließt. Diesen Abend giengen wir in die Comedie. Das Haus ist weder sehr groß, noch hübsch: aber die Truppe ist besser wie die in *Bordeaux*. Besonders sind die Sänger sehr gut, welche ich alle in den *Prétendus* zu sehen Gelegenheit hatte.

Mittwoch. 28. März.
Durch die reizendsten Gegenden von der Welt, fuhren wir heute von *Toulouse* nach *Castelnaudary*. Von hier machten wir eine Ausfarth nach *St. Fériol* um den großen *Bassin* DES *Langedocer* CANALS daselbst zu sehn. Der Weg nach *St. Fériol* führt durch eine sehr felsige, an vielen Stellen unbebaute Gegend, die, je weiter man kommt, immer wilder wird. Das Städtchen *St. Fériol* selbst ist ganz von Felsen eingeschlossen u. hat eine äußerst romantische Lage. Etwas weiter oben auf einem hohen Felsen, den wir erstiegen, liegt der Bassin. Er ist ganz von Bergen umringt, u. von diesen Bergen stürzen Quellen die ihn füllen. Aus dem Bassin wird das Wasser, durch große unterirdische Wasserleitungen, den Berg hinunter in den Canal geführt; der dadurch mit Wasser versehn wird. – Wir besahen die unterirdischen Wasserleitungen, durch die das Wasser aus dem Bassin ströhmt. Man führte uns, bey Fackelschein, durch ein langes Gewölbe, das durch die Ausdünstungen des Wassers ganz mit Chrystalisationen belegt war. Am Ende dieses Gewölbes sind die gewaltigen Krähne, die alles Wasser aus dem Bassin aufhalten,

od. durchströhmen lassen. Jetzt sagten uns unsre Führer, wir möchten nicht erschrecken, u. öfneten den Krahn: nun hatte das Wasser seinen freien Lauf, u. stürzte durch die langen unterirdischen Gänge aus dem Bassin in den Canal, und es erhob sich von allen Seiten ein Getöse, das man nicht ohne Schaudern hören konnte. Es war als stürzte Vernichtung über Welten herab, ich weiß dieses entsetzliche Tosen und Brüllen, dieses gräßliche Geheul, mit nichts zu vergleichen. Wir hatten bis jetzt das Wasser nur gehört, u. giengen nun in ein andres Gewölbe um es zu sehn. Es rollte hier durch einen schmalen Canal, in der Mitte des Gewölbes, der an beiden Seiten grade so viel Plaz läßt daß man stehn kann. Wir sahen sogar die Öfnung durch die das Wasser aus dem Bassin schäumend u. mit einer entsetzlichen Gewalt herausstürzt. Nachdem wir diese merckwürdige Wasserleitung gesehn hatten; kehrten wir nach *Castelnaudary* zurück, wo wir die Nacht zubrachten.

Donnerstag. d. 29. März.
Diesen Morgen fuhren wir wieder sehr früh von *Castelnaudary* ab. Wir kamen über *Carcassonne*. Die Gegend ist hier fortwährend felsig, aber demohnegeachtet ist das Land sehr bebaut, besonders mit Wein. Heute sah ich zu meiner großen Freude die ERSTEN OLIVEN-BÄUME, dicht vor *Narbonne*, wo wir die Nacht blieben.

Freytag. d. 30. März.
Heute durchfuhren wir die schönste Gegend von Franckreich, u. wir waren diesen Morgen in *Bezier*, dessen prachtvolle Lage das französische Sprichwort veranlaßt hat, daß wenn der liebe Gott sich auf der Erde niederließe er in *Bezier* wohnen würde. *Bezier* liegt auf einer Anhöhe. Wir hielten uns nur eine Stunde dort auf, die wir damit zubrachten die herrliche Aussicht zu beschauen, die man von dem Platze oben auf der Anhöhe hat. Hier, vom höchsten Platze in *Bezier*, übersieht man das schöne angebaute Land weit umher. Man sieht die unendliche Menge fruchtbarer Felder, von verschiednen Größen u. Farben, wie die bunten Früchte eines ausgeschütteten Füllhorns, ringsumher liegen, u. dazwischen unterscheidet man immer ÖHL u. WEIN. Am Horizont erscheint ganz in

der Ferne das Mittelländische Meer, u. an der andern Seite hohe Berge, die die Aussicht bald beschräncken, bald ins unendliche ausdehnen.

Die Stadt *Bezier* ist wie alle kleinen französischen Städte schmutzig, u. hat lauter enge Gassen, in denen heute ein großes Gewühl des Marcktages wegen war. Es kam mir sonderbar vor auf dem Marckte neben Kohl, Rüben u. Fischen, große Körbe voll Orangen, Kastanien, Mandeln, Feigen u. Fässer Sardellen zu sehn. Wie ganz anders muß es noch im Herbst aussehn, wenn diese Früchte alle frisch da sind, u. noch viele andre die nicht zu uns gelangen.

Wir hielten uns nicht länger in *Bezier* auf, u. fuhren gleich weiter. Jetzt bemerckte ich ganze Felder auf denen als Unkraut, die, von uns mit Mühe im warmen Zimmer gezogenen, TERZETTEN wuchsen. Ich traute kaum meinen Augen. Es kam mir vor wie eine Erzählung aus dem Schlaraffenlande: einem Bewohner des Nordens möchte es beynah gleich wunderbar scheinen, daß die Hasen gebraten herumlaufen, od. daß die Terzetten wie Unkraut große Felder bedecken. Ich habe von diesen Terzetten gepflückt, u. gefunden daß sie ganz denselben Geruch haben, wie unsere.

Diesen Abend kamen wir in *Montpellier* an.

Sonnabend. d. 31. März.
Ich habe mir *Montpellier* viel schöner vorgestellt als wie ich es finde. Es ist ekelhaft in den schmutzigen engen schlecht gepflasterten Gassen zu gehn. Die Häuser sind in den Hauptstraßen fast alle sehr groß u. gut gebaut, aber niemand bewohnt ein ganzes Haus, sondern Etagen, wie die meisten in Paris. Ich besuchte heute die Hauptpromenade, *l'Esplanade*, u. finde sie außerordentlich schön. Es sind mehrere lange Reihen Bäume, u. von beiden Enden der Promenade, hat man, da sie sehr hoch liegt, eine reizende Aussicht. In der Mitte steht eine hohe Säule mit einer Freiheits-Statüe darauf. Wenn das Wetter es erlaubt, sieht man hier die ganze elegante Welt von *Montpellier*; u. die Fremden, die der schönen Luft wegen herkommen, u. oft den ganzen Winter hier zubringen: doch jetzt sind wenige hier, des Krieges wegen; der besonders die Engländer

abhält, welche sonst sehr viel herkommen.ᵃ Diese Versammlung von Fremden giebt *Montpellier* etwas Bade-Ort mäßiges. Wir machten diesen Abend die Bekanntschaft des Herrn *Cazalys* u. seiner liebeswürdigen Familie. Hr. *Cazalys* führte mich nach einem geistlichen Conzert im *Lycaeum*. Das *Lycaeum* ist eine Art *Reçourse*, die durch Suscription gehalten wird, u. den Suscribenten den ganzen Tag offen steht; im Winter werden Bälle u. Conzerte gegeben. Das *Lycaeum* besteht aus mehreren sehr hübsch dekorirten Zimmern in denen einige sehr gute Gemählde hängen. Hier ist eine Bibliothek, ein Billiard, u. ein sehr geschmackvoll dekorirter Saal, in welchem die Bälle gegeben werden, u. wo heute das Konzert war. Das Konzert selbst war sehr mittelmäßig, es bestand aus lauter geistlichen Liedern weil heute der Sonnabend in der stillen Woche ist, am Ende desselben spielte ein Deutscher, Schmidt, ein recht hübsches Klavier-Conzert.

Sonntag. d. 1. April.
Wir giengen diesen Morgen mit Hrn. *Cazalys* nach dem GARTEN *Ryban's*, des ersten PARFUMEURS in *Montpellier*. Es thut mir leid daß wir diesen Garten nicht in der Blumenzeit gesehn haben, da hier alle die Blumen wachsen, die *Ryban* zu seinen Parfümerien gebraucht; wir sahen ein Feld von 10,000 Rosenstöcken: was für einen Anblick u. Geruch muß solch ein Feld in der Blüthenzeit geben!ᵇ Außer dem Blumengarten ist hier eine englische Parthie wovon ein Theil immer grün bleibt, sie besteht aus lauter herrlichen Bäumen die man bey uns gar nicht kennt: ewiggrüne Eichen, die hier sehr häufig u. als Brennholz von großem Nutzen sind, der Erdbeeren-Baum der Erdbeerenähnliche Früchte von der Größe einer kleinen Orange trägt, der *Jujubier* u. noch viele andre bey uns ganz unbekannte Sträuche u. Bäume. Von hier giengen wir zur größten Merckwürdigkeit von *Montpellier*, zum *Pérou*. Mit diesem Namen bezeichnet man einen großen prächtigen Platz, der

---

ᵃ Und zwar eben so oft um ihre entkräftete Kasse im wohlfeilen südlichen Franckreich zu erhohlen, als ihre entkräftete Gesundheit.
ᵇ Der Wind der darüber weggeweht hat, soll den Duft dieses Rosenfeldes bis in die Stadt tragen.

am Ende der Stadt auf einer beträchtlichen Anhöhe liegt. Am Ende desselben ist ein schöner steinerner Tempel in u. vor welchem Bassins voll des klarsten Wassers sind, welches durch den großen *Aquedukt*, zwey Meilen weit hieher geleitet wird, der bald unter bald über der Erde bis zum Tempel geht. Dieses Meisterstück von Wasserleitung kann man vom *Pérou* übersehn; es fängt in einer beträchtlichen Entfernung vom *Pérou* über der Erde an, u. wird, da der *Pérou* auf einer Anhöhe liegt, immer höher. Der *Aquedukt* besteht aus zwey Reihen doppelter Arkaden übereinander zwischen denen, in verborgenen Röhren, das Wasser fließt: er ist ganz von Stein mit ungeheuern Kosten aufgerichtet, u. versorgt, vermittelst unterirdischer Wasserleitungen, die ganze Stadt. Der *Aquedukt* ist das hauptsächlichste *Point de vue* von der herrlichen Aussicht, die den *Pérou* so merckwürdig macht, u. die man ganz vom Tempel aus übersieht: von hier hat man den prachtvollen *Aquedukt* grade vor sich, nach hinten liegt die Stadt u. an beiden Seiten sieht man die schönen fruchtbaren Fluren und Gärten um *Montpellier* soweit das Auge reichen kann: auf dem frischen hellen grün der Felder sticht das ernste grau der Oliven-Bäume, u. die schwarzen Cypressen, die man überall häufig sieht, wunderbar ab. Im Hintergrund sieht man hin u. wieder hohe Berge, u. ganz in der Ferne, das Mittelländische Meer. Wenn das Wetter vollkommen klar ist, soll man sogar die Alpen u. die Pyrenäen unterscheiden können. Diese Aussicht vom *Pérou* ist gewiß eine der schönsten die man hat: in seiner ganzen Pracht sieht man alles Land weit umher vor sich liegen, u. es ist nicht möglich es ohne eine innige Freude so zu überschauen. –

Diesen Abend giengen wir ins SCHAUSPIEL. Das Haus ist sehr groß, von außen ein schönes Gebäude, u. von innen recht hübsch dekorirt. Man gab zwey Opern, *la Mélomanie*, u. *Léhéman*: die erste Sängerinn u. der erste Liebhaber sind sehr gut.

Montag. d. 2ten April.
Wir fuhren diesen Morgen sehr früh mit Hrn. *Coulet* nach *Cette*, welches drey Meilen von *Montpellier* liegt. Die Gegend ist bis *Cette* sehr bergig, u. zum Theil sehr steinig, aber an den fruchtbaren Stellen überall mit Wein u. Oliven-Pflanzungen bedeckt: wir kamen

durch *Frontignan*, u. sahen die Felder wo der berühmte Wein wächst. Man sieht auf diesem Wege viele verfallene Burgen, wovon zwey Palläste der ehemaligen Könige von *Mayorca* waren: näher an *Cette* sieht man die Insel der schönen *Magellone*: auch erblickt man in dieser Gegend, die der Schauplatz so vieler alter Mährchen gewesen zu sein scheint, auf einem hohen Berge die Einsiedeley eines berühmten Heiligen, dessen Namen ich vergessen habe. – Dicht vor *Cette* geht eine schöne Brücke über den *Langedocer* Canal der hier ins Meer geht. *Cette* liegt am Fuß eines hohen Berges. Die Stadt selbst ist klein, u. schlecht gebaut u. ist blos als der Hafen von *Montpellier* bekannt. Der Hafen ist jetzt sehr leer u. still. Wir giengen auf die Festungswercke längst der See, von wo man das Mittelländische Meer in seiner ganzen Größe vor sich sieht. Es war heute ziemlich bewegt; es ist ein herrlicher Anblick die hohen grünen Wellen, sich immer höher heben, herankommen, u. dann gegen die braunen MARMOR-FELSEN am Ufer, sich schäumend zerschellen zu sehn. Diese Felsen sind, sowohl wie alle Steine um *Cette*, u. sogar der Berg an dem die Stadt liegt, von einem Marmor, der braun u. weiß geadert ist: indessen wird dieser Marmor sehr gering geschätzt u. nicht weiter verführt wie *Montpellier*, wo die meisten Kamine davon sind: in *Cette* sind die Häuser damit gebaut, was erstaunlich massiv ist.

Wir besahen eine BRANNTWEIN-BRENNEREY, die nach einer neuen Erfindung eingerichtet ist, vermittelst welcher der Branntwein in einer einzigen Distillation dieselbe Stärcke erlangt, die man ihm nach der alten Methode durch häufig widerhohltes Brennen giebt: woher diese Fabrik erstaunlich einträglich ist. –

Diesen Abend fuhren wir nach *Montpellier* zurück, wo wir grade Zeit genug hinkamen, um ein kleines Ballet – *le retour du printems*, zu sehn: die Tänzer sind alle außerordentlich gut, sehr viel besser wie die Sänger.

Diengstag. d. 3ten April.
Ich besuchte heute nochmals den *Pérou*, allein es hat sich ein so starcker Wind erhoben, daß ich kaum darauf aushalten konnte. Wir waren diesen Mittag bey Hrn. *Cazalis*.

Mittwoch. d. 4. April.
Heute am Tage vor unsrer Abreise waren wir bey Hrn. *Coulet* zu Mittag. –

Donnerstag. d. 5. April.
Um elf Uhr fuhren wir heute von *Montpellier* weg. Die Gegend ist auf diesem Wege weniger schön als vor *Montpellier*. Wir kamen durch *Lunel*, wo der berühmte süße Wein dieses Namens wächst, und gegen Abend kamen wir in *Nîmes* an. Man sieht sehr wenig Bäume, nur hin u. wieder Gruppen von traurigen Oliven, od. bisweilen Cypressen, u. Maulbeerbäume, die immer häufiger werden.

Freytag. d. 6ten April.
Wir giengen heute früh aus um die berühmten RUINEN aus der Römerzeit zu sehn, die so wunderbar sich grade in *Nîmes* erhalten haben. Zuerst besahen wir das älteste, das große AMPHITHEATER (ARÊNNES). Diese aufeinander gethürmten Steinmassen konnte auch die Länge der Jahrhunderte nicht umreißen. Das ungeheure, ehrfurchteinflößende Gebäude steht beynah ganz. Wir durchgiengen die massiven innern Gänge u. Treppen die zu den Sitzen führen, welche stufenartig übereinander liegen, u. nur die untersten sind verfallen. Es war mir eine sonderbare Empfindung als ich mich auf denselben Sitzen befand, von welchen die Römer ihren Schauspielen einst zusahen: auf vielen Sitzen sah ich halb verwischte Karaktere u. Zeichen eingegraben, wahrscheinlich der Namen dessen, der hier vor mehr als tausend Jahren saß; auf andern Steinen waren Namen u. Wappen eingegraben, mit Jahrzahlen aus Jahrhunderten welche die Einschriften als Antiquitäten merckwürdig machen, woran der Reisende, der sich hier Anno 1500 u. 1600 verewigte, wohl nicht dachte. Diese Spuren von den verschiedenen Jahrhunderten, welche diese grauen Steine gesehn haben, führen bald den Gedanken an die Tausende längst verwester Menschen herbey, die in diesen mannigfaltigen Jahrhunderten an allen ihren Tagen, so wie ich heute, über diese Ruinen hinwegschritten. Wenn die Dauer des Menschen sich kurz nennen läßt, so

ist es im Vergleich mit der Dauer seiner Wercke. – Von den höchsten Sitzen des AMPHITHEATERS, hat man eine reizende Aussicht auf die bebaute Gegend um *Nîmes*, deren neugebohrnes Frühlingsgrün sonderbar gegen den alten Sitz absticht, von dem man sie überschaut. Es machte einen fatalen Eindruck das Innere des Amphitheaters voll elender Häuser gebaut, u. die untern Arkaden, welche wahrscheinlich die Thierbehältnisse waren, in Laden u. Branntweinsschencken verwandelt zu sehn: doch jetzt soll dem Unfug ein Ende gemacht, u. die Häuser im Amphitheater niedergerissen werden. –

Vom Amphitheater kamen wir zur schönsten Ruine in *Nîmes*, zur sogenannten *Maison quarrée*. Dies schöne Gebäude kann sogar nicht eine Ruine genannt werden; es ist völlig unbeschädigt: es war ganz versunken u. ist, ich glaube vor hundert Jahren, hervorgegraben. Es ist eine von denen schönen Formen, die in neuen Zeiten so häufig in Gebäuden, Gärten u. Bildern nachgeahmt sind. Die *Maison quarrée* ist ein länglich viereckigtes Gebäude, hinten u. vorne mit einem breiten Giebel; es ist ganz geschlossen, u. mit Säulen umgeben, die aber halb in die Mauer hineingehn, u. nur vorne vor der Thüre ganz heraustreten, u. das Dach welches auch hier hervortritt, stützen. Die Säulen sind aus Einem Stücke, von corintischer Ordnung, u. bey weitem die schönsten die ich je gesehn habe, so wie überhaupt das ganze herrliche Gebäude, durch seine einzig schönen Verhältnisse, alle Nachahmungen der Art weit übertrifft.

Das Innere ist ganz verändert u. zerstöhrt; anfangs in der Priester-Zeit hatte man es in eine Kirche verwandelt, die aber in den Jakobiner-Jahren zerstöhrt, u. zu einer Gerichts-Stube umgeschaffen ward. Wir sind nicht hineingegangen. Über die ursprüngliche Bestimmung dieses Gebäudes weiß man nichts gewisses, die wahrscheinlichste Muthmaßung soll die seyn, daß es ein den Söhnen des ..... geweihter Tempel gewesen ist. –

Jetzt giengen wir zum Park um die antike Fontäne zu sehn. Der Park ist ein ziemlich großer altfränkischer Garten. Er enthält viele Statüen. Es entspringt hier eine Quelle deren außerordentlich klares Wasser durch Kanäle in die Stadt geht: die Quelle ist mit Statüen, Geländern, Vasen u.s.w. verziert: an derselben Stelle ist ehemals eine Fontäne u. römische Bäder gewesen, doch sind an der ganzen Fontäne nur die untern Mauern u. Säulen antik: sie ist überhaupt wenig sehenswehrt. Aber nahe daran steht ein alter halbverfallener Tempel, gewöhnlich der Tempel der Diana genannt, nach andern soll er der Vesta geweiht gewesen seyn. Von außen hat er soviel gelitten daß man kaum seine ehemalige Gestalt unterscheiden kann. Von Innen ist er weniger zerstöhrt: man kann die schöne edle Bauart deutlich unterscheiden. An den Seiten sind Nischen, u. im Hintergrund drey Vertiefungen, in denen das Bild der Gottheit, u. die Altäre standen. Eine Menge alter zerschlagener Statüen, zerbrochene Säulen u. Steine mit halbverwischten lateinischen Inschriften liegen in Unordnung umher. Dieser Tempel ist nicht groß: er macht aber einen tiefern Eindruck als die andern Alterthümer, weil man in demselben eingeschlossen, von keinen fremden Gegenständen gestört, sich ganz in die längst verflossene Zeit zurücksetzt.

Wir giengen von hier in einen Laden, dessen Besitzer als er das Haus baute, einen Fußboden von Mosaik fand. Diese herrliche Arbeit die wohl ehemals die Zierde eines öffentlichen Gebäudes od. des Hauses eines Vornehmen Römers war, bedeckt jetzt den Boden eines Ladens; die Mosaik ist vollkommen konserviert, u. sehr hübsch u. geschmackvoll gearbeitet.

Nachdem wir die Ruinen alle besehn hatten, besuchten wir den Buchhändler *Buchet* um dessen Antiquitäten-Kabinet zu sehn. Hr. *Buchet* ist ein alter freundlicher Mann, er zeigt seine Sachen mit Vergnügen, u. auf eine sehr intressante Art. Er gab uns ein Buch über die Ruinen von *Nîmes*, u. mit Kupferstichen von denselben. – Sein Kabinet ist sehr merckwürdig: es enthält die zahlreiche Sammlung von fast allen kleinen Antiken, die in den Ruinen in u. um *Nîmes* ausgegraben sind: Alte Urnen, Vasen u. eine Menge Geräthe der alten Römer, besonders sehr schön gearbeitete Lampen, u. verschiedene kleine sehr hübsche bronzerne Figuren. Der Theil der Stadt *Nîmes* den ich im Vorbeigehn gesehn habe, ist recht gut gebaut, doch sind die Straßen größtentheils eng. Wir hielten uns jetzt nicht weiter auf, sondern fuhren noch denselben Morgen weiter. Wir machten einen Umweg um noch ein schönes Alterthum zu sehn, den *Pont du gar*. Ich war eine Station vor demselben ausgestiegen, u. vorausgegangen. Der ganze Weg dahin ist sehr felsig. Da die letzte Post außerordentlich kurz ist glaubte ich noch weit davon zu seyn, als ich ihn plötzlich bey einer Biegung vor mir sah, u. mich der wunderbare Anblick desselben um so mehr überraschte. Der sogenannte *Pont du gar* ist ein von den alten Römern erbauter *Aquaeduct*, u. ist das Modell nach welchem der *Aquaeduct* bei *Montpellier* erbaut ist. Er ist erstaunlich massiv, u. noch gar nicht im Verfall: in neuern Zeiten hat man daneben eine steinerne Brücke gebaut. Die sonderbare Lage des *Pont du gar* macht ihn beynah noch merckwürdiger wie sein Alter. Je näher man an ihn kömmt, desto höher werden die Felsen u. desto enger das Thal zwischen denselben, in welchem das Bette des jetzt zurückgetretenen *Gars*, nur für zwei schmale Wege an beyden Seiten Plaz läßt. Nun erblickt man den ehrwürdigen *Aquaeduct*, der von Einem hohen Felsen, queer über den *Gar* zu einem andern geht. Von der Brücke hat man eine interessante Aussicht auf die Wildnis in der sie liegt.

Diesen Abend erreichten wir das Ufer des *Rhône's*, der hier durch eine Reihe halbbewachsner Felsen ströhmt, die in der Abend-Sonne einen außerordentlich schönen Anblick gewährten. Dicht vor *Tarascon*, wo wir zu übernachten gedachten, hatte der reißende Strohm zwey Schiffe von der Schiffsbrücke fortgerissen; dieser Unfall nöthigte uns die Nacht in *Beaucaire*, diesseits, zuzubringen.

Sonnabend. d. 7. Apr.
Um 10 Uhr diesen Morgen war endlich die Schiffsbrücke befestigt: u. sogleich gieng aus *Beaucaire* der lange Zug ungeduldiger Reisender, zu Wagen, zu Pferde u. zu Fuß ab, die sich in 24 Stunden gesammelt hatten, u. bedeckte die ganze lange Brücke. Es war beynah unmöglich, ohne Schwindeln den entsetzlich reißenden Strohm, von der Brücke aus, hinunterstürzen zu sehn. Seine unglaubliche Kraft war noch durch den feindseligen *Vent de bise* vermehrt, der die Ursache des Unfalls mit den losgerissenen Schiffen war, u. jetzt dergestalt über die niedrige Schiffsbrücke hinstrich, daß man, in der Mitte des breiten Strohms, kaum darauf

stehn konnte. Dieser *Vent de bise* fieng in den letzten Tagen unseres Aufenthalts in *Montpellier* zu wehen an: er ist so schneidend kalt u. durchdringend, daß man sich gar nicht dafür schützen kann, u. ihn sogar im Zimmer fühlt: er ist in dieser Jahreszeit gewöhnlich die Geißel des südlichen Franckreichs, u. dauert oft den ganzen April hindurch, der deswegen bisweilen kälter wie der Winter ist. Ich wurde heute recht sehr krank, wovon ich glaube, der *Vent de bise* u. eine Erkältung die Ursache sind.

Das Land wird hier weniger fruchtbar, u. bergiger: überhaupt ist die ganze *Provence* viel steiniger u. weniger bebaut wie das *Languedoc*, welches wir jetzt verlassen haben. Wir sahen heute in der Ferne beständig eine lange Bergkette wovon die höchsten Berge mit Schnee bedeckt waren. Eine Viertel-Post von dem Dorfe *St. Rémi*, sind nebeneinander ein Triumpfbogen zu Ehren des *Marius*, römischen Feldherrn, u. das Grab eines andern Römers, von dem ich nichts näheres habe erfahren können. Diese beiden schönen Monumente stehn, bey einer Reihe nakter hoher Felsen, nebeneinander. Der Triumpfbogen ist mit etwas verwischten *Basreliefs* geziert, die zum Theil sehr gut gearbeitet sind, u. die Schlachten u. Thaten des *Marius*, ... vorstellen. Das Grab ist sehr hübsch gebaut, es ist eine Art runder Thurm der aus mehreren Etagen Säulen über einander besteht, er hat ähnliche *Basreliefs* wie der Triumpfbogen. Besonders schön ist der Plafond des Triumpfbogens, er ist so wie die Nachahmungen davon, die man jetzt in allen schönen Gebäuden findet. Man hat von hier eine schöne Aussicht, die einen besonders schönen u. sonderbaren Effekt macht wenn man sie durch die Arkade des Triumpfbogens ansieht, der einen merckwürdigen Rahmen zu dem herrlichen Bilde macht.

Wir blieben diesen Abend in ..... zwey Posten vor *Aix*. –

Sonntag. d. 8ten April.
Wir fuhren diesen Morgen früh nach *Aix* wo wir blos frühstückten, u. uns ein bischen umsahen. Die größte Schönheit von *Aix* ist der *Cours*, eine prächtige breite Straße, in der lauter schöne große Häuser stehn, durch die Mitte geht eine Allee von alten schönen Bäumen, in der verschiedene hübsche Fontänen stehn. Die Stadt

ist im ganzen recht gut gebaut, doch sind die Straßen größtentheils eng u. krumm. *Aix* erhielt seinen Glanz u. seine Nahrung vom Parlament u. dessen reichen Mitgliedern, u. hat daher alles durch die Revolution verlohren: auch sieht es jetzt in den großen schönen Straßen wüst u. leer aus. – Wir besahen die warmen Bäder: das Wasser ist lau, u. wird für Lähmungen u. Rhumatism gebraucht. Wir giengen auch in die Kathedrale, sie ist die finsterste Katholische Kirche die ich je gesehn habe: die Messe die man las, machte mit der bigotten Menge (welche jetzt in Frankr. so zunimmt, daß die Kirchen sie kaum fassen können) u. der schwankenden Beleuchtung von dem matten Tageslicht, u. den Altar-Kerzen die mit einander kämpften, eine höchst schauerliche Wirkung, wie ich sie noch nie gefunden habe. – Von *Aix* nach *Marseille* sind nur vier Posten, die wir noch Vormittag machten. In einer geringen Entfernung von *Marseille* kömmt man auf einen Berg von welchem man eine der schönsten Aussichten im südlichen Frankreich hat: wenn man die Spitze desselben erlangt, erblickt man plötzlich zur rechten das mittländische Meer mit zwey Felsen-Inseln mit Festungen auf denselben, u. sieht in die unendliche Ferne: zur Linken auf einer großen, von kleinen Erhebungen unterbrochenen Ebene die Landhäuser der *Marseiller*, die man hier Bastiden nennt, u. deren man in allem 10000 zählen will; im Hintergrund liegen die hohen Felsen welche *Marseille* umgeben. Diese Aussicht hat den provensialischen Namen *la Viste (la Vue)* erhalten. Als wir in *Marseille* hineinfuhren erblickten wir vom Gipfel einer Straße die abwärts geht, den *Cours,* dessen Schönheit u. sonderbares Gewühl, eine große angemeßne Idee von *Marseille* giebt. –

Als wir in *Marseille* ankamen war ich noch herzlich krank, doch wurde ich in den ersten Tagen wieder hergestellt.

Ich bin überzeugt daß *Marseille* die schönste Stadt in Franckreich ist; sie ist von allen andern so ganz verschieden: die Straßen sind schnurgrade, breit, an beiden Seiten *Trottoirs* von Klinkern, auf denen sechs Personen nebeneinander gehn können; die Straßen werden mit der größten Sorgfalt rein gehalten u. es ist verboten die geringste Kleinigkeit aus den Fenstern zu werfen.

Die Häuser sind alle von Stein, u. sehr geschmackvoll gebaut.

Ich finde, daß *Marseille* wircklich Ähnlichkeit mit *London* hat. So ist die neue u. größte Hälfte der Stadt: die Alt-Stadt ist schmutzig u. schlecht gebaut. Eine der schönsten Straßen ist der *Cours*: er hat viel Ähnlichkeit mit dem in *Aix*, den ich indessen noch vorziehe: der *Marseiller Cours* ist eine schöne breite Straße, mit einer Allee in der Mitte, in der es indessen im Sommer vor Hitze nicht auszuhalten ist, da die Bäume nicht Schatten genug geben. Eine andre Promenade die jetzt sehr in der Mode ist, ist *l'Allée du Mail*, eine schöne lange *Allée* mit einer hübschen Fontäne u. von schönen Häusern begränzt. Rings um die Stadt hat man jetzt *Boulevards* angelegt, die aus langen Alleen von Platanen bestehn, die indessen noch zu klein sind. Das interessanteste von *Marseille*, besonders für Fremde, dencke ich, ist der HAFEN. Der Hafen hat die Gestalt eines länglichen Viereckes, u. die Einfahrt ist äußerst eng: die Häuser im Hafen sind alle sehr hübsch, u. haben unten Boutiquen, wovon viele sehr reich sind; sie enthalten größtentheils Liqueurs u. Parfümerien. Es ist hier ein ewiger Lerm u. Gedränge, von den Arbeitern u. Matrosen, u. allerhand Menschen, die in Geschäften, od. als Zuschauer herkommen. Man sieht ein buntes Gewühl, was in Friedenszeiten noch viel ärger seyn muß, von allen Nationen, besonders auffallend viele Türcken, Griechen u. Marrockaner, die man überall begegnet, u. die in ihrer auffallenden Kleidung nicht mehr die Augen der *Marseillaner* auf sich ziehn, weil man an ihren Anblick so sehr gewohnt ist. Auch sind hier verschiedene *Magazins turc*, in denen Musseline, getrocknete Früchte, u. Rosen-Essenz, verkauft werden. Im Hafen ist die Börse, ein schönes Gebäude, welches mit der *Maison-commune* zusammen hängt: in der letzteren sind verschiedene sehr gute Bilder, welche die schrecklichen Verheerungen der Pest darstellen, die hier vor hundert Jahren wüthete. Am Ende der rechten Seite des Hafens ist das Sprachhaus der *Quarrantaine*-Anstalt, von wo man von einem Balkon mit den Böten der Schiffe spricht welche *Quarrantaine* halten. Wir giengen hinein um ein Bild von *David* u. einen schönen *Basrelief* zu sehn, die hier hängen. In diesem Hause herrscht ein ängstlicher Essig-Geruch, weil die Briefe der Schiffe die in der *Quarrantaine* sind, immer in heißen Essig getaucht werden. In dem Bilde erkennt man *David's* Geist auffallend: es stellt die Schrecknisse der Pest auf eine schauerliche Art da: besonders ausdrucksvoll ist die männliche Figur die vorne auf dem Bilde hingestreckt ist: mit der Todtenblässe die sie bedeckt, kontrastirt auf eine entsetzliche Art, der finstre Blick, der alle Qualen ausspricht; die Seele scheint den übrigen Körper verlassen zu haben u. nur noch in den großen schwarzen Augen, die ihr Feuer noch nicht verloren haben, zu wohnen. Dieses Schreckensbild ruft die *Quarrantaine*-Beamten drohend zur Genauigkeit in ihrer Pflicht auf, u. hängt, dencke ich, sehr am rechten Ort. –

Auf der andern Seite des Hafens, grade der *Quarrantaine*-Anstalt gegenüber, liegt ein Berg, dem man jetzt den Namen *Montagne-Bonaparte* gegeben hat: am Fuße desselben steht eine schöne Säule von blauem polirten Granit, u. auf derselben die marmorne Büste von *Bonaparte*: mehrere gleiche Säulen sind auf den *Boulevards* vertheilt: sie sind in *Nîmes* gefunden, u. antik. Von der *Montagne-Bonaparte* sieht man die schöne Stadt *Marseille* unter sich, u. ihre ganze Lage, einen Theil der Küste u. der See: ein höchst interessanter Anblick. *Marseille* liegt hart am Meer, u. ringsum von hohen, schroffen, nackten Felsen eingeschlossen. Noch zweymal so hoch wie die *Mont. Bon*^{e}. liegt über derselben, das *Fort Notre Dame de la Garde*, welches ich ein Mal bestieg, als wir bey Hrn. *Couneler*, einem Schweizer waren, der sich um mit der Schweiz in gleicher Höhe zu seyn dort oben einen Garten angelegt hat. Von diesem *Fort* hat man eine fast unbeschränkte Aussicht: man übersieht *Marseille*, seine Felsen, die 10000 *Bastiden* hinter denselben mit ihren lachenden Gärten, die große See, u. die Inseln auf derselben: gewiß eine der merckwürdigsten Aussichten! Das *Fort* ist nicht groß, von *Ludwig* XIV angelegt, doch sind die Batterien zum Theil in der Revolution zerstöhrt. – – –

Nachdem wir zehn Tage in *Marseille* gewesen waren, machten wir eine Ausfahrt nach *Toulon* u. *Hières*. Eine junge Engländerinn, *Miss Nichols*, hatte sich uns zur Reisegesellschaft angeboten: da sie in ihrem zweysizigen Wagen allein war, nahm ich den andern Platz ein, u. fuhr mit ihr. Wir kamen durch eine sehr bergige Gegend: fuhren fast immer zwischen zwey Reihen hoher Felsen, die zur Hälfte nackt, u. übrigens mit Fichten u. Rosmarin bewachsen waren. Wir waren um Mittag ausgefahren, u. gegen Abend sahen wir *Cuge* im Thale, von hohen Bergen umringt, unter uns liegen: wir brachten daselbst die Nacht zu. Es wachsen in dieser Gegend erstaunlich viel aromatische Kräuter, u. Rosmarin in so großer Menge, daß man nichts Anderes brennt: ein solches Rosmarinfeuer verbreitet einen sehr angenehmen Geruch im Zimmer.

Am andern Morgen fuhren wir früh aus um zu Mittag in *Toulon* zu seyn. Die Gegend wird, je weiter man kömmt, immer felsiger, immer wilder u. sonderbarer: die Berge werden kahler, große Fels-Massen ragen zwischen den Fichten hervor, das Thal wird immer enger, u. endlich, Eine Post vor *Toulon*, schlängelt sich der Weg nur noch dicht zwischen zwey Reihen aufeinandergethürmter Felsen, längst einem schmalen Waldstrohm der sich schäumend durch die Felsen drängt. Hier sieht man keinen Baum, kaum hin u. wieder ein Gräschen; alles ist Fels, in den sonderbarsten Gestalten ragen die hellgrauen Massen übereinander hervor, bilden Spitzen u. Höhlen, und seltsame Figuren, u. hängen über den Weg herab. Selbst der Weg ist lauter Fels, u. geht in solchen Krümmungen, daß man den Ausgang zwischen den Felsen nicht sehn kann, u. es scheint als wäre man ganz eingeschlossen. Nachdem wir eine halbe Stunde zwischen diesen schauerlichen Felsen gefahren waren veränderte sich plötzlich die Gegend u. wir kamen in die fruchtbaren Fluren von *Toulon*, u. nahe vor der Stadt sahen wir schon Gärten mit Orangen-Bäumen in freier Erde. – Sobald wir angekommen waren gaben wir unsre Addreß-Briefe ab. Die größte Merckwürdigkeit konnten wir heute nicht sehn, das Arsenal, weil dazu eine besondere Erlaubniß gehört. Indessen führte uns Hr. *Aguillon* an den wir addressirt waren, herum. *Toulon* ist nicht groß, noch sehr gut gebaut, die Straßen sind meistentheils eng. Wir besahen den Theil des Hafens der nicht zum Arsenal gehört, u. die Kauffahrtey-Schiffe enthält: er ist sehr leer, u. still. Der schönste Platz von *Toulon* ist der *Champ de battaille*, er ist sehr groß, u. von schönen Häusern u. Alleen umgeben; in der Mitte werden die Soldaten exercirt.

Wir machten am andern Tage die Ausfarth nach *Hières* um die Orangen-Gärten zu sehn. Wir fuhren früh weg. Der Weg bis nach *Hières* ist ganz entsetzlich, bald Steine die den Wagen zu zertrümmern drohen, bald Moräste, in die er bis zur Axe versinckt. Wir kamen durch eine äußerst fruchtbare Gegend. Das Klima ist hier schon viel milder wie in *Marseille*. Wir fanden durchaus alles grün: die Weinfelder waren ausgeschlagen, u. die Feigen- u. Maulbeer-Bäume, die in *Marseille* noch größtentheils keine Blätter hatten. Auch gedeiht hier alles auffallend besser, was man besonders an den Oliven-Bäumen mercken kann; bey *Narbonne*, wo ich diese zuerst sah, sind sie klein u. krüpplich: je weiter man kömmt desto schöner werden sie; hier findet man sie von der Größe einer gewöhnlichen Linde: auch Feigen- u. Granaten-Bäume die wir hier in allen Feldern u. Landstraßen sahen, sind außerordentlich schön u. groß. Die Granaten-Bäume wachsen hier auch wild, doch haben die wilden weniger große Blumen u. Früchte. Die Felder duften hier von wilden wohlriechenden Blumen, Timian, Mayoran, u. wildem Lavendel. Wir kamen um zwölf Uhr in *Hières* an. Dicht davor hat man eine sehr schöne Aussicht, auf den Berg an dem *Hières* liegt, die Orangen-Gärten, u. die See mit den *Hièrischen* Inseln, die nah am Ufer liegen. *Hières* ist ein kleiner Flecken, der Berg an dem die Stadt liegt ist ehemals ein Vulkan gewesen, doch seit langer Zeit verloschen; die Stadt scheint ehemals auf dem Berge gelegen zu haben, da die Festungswercke bis an die Spitze gehen, u. man noch viele alte Thürme darauf sieht.

Nachdem wir gefrühstückt hatten, giengen wir sogleich in die Orangen-Pflanzungen. Dieser Anblick muß jeden Bewohner des Nordens entzücken: die edlen Bäume tragen immer Blätter, Früchte u. Blumen zugleich, kein Winter entlaubt sie: doch da man kürzlich geerndtet hatte, hatten sie jetzt grade fast keine Früchte, ausgenommen in einem Paterre, wo man sie gelassen hatte, u. wo wir die Bäume mit den großen goldnen Orangen u. Zitronen über u. über so beladen sahen, daß sich die Zweige zur Erde bogen. Diese Pflanzungen sollen den Besitzern erstaunlich viel eintragen; es sind nicht Gärten, sondern Wälder von Orangen-Bäumen, wo sie dicht nebeneinander stehn, von Gängen durchkreuzt, in denen man lauter Wohlgerüche einathmet. Wir besahen verschiedene Pflanzungen, sie sehn sich alle sehr ähnlich: in Einer fanden wir viele fremde Bäume; unter andern eine herrliche Dattel-Palme. Sie war hundert Jahr alt, schnurgrade u. so hoch wie die höchsten Eichen: sie hatte viele Früchte, die aber noch nicht reif waren, u. einen unangenehmen Geschmack hatten, indessen sollen sie im Sommer reif werden: auch sahen wir hier einen Kokosbaum der viel Ähnlichkeit mit dem Platanen-Baum hat. Nachdem wir uns an den schönen Orangen-Pflanzungen genug ergötzt hatten fuhren wir ohne weitern Aufenthalt nach *Toulon* zurück, wo wir um fünf Uhr ankamen, u. schon Hrn. *Bastianelli*, einen der Inspektors des Arsenals, an den wir addressirt waren, vorfanden, mit dem wir sogleich ins Arsenal giengen, um es ganz zu besehn ehe es dunkel ward. Das Arsenal ist gar nicht, was man sonst unter dem Namen versteht, ein Zeughaus: das Arsenal ist so groß wie die ganze Stadt: es ist eigentlich eine Abtheilung des Hafens, mit einer Menge Gebäude, in denen alles was zur Marine gebraucht wird verarbeitet wird. Wir sahen die große Schmiede, ein ungeheures gewölbtes Gebäude; man glaubt hier in der Werckstätte Vulkans zu seyn: auf vier u. zwanzig großen Heerden glühte Eisen. In einer andern großen Abtheilung werden blos Nägel, von allerhand Größen u. Gestalten gemacht; in noch einer andern alle scharfe Werckzeuge, Beile, Meißel, Messer, Säbel u. s. w. – Von hier giengen wir zur *Corderie*, wo alle Stricke u. Ankertaue zu den Kriegs-Schiffen gemacht werden: dies Gebäude hat inwendig zwey Reihen steinerner Pfeiler, die es tragen u. drey Gänge bilden, in denen die Stricke gedreht werden, u. die einen sehr hübschen Anblick gewähren, da das Gebäude 1250 Fuß lang, u. von Einem Ende zum andern beinahe unabsehbar ist. Hierzu gehört wieder ein andres Gebäude in welchem die Stricke zu Strickleitern, Flaschenzügen etc. verarbeitet werden. Auch sahen wir die Kanonen u. Mörser, die zur Ausrüstung neuer Schiffe fertig liegen: man will jetzt keine andern wie eiserne Kanonen haben, weil der Knall der bronzernen zu starck ist, u. die Soldaten taub macht.

Eine der interressantesten Sachen im Arsenal ist das Modell-Haus. Es enthält eine sehr große Anzahl von kleinen hölzernen Modellen, von allen verschiedenen Bauarten der Schiffe, u. von allen Maschinen die im Hafen, oder zur Erbauung der Schiffe gebraucht werden, besondere Modelle von Schiffen die besonders schnell gesegelt haben; endlich alles, im Kleinen, was auf das Seewesen den entferntsten Bezug hat, bis auf alle Sorten Nägel die an Schiffen gebraucht werden. Alle diese Modelle sind außerordentlich fein, u. nach den genauesten Verhältnissen, gearbeitet. Junge Leute die sich dem *Ingénieur*-Stande widmen, werden nach diesen Modellen unterrichtet.

Im Hafen sahen wir nur zwey Linienschiffe, die auf ihre Mannschaft warten; wir giengen nicht hinein, weil sie von Innen noch in Unordnung sind. Zwey andre wurden gebaut. Und ein fünftes wurde ausgebessert: es lag zu dem Behuf in einem kleinen Bassin der mit ungeheuren Kosten dazu eingerichtet ist, u. von dem das Wasser durch eine Schleuse abgehalten wird, so daß das Schiff trokken liegt. Im Modell-Haus ist der Plan dieses Bassins, durch den man eine deutliche Idee davon bekömmt. Erst wenn man ein Kriegs-Schiff in diesem engen Raume, u. da es im Trocknen liegt, ganz u. gar übersieht, lernt man die ganze Größe der ungeheuren schwimmenden Maschine einsehn. Vom Hafen aus kann man sehr deutlich sieben Linien-Schiffe u. einige Fregatten sehn, die auf der Rhede liegen; bisweilen soll man sogar die englische Flotte unterscheiden können. Alle schweren Arbeiten im Arsenal werden durch die Galeeren-Sklaven verrichtet, deren Anblick für Fremde sehr auffallend ist. Sie werden in drey Klassen getheilt: die Erste machen diejenigen, die nur für leichte Verbrechen und kurze Zeit da sind, Deserteurs, Soldaten die gegen die Subordination gefehlt haben u.s.w.: sie haben nur einen eisernen Ring am Fuß, u. gehn frey umher, d.h. im Arsenal, denn in die Stadt darf kein *Forçat* kommen. Die zweyte Klasse besteht aus größern Verbrechern: sie arbeiten zwey u. zwey mit schweren Ketten an den Füßen zusammengefesselt. Die dritte Klasse, die der schwersten Verbrecher, ist an die Bänke der Galeere geschmiedet, die sie garnicht verläßt: diese beschäftigen sich mit solchen Arbeiten, die sie im Sitzen verrichten können. Das Loos dieser Unglücklichen halte ich für bey weiten schrecklicher, wie Todes-Strafen. Die Galeeren, die ich von außen gesehn habe, scheinen der schmutzigste ekelhafteste Aufenthalt der sich dencken läßt. Die Galeeren gehn nicht mehr zur See: es sind alte kondemnirte Schiffe. Das Lager der *Forçats* ist die Bank

an die sie gekettet sind. Ihre Nahrung bloß Wasser u. Brod: u. ich
begreife nicht wie sie, ohne eine kräftigere Nahrung u. von Kummer verzehrt, bey der starcken Arbeit, nicht eher unterliegen; denn
während ihrer Sklaverey werden sie ganz wie Lastthiere behandelt:
es ist schrecklich wenn man es bedenckt, daß das Leben dieser elenden Galeeren-Sklaven, was viel sagen will, ganz freudenlos ist: u.
bey denen, deren Leiden auch nach fünf u. zwanzig Jahren kein Ziel
gesetzt ist, auch ganz hoffnungslos: läßt sich eine schrecklichere
Empfindung dencken, wie die eines solchen Unglücklichen, während er an die Bank in der finstern Galeere geschmiedet wird, von
der ihn nichts wie der Tod mehr trennen kann! – Manchem wird
sein Leiden wohl noch durch die unzertrennliche Gesellschaft dessen erschwert, der mit ihm an Eine Kette geschmiedet ist. Und
wenn dann nun endlich der Zeitpunkt herangekommen ist, den er,
seit zehn od. zwölf, od., was selten kommt, zwanzig ewig langen
Jahren, täglich mit verzweifelnden Seufzern herbeywünschte: das
Ende der Sklaverei: was soll er werden? er kommt in eine Welt
zurück, für die er seit zehn Jahren todt war: die Aussichten die er
vielleicht hatte, als er zehn Jahr jünger war, sind verschwunden:
keiner will den zu sich nehmen, der von der Galeere kommt: u.
zehn Jahre Strafe haben ihn von dem Verbrechen des Augenblicks
nicht reingewaschen. Er muß zum zweyten Mal ein Verbrecher
werden, u. endet am Hoch-Gericht. – Ich erschrak als ich hörte,
daß hier sechstausend Galeeren-Sklaven sind. Die Gesichter dieser
Menschen können einen hinlänglichen Stoff zu physionomischen
Betrachtungen geben. –

Wir hatten jetzt alle Merckwürdigkeiten von *Toulon* gesehn, u.
verließen es am andern Tage. Der Weg von *Toulon* nach *Marseille* ist
sonst nur Eine Tagereise. Da ich aber mit der *Miss Nichols* fuhr, die
mit ihren eignen Pferden reiste, was eine große Beschwerde ist,
mußte ich mit ihr einen Tag zurückbleiben: wir schliefen wieder in
Cuge, u. kamen am folgenden Mittag erst in *Marseille* an.

Während der ganzen Zeit unseres Aufenthalts in *Marseille* hatte
fortwährend der kalte *Vent de bise*, den man hier *Mystral* nennt,
geweht: der sich aber stets gegen Abend legt, um welche Zeit man
alsdann auf der *Allée du Mail*, den Boulewards u. der *Montagne*

Bonaparte spatzieren geht. Auch auf der Reise nach *Toulon* hat dieser Wind uns verfolgt, doch ist er dort weniger fühlbar als in *Marseille*. Wenn diese Geißel des südlichen Franckreichs weht, ist das Wetter so veränderlich, daß man oft alle vier Jahrzeiten an Einem Tage hat: es ist alsdann kälter wie im Winter: wenn der Wind aber eine Weile einhält, wird es plötzlich heiß: dann und wann regnet es ein wenig, u. nach einer halben Stunde sind die Straßen wieder trocken. – Da wir aus *Toulon* zurückkamen hatte der *Mystral* endlich aufgehört, u. es war jetzt auf Ein Mal sehr heiß geworden; im Hafen, u. in den Haupt-Straßen hatte man über die breiten *Trottoirs* große Leinwandne Markisen ausgespannt, so daß man ganz im Schatten geht: eine sehr angenehme Einrichtung welche die große Hitze hier nothwendig macht.

An einem windstillen Tage ließen wir uns ein Mal auf die Rhede rudern. Ich habe die Nordsee nie so ruhig gesehn wie ich das Mittelländische Meer fand, bisweilen soll es so still wie ein Teich seyn. Wir fuhren ohne die geringste Unannehmlichkeit auf der Rhede. Das Wasser ist außerordentlich klar, besonders in einer Bucht, in der bisweilen viertausend Menschen beyderley Geschlechts baden sollen: der großen Hitze ungeachtet fängt man hier daher im Juny zu baden an. Man kann von hier die Küste des Dauphiné's u. den engen Eingang des Hafens sehr gut übersehn. Nahe am Ufer sind zwey Felseninseln: auf der einen liegt das kleine *Fort d'Iff*, in welchem der *Masque de Fer* lange gefangen saß. – Die großen Felsen am Gestade, die in die See herausragen u. Grotten bilden, in denen Fischer ihre Netze auswerfen, gewähren einen hübschen Anblick.

Während unsers ersten Aufenthalts in *Marseille* machten wir ein Mal eine Ausfahrt nach dem *Chateau Borelli*, welches für das schönste Landhaus um *Marseille* gilt: das Schloß ist sehr hübsch, u. enthält eine schöne Gemählde-Sammlung: der Garten ist nichts außerordentliches. Um *Marseille* ist kein einziger recht schöner Garten: doch ersetzt dies die herrliche Lage u. Aussicht der Bastiden.

Man lebt in *Marseille* im Ganzen nicht sehr gesellschaftlich. Unsre hauptsächlichste Bekanntschaft war die äußerst liebenswürdige Familie *Meuricoffre*, die unsern Aufenthalt um vieles angenehmer machte.

Man hat hier drey Schauspiel-Häuser: das *Grand Théatre* ist ein schönes Gebäude: die Truppe ist recht gut: das Ballet wird nach dem in *Paris* für das beste in Franckreich gerechnet: ich habe hier die Pantomime des Deserteurs, u. das *Ballet de Psiché* gesehn: letzteres kann in Hinsicht der Dekorationen natürlich nicht mit Paris verglichen werden: doch kann man, auch wenn man *Vestris* u. *Mad. Gardel* in denselben Rollen gesehn hat, doch Hrn. u. *Mad. Coralli*, u. *Dutarque* mit Vergnügen sehn. Das zweite Schauspiel-Haus ist das *Théatre du Pavillon*, es ist sehr klein: es ist eine sehr gute Oper, mit besonders hübschen Dekorationen darinn. Im *Théatre Tubanneau* bin ich nicht gewesen.

Sonnabend. d. 28. Apr.
Wir haben heute die schöne Stadt *Marseille* verlassen u. sind den Weg nach *Aix* zurückgegangen, den wir vor beynahe drey Wochen kamen. Es war ein schöner warmer Tag. Bey der *Viste* warf ich noch einen letzten Blick auf das Mittelländische Meer, es war so ruhig wie ein Teich; die Sonne schien darauf, u. warf einen goldnen blendenden Schimmer darüber. Der Weg von *Marseille* nach *Aix* führt bey sehr vielen hübschen Landhäusern u. Gärten vorbey die den Einwohnern beider Städte gehören. Wir kamen zu Mittag in *Aix* an, u. blieben auch die Nacht da.

Sonnt. d. 29. April.
Wir sind diesen Morgen sehr früh von *Aix* abgereist. Hinter *Aix* sieht man fast gar keine Oliven-Bäume: es ist sonderbar daß sie so plötzlich aufhören. Dafür sahen wir eine unglaubliche Menge Mandelbäume, auch viele Maulbeerbäume. In der Ferne sahen wir schon hohe Berge auf deren Gipfel Schnee u. Wolken lagen. Wir kamen heute über die *Durançe*, nahe an der Stelle wo eine sehr große u. weitläuftige Karthause liegt. Die Wege sind hier gut, doch bergig: um fünf Uhr sind wir in *Avignon* angekommen. Die Stadt präsentirt sich von weitem sehr gut: sie ist starck befestigt; längs der alten ganz mit Schießscharten besetzten Mauer geht an der

Außen-Seite eine schöne große Allee, die ganz um die Stadt läuft. Heute war sie, des Sonntags wegen, ganz mit Spazier-Gängern aus allen Ständen bedeckt: eine Erscheinung die wir, besonders im Süden Franckreichs, des Sonntags in jedem Städtchen u. Dorf gefunden haben; besonders Nachmittags sieht man die Leute regelmäßig Arm in Arm, u. oft in eifrigen Gesprächen, in ihren Sonntags-Röcken *à la Promenade*: in Deutschland sieht man das nie: soll der Deutsche Handwercker od. Bauer den Sonntag fröhlich zubringen, so gehört nothwendig Bier u. Tobak dazu, u. geht es hoch her so ist er betrunken. Hier zeigt sich der mäßigere Geist des Franzosen, u. sein Sinn für ein andres Vergnügen wie Essen u. Trincken. Wir haben die Bauern oft Sonntag-Abends auf der Landstraße tanzen sehn.

Von der Promenade vor Avignon hat man eine hübsche Aussicht auf das andre Ufer des *Rhône's*. Avignon ist, nach dem was ich davon gesehen habe sehr schmutzig, u. schlecht gebaut.

Montag. d. 30. Apr.

Ohne uns in *Avignon* aufzuhalten, setzten wir heute unsern Weg wieder fort, der von hier aus längst des *Rhône* geht, doch so daß wir den Fluß selbst heute noch gar nicht sahen. Das Land ist hier außerordentlich Steinig, man sieht große Felder mit Steinen bedeckt: dabey ist der Boden doch ungewöhnlich fruchtbar, das Getreide ist schon ungewöhnlich hoch: man erndtet den Roggen im May u. Weizen im Anfang Juny. Hierbey zeigt sich der große Unterschied zwischen unserm Klima u. diesem. Man sieht hier eine auffallende Menge Maulbeerbäume, große Felder sind damit bedeckt, u. alle Wege damit bepflanzt: die Leute pflücken fortwährend die Blätter, die den ganzen Sommer hindurch immer wieder wachsen. Mandelbäume werden hier schon seltener. Am Horizont sahen wir immer hohe Berge. Wir sind diesen Morgen durch *Orange* gekommen, wo ein alter Triumpfbogen des *Marius* steht. Er ist nicht so schön wie der den wir bey *St. Rémi* gesehn haben: indessen hat er denselben sehr schönen Plafond, u. ringsum *Basreliefs*, in denen man obgleich sie sehr verwischt sind, Schlachten u. Kriegstrophäen erkennt, auch an verschiedenen Stellen die römische

AUS DEN JAHREN 1803-1804   149

Fahne mit der Wölfinn. Auf einem der *Basreliefs* sieht man mehrere
Panzer mit Namen darauf, unter denen ich *Mario* sehr deutlich
geschrieben entdeckte.
Wir bleiben diesen Abend in *Montélimar*.

Diengstag. d. 1sten May.
Montélimar hat eine sehr schöne Lage, dicht am *Rhône*, an dessen
anderem Ufer man von hier die hohen steilen Küsten sieht, die
neben den fruchtbaren Feldern einen schönen Anblick gewähren,
u. diesen Morgen um sechs, kurz ehe wir abfuhren, u. ich am Ufer
spazieren gieng, voll kleiner Wolken hiengen, die sich bald ver-
zogen, u. dem schönsten Wetter Plaz machten, was ich je am ersten
Maytage gesehn habe. Wir fuhren beständig längst den schönen
Ufern des wilden reißenden *Rhône's*. Und sahen an der andern
Seite immer die lange Kette der Gebirge des *Vivarez*. Auch erblickten wir in der Ferne den *Mont Vanteaux*, der für den höchsten Berg
im eigentlichen Frankreich gilt. – Auf diesem Wege sieht man eine
große Menge Wallnüßbäume, die hier besonders gut gedeihen u.
alle sehr groß u. schön sind: alle Landstraßen sind damit besetzt.
Die große Menge Wallnüsse gebraucht man hier zu Öhl, weswegen man nichts anderes wie Nuß-Öhl beköммt. Wir kamen
durch *Tein*, was eine auffallend schöne Lage am *Rhône* hat, dessen
Ufer hier sehr felsig sind; *Tein* gegenüber liegt ein andrer kleiner
Ort, der den *Pendant* dazu macht. Bey *Tein* wächst der schöne *Her-
mitage*-Wein, dessen Weinstöcke wir eben grün fanden. Wir kamen
durch *Valence*, ein ziemlich beträchtlicher Ort, u. brachten die
Nacht in *St. Vallier* zu.

Mittwoch. d. 2ten May.
Vom Garten des Wirtshauses in *St. Vallier* hat man eine der schönsten Ansichten des *Rhônes*. Die Küsten sind hier außerordentlich
hoch, u. gehn nach der Wasser-Seite in schroffen steilen Felsen nieder, nach der Landseite sind sie alle bebaut, u. zwischen den nackten Felsen sieht man fruchtbare Felder u. Weingärten: auch viele
Schlösser u. Landhäuser, u. verfallene Burgen auf den hohen Felsen
am *Rhône*. Wir hatten heute den ganzen Tag den schönen Anblick

des *Rhône-Ufers*. Gegen Mittag kamen wir nach *Vienne*. *Vienne* war in den Römer Zeiten beträchtlich, u. hat noch verschiedene Ruinen, die indessen so verfallen sind daß wir wenig davon sahen. Dicht vor der Stadt erblickten wir eine steinerne Pyramide, von der man uns sagte daß sie ein Mausoläum zu Ehren des Kaisers *Augustus* wäre: auf einem hohen Berge an dessen Fuß die Stadt liegt, steht eine alte Römer-Festung, von der man eine schöne Aussicht haben soll. Wir besahen die Kathedral-Kirche, ein sehr prächtiges gothisches Gebäude. Auf dem Wege dahin zeigte man uns ein altes römisches Gebäude, welches unser Führer *Prétoir* nannte: es hat in der Bauart etwas Ähnlichkeit mit der *Maison quarée* in Nismes, es ist aber ganz zerstöhrt u. verdorben. In der Kathedral-Kirche sahen wir das außerordentlich schön gearbeitete Grabmahl des Kardinals *Monmorin*. Von hier giengen wir zum *Collège*, wo ein bedeutendes Antiken-Kabinet ist. Das merckwürdigste was es enthält sind zwey Fußböden von Mosaik, die indessen bey weitem nicht so schön wie die in Nismes sind. Der Vorsteher des *Collège's* hat von den eigentlich unbedeutenden Ruinen von *Vienne* sehr schöne Zeichnungen gemacht, auf denen sie sich ungleich besser wie in der Natur ausnehmen.

Das schönste u. merckwürdigste Alterthum von *Vienne* sind zwey marmorne Kinder, die eine Bäuerin vor kurzem, zwey Fuß unter der Erde, in ihrem Weingarten gefunden hat. Wir besuchten die Frau. Die Kinder sind zwey der schönsten Antiken die ich je gesehn habe. Sie hängen zusammen, u. sind aus einem Stein gehauen, ungefähr zwey fr. Fuß hoch. Sie sind mit einer bewunderungswürdigen Leichtigkeit u. außerordentlich fein gearbeitet, in einer auffallend freien Stellung: Sie streiten um einen Vogel, den der Eine hält, u. der andre ihm entreißen will. Ein Engländer hat der Besitzerinn 35 000 *Livres* dafür geboten, allein es ist ihr untersagt, sie aus dem Land zu verkaufen; der *Préfet* hat sie für das *Louvre* kaufen wollen, aber die Frau wartet auf bessere Zeiten, u. hofft alsdann einen höhern Preis dafür zu erhalten.

Nachdem wir zwey Stunden in *Vienne* gewesen waren, fuhren wir weiter, u. kamen gegen Abend in *Lion* an.

Wir sind acht Tage in *Lion* geblieben, u. haben in dieser Zeit wie ich glaube alles gesehn was merckwürdiges ist. Die Stadt ist die größte in Franckreich, nach Paris, aber mich dünckt, man kann sagen daß sie für mehr Menschen gebaut ist, als wie darin wohnen. Es ist ja anerkannt daß kein Ort in der Revolution so viel gelitten hat, wie, in jeder Hinsicht, *Lion*: u. diese große prächtige Stadt ist jetzt leider als der Schauplatz unerhörter Gräuel merckwürdig. Es giebt beynahe keine Familie von welcher nicht mehrere Mitglieder, u. gewöhnlich die Familien-Väter auf dem Schafott starben. Und die unglücklichen Einwohner von *Lion* gehn jetzt auf demselben Platz spazieren auf dem ihre Freunde u. nahen Verwandten, vor zehn Jahren, in Haufen gestellt, u. mit Kanonen *à Mitraille* erschossen wurden. Stellt sich ihnen nicht das blutige Bild ihrer Väter entgegen, die in Martern den Geist aufgaben? Sollte man es glauben daß sie an dem Platz vorbeyfahren, u. kaltblütig die Hinrichtung ihrer Freunde erzählen können? Es ist unbegreiflich wie die Macht der Zeit die lebhaftesten u. schrecklichsten Eindrücke verwischt.

Lion ist nicht so schön gebaut wie *Marseille*. Die *Rhône* u. *Saône* gehn beyde durch die Stadt, u. längst denselben sind zwey lange *Quais* welche die schönsten Straßen von *Lion* sind. Der *Quai du Rhône* der beynahe wie die Vorstadt angesehn wird, hat besonders schöne Gebäude, unter denen sich das prächtige *Hôtel dieu* auszeichnet: von den Brücken die hier über den *Rhône* gehn hat man eine sehr hübsche Aussicht auf den *Quai du Rhône*, u. das reizende entgegengesetzte Ufer. Am Ende des *Quai du Rhône* ist eine schöne lange Pappel-Allee, die sich in einer Spitze endigt, welche die letzte Scheidewand zwischen der *Rhone* u. *Saône* ist, die hier ineinander fließen.

Der *Quai de Saône* hat nicht so schöne Häuser wie der *Quai du Rhône*, ist aber, da die *Saône* schmäler ist, an beyden Seiten bebaut: die hohen Küsten der *Saône*, die weit über die Häuser des *Quais* hervorragen, verschönern ihn sehr. Auf diesem *Quai* liegt die große St. Johannis-Kirche, ein prachtvolles gothisches Gebäude; sie ist in einer besonders schönen Form gebaut, u. nicht mit zu vielen Zierrathen überladen. Diese Kirche hat die allerschönsten gemahlten Fenster die ich je gesehn habe; sie sind von oben bis unten gefärbt,

u. mit so lebhaften Farben, daß sie am Gewölbe der Kirche einen wunderbaren röthlichen Schimmer verbreiten. In der Kirche ist eine sehr große u. komplizirte Uhr, die jetzt aber nicht im Gange ist: oben drauf ist ein Herrgott, u. eine Menge Engel u. Heilige, die vormals wenn die Glocke zwölf schlug, gewaltige Kunststücke machten. Wir haben den Thurm der Kirche bestiegen. Von oben hat man eine außerordentlich ausgedehnte Aussicht: in der Ferne kann man deutlich die Alpen sehn. Auch hängt in diesem Thurm eine wegen ihrer Größe berühmte Glocke.

Am obern Ende des *Quais* ist der häßlichste Theil von *Lion*, die eigentliche Stadt: die Straßen sind hier alle krumm u. eng: nur ein einziger Platz ist schön, auf welchem das Rathhaus, u. die Börse liegen. Das Rathhaus ist ein sehr schönes Gebäude, es hat mehrere Höfe die sehr hübsch mit Säulen umgeben, u. von einander getrennt sind. Die Börse ist erstaunlich groß: sie ist ehemals ein altes Kloster gewesen, auch bemerckt man am Eingang den Grabstein einer Abtissin. Der ehemalige Klosterhof, der mit Arkaden umgeben ist, ist der Ort in dem sich die Kaufleute versammeln: in der Mitte desselben stehn Bäume. – Hinter dem Rathhaus liegt die Komedie, das Haus ist von außen recht hübsch: die Truppe, u. besonders die Sänger sind sehr gut.

Am andern Ende des *Quai de Saône* liegt der schönste Platz von *Lion, la place Belcour*: er ist von lauter sehr schönen Häusern umgeben, u. an der einen Seite ist die Promenade, eine ziemlich lange Allee von schönen großen Bäumen. Es ist ein widerlicher Anblick daß dieser prächtige Plaz voller Steine liegt, die Überbleibsel der Häuser welche, als man den tollen Entschluß gefaßt hatte die ganze Stadt zu vertilgen, niedergerissen worden sind. *Bonaparte* hat eigenhändig den ersten Stein zur Wiedererbauung der Stadt gelegt, was indessen nicht geholfen hat. – Obgleich *Lion* so entsetzlich gelitten hat, lebt man hier doch gesellschaftlicher wie in *Marseille*, u. hat, wie in Deutschland, Abendgesellschaften. Wir waren mit Hrn. *Regnier* u. *Scherb* bekannt.

Die Gegend um *Lion* ist sehr schön: besonders die Ufer der *Saône*, längst denen eine Menge Gärten u. hübsche Landhäuser liegen. Die Küsten der *Saône* gewähren einen außerordentlich reizenden Anblick, eine immerwährende Abwechslung von Felsen, fruchtbaren Flächen u. Gärten. Wir brachten einen Nachmittag auf dem Garten des Hrn. *Regnier* zu, der für den schönsten um *Lion* gilt. Die Aussicht die man von den höchsten Punkten desselben hat ist über alle Begriffe schön: man hat die ruhige *Saône* mit ihren beyden schönen Ufern unter sich, u. sieht in der Mitte derselben die kleine Insel *Barbe*; im Hintergrund *Lion*, u. hinter der Stadt die Berge des *Forêts*: gegenüber hat man den *Mont Saindre*, auf dessen Gipfel man den Wohnort eines frommen Einsiedlers erblickt, der vor zehn Jahren seinen Zufluchtsort verlassen mußte, ihn aber seit zwey Jahren wieder bewohnt.

Es ist eine sonderbare Einrichtung daß in *Lion* keine einzige Seiden-Manufaktur ist, wo man alle verschiedenen Arten, die Seide zu bearbeiten, nebeneinander sehen könnte. Ein jeder Seidenwürcker arbeitet bey sich zu Hause. Ich habe Sammet machen sehn, jedoch ohne von dieser so komplizirten Arbeit einen ganz deutlichen Begriff zu bekommen.

Donnerstag, d. 10. May.
Heute haben wir *Lion*, die letzte französische Stadt, verlassen, u. den Weg nach der Schweiz genommen. Wir giengen jetzt immer allmählich bergauf, u. desto stärcker je näher wir der Schweiz kamen. Wir sahen überall ein schönes fruchtbares Land: am Horizont erblickten wir fortwährend hohe Berge. Wir kamen diesen Abend in *Pont d'Ain* an, wo das Wirtshaus so voll war, daß wir kaum Plaz fanden: es gehn hier vier große u. sehr frequentirte Wege durch, weswegen in *Pont d'Ain* immer ein großes Zusammentreffen aller Reisenden ist.

Freyt. d. 11. May.
Wir kamen den Bergen die wir schon so lange am Horizont gesehn hatten immer näher, u. fuhren endlich hinein. Diesen Morgen mußten wir über den *Mont Cerdon*. Der *Mt. Cerdon* ist schon sehr hoch, u. gewährt wenn man darauf ist einen herrlichen Anblick. Nur die höchsten Spitzen desselben zeigen den nackten Felsen, er ist überall mit Feldern, Wiesen, u. Bäumen bedeckt. Auf den steil-

sten Seiten u. Abhängen des Berges, auf denen es unmöglich zu stehn scheint, sind Weingärten. Unten sieht man ein schmales, von einem Bach durchschlängeltes, Thal, was an der andern Seite von noch höhern Bergen begränzt ist: am Ende des Thals liegt das kleine Städtchen *Cerdon*. Von einem der Berge die das Thal umgeben stürzt ein hoher Wasserfall in den Bach. Dieser ganze Anblick ist vom Gipfel des *Mt. Cerdons* entzückend.

Wir fuhren jetzt immer zwischen Bergen, die alle grün u. bebaut sind; u. hatten fortwährend die schönsten Ansichten. Besonders auffallend schön ist die Lage von *Nantua*, einem kleinen Dorfe: es liegt am obern Ende eines halben Circkels von hohen steilen Bergen, welche sich in einem stillen See spiegeln, der das Innere des Halb-Kreises ausfüllt, an dessen offner Seite die Landstraße vorbeygeht, u. den Reisenden die wunderschöne Landschaft sehn läßt. Weiterhin kamen wir durch das *Fort de l'Ecluse*, wo unsere Pässe besehn wurden. Die Lage desselben ist auch außerordentlich schön, zwischen dem *Mt. Sion*, u. den hohen bewachsen Gebirgen Savoyens, welches an der andern Seite des *Rhônes* liegt.

Auf dieser schönen Tagereise sahen wir ferner die *Perte du Rhône*. Der *Rhône* ist hier nicht sehr breit, er drängt sich gewaltsam zwischen zwey Reihen nackter Felsen die über sein Bett herabhängen, u. fährt in eine Schlucht, aus der er ungefähr funfzig Schritte weiter wieder herauskommt, u. sich schäumend weiterwälzt. Diese Schlucht ist wie eine Brücke von Fels die dicht auf der Oberfläche des Wassers liegt. Sonderbar ist es wenn man ein Stück Holz od. irgend etwas, vor der Schlucht in den Strohm wirft, es nie an der andern Seite wieder hervorkommt. Der *Rhône* ist hier so tief daß man mit einem Senkbley von 1200 fr. Fuß keinen Grund gefunden hat: auch spühlt er in dieser Gegend viel Erz u. Kupfer.

Wir hatten jetzt immer zur Linken die Kette des Jura, auf dessen Spitzen noch Schnee liegt, auch war er mit Wolcken beladen da es heute viel geregnet hatte. Auf der andern Seite glaubten wir die Spitzen der Alpen zu sehn, doch ist es schwer sie von den Wolken zu unterscheiden.

Diesen Abend erreichten wir Genf.

Sonnabend. d. 12. May.
Wir brachten diesen Morgen mit Abgeben der Addreß-Briefe zu. Nachmittag führte uns... auf die schönen Promenaden von Genf. Über der *Porte neuve* liegt *la Trille*, eine schöne Allee von der man eine herrliche Aussicht hat. Zur Rechten erblickt man den hohen Jura, zur Linken den großen u. kleinen *Mont Salève*, u. weiter zurück den spitzen kegelförmigen *Mole*, vor sich hat man eine weit ausgedehnte bebaute Fläche, die am Horizont, von den savoyischen Gebirgen begränzt ist. Noch höher als die *Trille* ist die *Promenade St. Antoine*; die Aussicht von hier ist zum Theil dieselbe, aber noch ausgedehnter u. schöner man übersieht einen großen Theil des Sees mit seinen reizenden fruchtbaren Ufern.

Unter der *Trille* ist ein großer Plaz auf dem sehr große wilde Kastanien-Bäume stehn: hier steht, in der Mitte, auf einen hohen Pfeiler die sehr schön gearbeitete Büste von J. J. Rousseau, welche ihm seine Vaterstadt gesetzt hat.

Sonntag. d. 13. May.
Die Bauart von Genf ist äußerst auffallend, und sonderbar. Die Dächer der Häuser ragen ohngefähr zehn Fuß über die Straße hervor, u. sind von langen hölzernen Pfeilern gestützt, die bis auf die Straße heruntergehn: so daß längst den Häusern ein bedeckter Gang entsteht, in dem man vor Regen gesichert ist. Uebrigens sind die Häuser im Allgemeinen gut gebaut; sie werden aber von diesen hervorstehenden Dächern sehr maskirt. In den Gängen vor den Häusern stehn größtentheils an beiden Seiten Boutiquen.

Diesen Nachmittag haben wir eine sehr angenehme Ausfahrt, in die Gegend des Sees gemacht. Es war ein sehr schöner Tag. Die Sonne spiegelte sich im See, u. verbreitete einen großen goldnen Schein auf seine stille Oberfläche. Die Ufer desselben sind über alle Beschreibung schön. Sie sind über u. über bebaut u. mit Landhäusern, Dörfern u. grünen Wiesen bedeckt, zwischen denen überall kleine Haufen Bäume, wie in einem englischen Park, stehn. Ich finde überhaupt daß man nirgends so viel Bäume sieht als in der Schweiz, u. besonders viele große Wallnüßbäume, die auf allen Feldern u. an allen Landstraßen stehn. Von einem der niedrigern

Berge die den See umgeben, hat man eine sehr schöne u. ausgedehnte Aussicht auf seine friedlichen Ufer. Man sieht von hier aus in der Ferne fast alle Städte u. Flecken die am Genfer-See liegen. Zur lincken erblickt man mitten zwischen dem schönen bebauten Land, die Stadt Genf. Die *Rhône* welche mitten durch den See geht, fließt hier wieder ins Land, u. bildet eine Insel auf der ein Theil der Stadt liegt. Hinter der Stadt erstreckt sich der ernste *Jura*.

Auf einer Anhöhe am See, liegt der Garten des Hrn. *Necker de Germany*, Bruder des berühmten *Neckers*, der grade jetzt gestorben ist. Dieser Garten, den wir besahen, hat, ich glaube, die schönste Lage die sich auf der Welt finden läßt. Er hat zwey Terrassen: von der Einen hat man die so anziehende Aussicht auf den ruhigen See. Von der andern hat man einen Anblick den es unmöglich ist zu beschreiben, unmöglich, sich vorzustellen, u. der den, der ihn zum ersten Mal, u. unerwartet sieht, auf eine wunderbare Art begeistert: man sieht die Spitzen, die über ganz Europa hervorragen: den *Mont-blanc*, u. die höchsten Berge der Alpen-Kette, die wie die Großen seines Reichs, ihn umringen. Sie sind alle mit dem ewigen Schnee ganz bedeckt, u. zeigen eine Menge unregelmäßige Zacken u. Spitzen: der *Mont-blanc* aber hat drey deutliche große Spitzen von denen die Mittelste die Höchste ist.

Wir besahn einen andern Garten, der in einer von dem des Hrn. *Necker* ganz verschiedenen Art hübsch ist: der Garten des Hrn. *Tronchin*, der im englischen Geschmack sehr hübsch angelegt ist.

Montag. d. 14. May.
Wir fuhren heute sehr früh aus, um die Reise nach dem Thal von *Chamouny* zu machen. Das Wetter war vollkommen schön. Wir sahn nochmals die reizenden Ufer des Sees u. kamen durch ein schönes fruchtbares Land: sahen überall Hügel u. Thäler mit Feldern u. Bäumen in herrlicher Fülle bedeckt. Oft geht der Weg längst Abgründen, in welchen man unten, von Bächen durchströhmt, Thäler, mit Wiesen u. weidendem Vieh sieht.

Je weiter wir kamen desto bergigter wurde die Gegend: u. in der Ferne sahen wir die hohen schneebedeckten Gipfel, denen wir immer näher kamen. Wir aßen im Flecken *Bonneville* zu Mittag,

AUS DEN JAHREN 1803-1804   157

der eine außerordentlich schöne Lage zwischen den Bergen am
Ufer der Arve hat. Gleich hinter *Bonneville* kamen wir in ein herrliches Thal, welches bis *Salanche* fortdauerte. Es ist nicht sehr breit,
von der reißenden *Arve* durchströhmt, u. an beyden Seiten von
hohen Bergen umgeben. Das Thal ist sehr fruchtbar. Auch die
Berge sind dadurch so sehr verschönert daß sie bis zur Hälfte mit
Feldern u. Wiesen von verschiedenen Farben bedeckt sind. Es ist
unmöglich auf den Ebnen so viele mannigfaltige Felder auf Ein
Mal zu überblicken, wie man auf diesen Bergen übereinander liegen sieht. Ueber den Feldern stehn schwarze Tannenwälder, zwischen denen man hin u. wieder Wiesen sieht: nur ganz auf dem
Gipfel ragt der nackte Fels hervor, u. ganz oben liegt Schnee.
Einige Berge sind weniger bebaut, u. größtentheils mit Tannen
bedeckt, zwischen denen der Fels in wunderbar schönen Gestalten
hervorragt. Je weiter wir in dem schönen Thal fortfuhren, desto
höher wurden die Berge, u. desto mehr Schnee sahen wir auf ihren
Gipfeln. Auf dem Linken Ufer der Arve, längst, welchem unser
Weg gieng, fallen drey schöne Kaskaden. Zwey davon sind besonders prächtig: sie fallen mit einer solchen Gewalt daß man von
oben bis unten nichts wie Schaum sieht, der gegen den düstern
umschatteten Felsengrund bedeutungsvoll absticht. Der letzte
Wasserfall der kurz vor *Salanche* fällt, u. den Namen *Cascade d'Apénas* führt stürzt 800 Fuß herab: doch ist zu dieser entsetzlichen
Höhe die Masse Wasser nicht hinlänglich, er zerstäubt sich beynahe ganz ehe er den Boden erreicht.

Gegen Abend sahen wir *Salanche*: es hat eine himmlische Lage,
am Ufer der *Arve*, u. am Fuß der hohen Berge. Wir blieben auf der
entgegengesetzten Seite des Strohms, im Wirtshause *St. Martin*:
von wo man aus den Fenstern, die herrlichste Aussicht auf das
Städtchen *Salanche*, das schöne Thal u. die prächtigen Berge hat:
am Ende des Thals glaubt man den *Mont blanc* ganz nahe zu sehn,
obgleich er noch 8 *Lieues* von hier liegt. Indessen übersieht man
ihn von hier am allerbesten, denn man kann in einer gewissen Entfernung seine ungeheure Größe besser überschauen. Wir waren
grade zur rechten Zeit gekommen um die Sonne darauf untergehn
zu sehn. Die untern Spitzen waren von Wolcken umflogen, aber

der Gipfel war unbewölckt: nachdem im Thal die Sonne schon verschwunden war, wurde der Berg nach u. nach roth, u. immer röther, Rosenfarb, Orange, u. erblaßte dann schnell: u. nachdem es schon finster war, sahen wir noch lange den weißen Schimmer der entsetzlichen Schneemasse.

Diengstag. d. 15. May.
Bis hierher war der Weg recht gut gewesen: aber von hier bis *Chamouny* ist er so schlecht u. gefährlich, daß wir mit unserm Wagen nicht weiter fahren konnten, sondern einen *Char-à-banc* nehmen mußten. Mein Vater fuhr nach Genf zurück, weil er die Reise für sich zu beschwerlich glaubte. Meine Mutter u. ich setzten unsern Weg nach *Chamouny* fort.

Ein *Char-à-banc* ist ein schmaler länglicher Wagen der auf vier kleinen Rädern ruht; gleich auf den Rädern liegt ein schmales Brett, welches zum Siz für drey Personen dient, u. darüber ist ein bretternes Dach. Man sitzt auf dem Brette in der Queer, so daß die Beine aus dem Wagen hängen, u. fährt also seitwärts. Dieses Fuhrzeug welches das einzigste ist mit welchem man in den Gebürgen fahren kann, ist zu diesem Behuf sicherer, u. beynahe bequemer als jedes andre, da es so sehr niedrig, daß man bey jedem Anschein von Gefahr sogleich herabspringen kann: auch stößt es nicht so sehr wie man glauben sollte da man nie anders wie im Schritt auf diesen Wegen fährt. Dieser Wagen wurde mit einem Pferde u. einem Maulesel bespannt, u. nebenher gieng der Führer *Alexis* aus *Salanche*, um im Nothfall den Wagen zu halten, u. uns unterwegs, die Namen u. Merckwürdigkeiten der Berge etc. zu erklären.

Wir fuhren immer in dem herrlichen Thal, längst der *Arve*, die immer reißender wird. Die Berge die hier immer höher werden, drängen sich nach u. nach mehr zusammen: u. endlich fuhren wir auf die Bergkette zur Linken Hand. Bey einem kleinen Dorfe standen wir still u. giengen nach der *Cascade du Ched* die seitwärts nicht weit davon liegt. Dieser Wasserfall ist nicht völlig so hoch wie die *Cascade d'Apénas*, aber viel wasserreicher, u. schöner. Er fällt in schön geordneten Stufen schäumend von einer Felsenwand, u. stürzt dann, ein tobender Waldstrohm, in die *Arve*. Das schönste

Wetter begünstigte uns heute wie gestern: die Sonne schien auf den großen Wasserfall, u. wo er sich brausend auf dem Felsen zerschlug, entstand ein Regenbogen, der das prächtige Schauspiel noch verschönerte: besonders schön sind die Felsen gestellt, welche den Wasserfall umgeben, u. den abgelegnen Platz in dem er fällt, von dem nahen Dorfe trennen. Etwas weiter sahen wir den *Lac du Ched*, der einen ganz eignen besondern Reiz hat. Er ist klein, ganz von bewachsnen Bergen eingeschlossen, hinter denen die hohen Schneegipfel hervorragen, u. ihr hohes Bild, im stillen klaren See spiegeln.

Nachdem wir noch etwas weiter immer längst der Felsenwand auf der einen Seite, u. Abgründen auf der andern gefahren waren, kamen wir zur *Chûte de l'Arve*. Wenig Dinge haben einen so tiefen Eindruck auf mich gemacht, wie dieses ganz sonderbar wilde Schauspiel. Unter uns, in einem jähen Abgrund, stürzt die *Arve* über aufgethürmte Felsstücke hinweg, wirft das Wasser, indem sie sich zerschmettert, hoch in die Luft, wie ein Meer von Schaum was heulend aus dem engen Raume aufwärts drängt. So weit man sie zwischen den hervorragenden Felsen sieht, ist sie schneeweis. Ringsum schließen sie schroffe übereinandergeschichtete Felsen ein, über diesen sieht man noch höhere u. endlich die weißen Spitzen des *Mt. blanc's*, die *Aiguille du Goutêt*, *Dôme du Goûtet* u. *Aiguille du Midi*, welche ungefähr auf der Hälfte des *Montblancs* sind.

Als ich mich dem Abgrund zu sehr nahte, warf der Führer, um mir die Gefahr zu zeigen, einen kleinen Stein hinab, dem ich nicht ohne Schrecken nachsehn konnte: er riß tausend andre mit sich fort, die endlich wie eine ganze Stein-Lawine den Abgrund erreichten.

Der Weg der fast immer Bergauf geht, ist sehr schlecht u. gefährlich. An Einer Seite fast überall von der Felsenwand, an der andern von entsetzlichen Abgründen begränzt: u. dabey so schmal daß der kaum drey Fuß breite *Char-â-banc* oft nicht einen Zoll vom Abgrunde geht weswegen man hauptsächlich mit keinem andern Wagen hier fahren kann. Auch können diese Wege kaum gebahnt genannt werden, große Steinhaufen auf denen jedes andere Fuhrwerck zerschmettert werden würde, liegen in der Mitte desselben:

auch fanden wir ihn, in dieser frühen Jahrzeit, an vielen Stellen von Waldströhmen durchschnitten, über die ich von Stein zu Stein springen od. hinüberreiten, od. über eine Brücke die aus einem runden Tannenzweig bestand, gehn mußte, während der Wagen halb getragen halb gezogen wurde. Überhaupt gieng ich den größten Theil des Wegs. Nachdem wir noch eine bedeutende Strecke zwischen den hohen Bergen gefahren waren, kamen wir plötzlich in ein schönes Thal, in welchem das Dorf *Servots* liegt wo wir frühstückten. Auf dem Berge an dessen Fuß *Servots* liegt, steht das Grabmahl des jungen *Eschers*, der kürzlich durch seinen Leichtsinn einen schrecklichen Todt auf dem *Glacier des Buets* fand: er wollte seinem Führer nicht folgen, u. fiel in eine Ritze im Eis, aus der er todt herausgezogen wurde, mit zerrissenen Nägeln, ein Beweis daß er nicht sogleich gestorben ist. Das traurige Denckmal des unglücklichen *Escher's* ist sehr einfach, von grauem Marmor: auf der Einen Seite steht ein passender Aufruf an alle Reisende, die Berge nicht ohne kundige u. starcke Führer zu ersteigen, u. diese nicht zu verlassen.

Hinter *Servots* wird die Gegend immer noch romantischer und wilder; der Weg führt fortwährend längst einem Abgrund der von der *Arve* durchbraust wird: u. schwindelnd sieht man jenseits die entsetzlich hohen steilen Berge, von denen hin u. wieder Wasserfälle stürzen, die der schmelzende Schnee verursacht. Besonders wunderbar ist die Ansicht, die man von einer Brücke hat die über die tobende *Arve* geht: nur eine kurze Strecke kann man dem Strohm nachsehn, man ist ringsum von den Bergen umgeben, die unten ein wenig bebaut, u. dann mit Tannenwäldern bedeckt sind, zwischen denen gewaltige Felsmassen schrecklich hervorragen, u. sonderbare Gestalten bilden; u. hinten sieht man die mit Schnee u. Wolken bedeckten Spitzen sich erheben.

Um drey Uhr erreichten wir endlich das Thal von *Chamouny*. Wir durchfuhren es bis zum *Glacier des Bossons*. Mit Erstaunen sah ich die entsetzlichen hohen Berge die es einschließen. Es ist zu bewundern bis zu welcher Höhe sie bebaut sind. Über dem geackerten Land sind unendliche Tannenwälder, in denen Auerhähne u. Fasanen in Menge nisten, u. ganz oben wohnen die Gemsen u.

Adler. Zwischen den Tannenwäldern u. noch höher sind die besten Weiden von der Welt, auf die das Vieh im Sommer getrieben wird, u. mit der Jahrszeit immer höher geht. Auf den ganz hohen Bergen liegt ewiger Schnee, die niedrern sind zwey bis drey Monat im Jahr davon frey; sobald der Schnee nur geschmolzen ist zeigen sich auf derselben Stelle auf der er neun Monat lag, grüne Weiden, auf welche die Schaafe u. Ziegen getrieben werden, weil die Kühe so hoch nicht klettern können. Auf diesen hohen Wiesen stehn hölzerne Hirten-Häuser die man *Châlets* nennt, von denen die Hirten oft in vier Wochen nicht herunterkommen u. wo sie die Butter u. den schönen Schweizer-Käse machen. In der ganzen Schweiz nennt man alle diese Berg-Weiden *Alpen*, u. versteht also unter diesem Namen nicht blos die eigentliche Alpen-Kette. Gleich beim Eintritt in das Thal zeigte uns der Führer die ersten Gletscher. Sie erschienen mir auffallend niedrig, was indessen von den entsetzlich hohen Bergen verursacht wird, die dahinterstehn, u. gegen welche der Gletscher so klein scheint. Auch stehn die Gletscher nicht frey wie ich geglaubt hatte, sondern sie sind alle gegen höhere Berge gelehnt. Wir erstiegen den *Glacier des Bossons*. Am Fuße desselben nahmen wir einen zweyten Führer, u. ich bewaffnete mich mit einer langen Pike, deren Spitze man in die Erde setzt, u. dadurch das Steigen sehr erleichtert. Wir giengen auf einen mit Birken bewachsenen Berg, der längst dem Gletscher geht, u. uns allmählich zu dessen Gipfel brachte. Ich merckte unterdessen daß der Gletscher nicht so niedrig war wie er mir schien, u. wurde unterwegs recht müde. Man kann die ungeheuere Eis-Masse eines Gletschers nicht ohne das größte Erstaunen betrachten: u. es ist unbegreiflich wie dieses Eis nicht auf dem Gipfel eines Berges, sondern im Thal, mitten zwischen grünen fruchtbaren Fluren nicht schmilzt, u. ewig der Sonnenwärme trotzt. Er muß blos durch die innere Kälte, welche die ungeheuren Eis-Schollen eine der anderen mittheilen, sich erhalten. Diese große Eis-Masse ist nicht, wie ich sie mir vorgestellt hatte, durchsichtig, sondern blauweiß: die Oberfläche ist an einigen wenigen Stellen, von herabgefallener Erde, schmutzig: in den Spalten u. Höhlungen hingegen, zeigt sich das schönste Hellblau. In der Nähe bietet der Gletscher einen höchst wunderbaren Anblick dar: riesenmäßige u. unförmliche Eis-Spitzen unordentlich übereinander gehäuft, zwischen denselben gewaltige Spalten u. Klüfte, durch welche im Sommer rieselnde Bäche vom geschmolzenen Eis ströhmen: oft reißen sich Eis-Schollen los, u. stürzen rasselnd den Gletscher hinab. Der *Glacier des Bossons* liegt am Fuß des *Montblanc's*, u. könnte selbst schon dazu gerechnet werden: indessen nimmt der *Mt. blanc* da wo der Schnee anfängt eigentlich seinen Namen an. Man kann seine Spitze noch am Fuß des Gletschers sehn. Vom Gipfel des Gletschers hat man die prächtige Aussicht auf das göttliche Thal, u. die Berge auf der andern Seite desselben. Das Thal welches mit bewunderungswürdigem Fleiße angebaut ist, wird von der hier sehr schmalen u. reißenden *Arve* durchstrichen. Man übersieht mehrere Dorfschaften: indessen nicht das ganze Thal, weil es sich zwischen den Bergen schlängelt: es ist ungefähr 3 *Lieues* lang.

Nachdem wir wieder unten waren, fuhren wir noch eine kleine Stunde durch das reizende Thal u. kamen dann im Dorfe *Chamouny* an. In *Chamouny* ist alles darauf eingerichtet Fremde zu empfangen. Im Sommer wird das Dorf so wie ein Bade-Ort besucht u. ist wircklich Sammelplatz von Fremden: wir waren in diesem Jahr die ersten u. kamen eigentlich drey Wochen zu früh, doch kann man auf einer so langen Reise nicht alles so genau berechnen. Man findet hier zwey sehr gute Wirthshäuser, wie man sie in dem kleinen Berg-Dorfe wahrlich nicht erwarten könnte. Auch sind im Thal ungefähr sechzig Führer, zum Dienste der Fremden; unter diesen zeichnet sich ein Dutzt auserlesne aus, deren Namen in fast allen Reisebeschreibungen verewigt sind: der erste von ihnen allen ist *Balma*, jetzt vierzig Jahr alt: er ist der erste, der jemals den *Mt. blanc* erstiegen hat. Nachher hat er Hrn. *de Saussure*, u. einige andre hinaufgeführt: es haben mehrere Reisende den kühnen Versuch fruchtlos gemacht; man braucht drey Tage um auf den Gipfel zu kommen, u. nimmt zehn bis achtzehn Führer mit, welche die Lebensmittel, Leitern u. Stricke tragen: oben kann man kaum athmen, jedoch hat *Saussure* fünf Stunden oben ausgehalten: nach seiner Berechnung ist der Gipfel 14700 fr. Fuß über die Meeresfläche erhaben.

Sobald wir in *Chamouny* angekommen waren, kamen mehrere Knaben die uns Krystalle, Erz, Asbest, Gemsenhörner u. s. w. zum Verkauf anboten: als wir mit diesen fertig waren, hielt ich ein *Consilium* mit drey Führern, um zu wissen, ob es für mich möglich wäre den *Montanvert* zu besteigen: den Berg von welchem man das Eismeer am besten übersieht. Da wir zu früh gekommen waren, lag auf dem *Montanvert* noch Schnee; indessen war ich entschlossen wenn es nur irgend möglich wäre hinaufzugehn, ihn in Begleitung zweier Führer zu besteigen. Einer von den Führern sprach von denen, in dieser Jahrzeit häufigen, Schnee-Lawinen: doch ein andrer sagte daß sie schon alle gefallen wären: es wurde sehr lange hin u. her diskutirt: doch endlich riethen mir es alle einstimmig ab; sie sagten daß wenn ich vom gehn erhitzt dem Gipfel nahe käme, würde ich bis zum halben Leib in den Schnee fallen, u. eine Stunde darin gehn müssen. Ich mußte mich also wider Willen entschließen, den *Mt. anvert* für diesmal nicht zu ersteigen.

Diesen Abend sah ich das Thal bey Mondschein. Ich kenne keinen imposantern Anblick. Es war eine schöne stille Nacht, der Himmel mit Sternen besäet. Man sieht bey Mondschein die ganze Höhe der Berge viel besser, da ihre Abstuffungen, welche sie bey Tage verkleinern, verschwunden sind: wie eine grade Mauer stehn jetzt die schwarzen Riesen-Gestalten da, u. verbergen die Hälfte der Himmelsdecke: die Sterne scheinen ihre Spitzen zu umschweben, u. blicken zwischen den Zacken ihrer Gipfel, die sich auf dem gestirnten Himmel schwarz abzeichnen. Dieser Anblick hat etwas unbegreiflich feierliches, welches vorzüglich durch die ruhige tiefe Stille vermehrt wird, welche dabey herrscht, u. nur durch das eintönige Rauschen der *Arve* gestöhrt wird.

Mittwoch. d. 16ten May.

Das Auge muß an den Anblick der Berge gewöhnt seyn, um ihre Höhe ganz zu fassen, u. ihre Entfernung zu erkennen. Bei *Salanche* erschien mir der *Mt. blanc* kaum eine halbe Stunde weit zu liegen, obgleich ich noch acht *Lieues* davon entfernt war: u. besonders bey den Schnee-Bergen findet diese Täuschung statt. Auch die ungeheure Höhe der Berge welche dies Thal umgeben, u. welche dicht vor mir liegen, begreife ich erst ganz, wenn ich mir dencke, daß das, was mir wie Buschwerck erscheint, u. was ich, so hoch wie mir der Berg auch vorkommt, für nichts andres halten kann, große Tannenwälder sind, u. jene kleinen Höcker u. Erhebungen, hohe Berge seyn würden, wenn sie auf der Fläche ständen. – Als ich diesen Morgen schon früh in dem herrlichen Thal spatzieren gieng, sah ich am andern Ufer der *Arve* eine weiße geschlängelte Masse, wie ein gefrorener Bach: am Fuß eines Berges, beynah noch auf flacher Erde. Ich hielt es für einen kleinen Gletscher u. richtete meinen Weg darauf zu. Obgleich ich in grader Richtung über Wiesen dahin gieng schien es sich immer wircklich zu entfernen. Nachdem ich ziemlich lange gegangen war stand ich vor einem Wald, von Buchen u. Tannen, durch den ich mit Mühe über große Felsstücke gieng: als ich endlich herauskam, sah ich die weiße Figur hoch über mir liegen, u. ich habe eine halbe Stunde gebraucht um hinauf zu steigen, indessen ich von weitem glaubte sie läge beynah auf flachem Boden. Die weiße Masse selbst war eine kürzlich gefallene Schnee-Lawine, die einen steilen Hohlweg, der vom Berge kommt, u. einer von denen Kanälen ist welche sich die Lawinen bahnen, auf eine weite Strecke ausfüllte. Als ich auf der Lawine stand, hatte ich die schöne Aussicht auf das Thal, die man hier von allen Erhöhungen hat.

Um zehn Uhr machten wir uns auf den Weg um den *Chapeau* zu besteigen, ein Berg der am Eismeer gränzt, u. von welchem man eine schöne Aussicht auf dasselbe hat, obgleich sie nicht so ausgedehnt ist, als die vom *Montanvert*. Bis zum Fuß des *Chapeaus* fuhren wir im *Char à banc*. Alsdann ritten wir, meine Mutter auf einem Maulesel, u. ich zu Pferde. Der Berg ist bis zur Spitze mit Tannen bedeckt. Zu Anfang gieng unser Weg längst einem außerordentlich wilden Waldstrohm, der sich mit entsetzlichem Brausen über Felsstücke ins Thal stürzt. Je höher wir kamen desto ausgebreiteter u. schöner wurde die Aussicht auf das Thal von *Chamouny*. Ungefähr auf der Mitte des Berges hat man einen überaus herrlichen Anblick. Zur rechten sieht man das himmlische Thal von *Chamouny*, mit dem Dorfe in der Mitte, mit der brausenden *Arve* die es durchstreicht, u. mit den majestätischen Bergen u. Gletschern die es umgeben: zur Lincken hat man die *Valée d'Argentière*, ein kleines ebenso lachendes Thal, in dessen Hintergrunde der breite schneebedeckte *Col de Balme* steht, u. das Thal schließt. Es ist ein so schöner Abstand zwischen den grünen friedlichen Thälern, mit den stillen Dörfchen die darin liegen, u. den schrecklichen Massen von Felsen, Schnee u. Eis, wild durcheinandergeworfen, die man über den Thälern erblickt, u. die wie ein drohendes Schreck-Bild hingestellt scheinen.

Wir ritten über Wege, die so aussahn, daß ich nie geglaubt hätte, daß ein Pferd darüber gehn konnte, u. mit Erstaunen sah ich wie es mit der größten Behutsamkeit über die großen Steine hinweg kletterte, die den Weg bey jedem Schritt versperrten. Dann giengen wir auf einem Weg der grade so breit war wie das Pferd, u. längst einem senckrechten Abhange führte, in dessen Grunde das Thal liegt, u. in den man nicht ohne Schrecken hinabsehn kann. Endlich wurde der Weg so, daß es garnicht mehr möglich war zu reiten: wir stiegen ab, u. giengen jetzt immer längst dem *Glacier des bois*, welcher vom Eis-Meer, bis ganz ins Thal hinab geht: u. uns fortwährend einen Chaos von Eis-Spitzen u. fürchterlichen Spalten u. Klüften zeigte, in deren blauen Rachen man mit Schrecken hinein blickt.

Wir hatten außer unserm Führer *Alexis* aus *Salanche*, noch einen zweyten, *Victor Terraz* aus *Chamouny*, mitgenommen. Dieser letztere entdeckte unterwegs, nicht weit vom Gletscher, eine Krystallstufe: die beiden Führer, der Bediente, u. ich, hoben sie ohne sehr große Mühe, nachdem wir die Erde die sie bedeckte vorher mit den Berg-Stöcken gelöset hatten. Der Seite des Steines, die nach oben gekehrt lag, war nichts anzusehn: die untere Seite aber, welche in der Erde lag, war mit einer Menge heller glänzender Krystall-Spitzen bedeckt, die in verschiedenen Richtungen hervorragten: die größte war zwey Zoll lang, u. hatte ungefähr drey u. einen halben Zoll im Umfange. Sie hatten alle die Figur eines regelmäßigen *Prisma's*, von fünf, sechs, bis sieben Seiten, u. waren nach oben Pyramidenartig zugespitzt. Wir schlugen die Spitzen alle ab, u. ich habe eine Menge davon mitgebracht. Die Führer sagten sie hätten noch nie das Krystall so niedrig gefunden, u. glaubten die

Stufe müsse vor langer Zeit von einem der hohen Berge herunter gerollt seyn, u. sich nach u. nach in der Erde eingewurzelt haben. Nachdem wir diesen Fund gethan hatten kamen wir über eine große Schnee-Lawine: über derselben ist ein schöner Wasserfall, der senckrecht von einem mosigen Felsen herunterfällt. Wir stiegen noch eine Strecke längst dem Gletscher, u. erreichten endlich die Spitze des *Chapeau's*. Jetzt waren wir am Ziel unserer Reise, wir hatten das Eis-Meer vor uns u. sahen unter uns den *Glacier des Bois* in das schöne Thal hinabgehn, von welchem wir auch eine große Strecke u. die Berge jenseits sahen: über uns sahen wir die hohen Spitzen *Géant* u. *Dru*, welche so schroff sind, daß kein Schnee darauf haftet, u. sie erheben ihre schwindelnden Spitzen schwarz u. kahl über Schnee-Berge. Ich erschrack u. faßte ihre Höhe ganz, als ich sah wie wir ihnen noch gar nicht näher gekommen waren, obgleich wir so lange gestiegen waren. Der *Chapeau* ist nur ein Punkt auf einem viel höhern Berge, der sich hinter uns erhob, u. auf dem weidende Ziegen u. Schaafe von Einem Felsen-Stück zum andern sprangen. Uns gegenüber auf der andern Seite des Eismeers sahen wir den *Mont-anvert*, u. auf demselben ein kleines Haus welches zur Bequemlichkeit der Reisenden erbaut ist, die von dort das Eis-Meer überblicken wollen. Vom *Chapeau* sieht man eine weit kleinere Strecke des Eismeers, indessen ist es genug um einen Begriff davon zu haben. Das Eismeer soll seinen Namen davon erhalten haben, weil es die Gestalt eines von Wellen bewegten Meeres hat: die vielen unregelmäßigen Spitzen überall hervorragen geben ihm wircklich dieses Ansehn: zwischen denselben sind schreckliche Schlünde u. Brüche im Eis, die den, der sich ihrem gefährlichen Rande naht, in dem blauen Abgrund zu vernichten drohen. In den Eisritzen laufen brausende Bäche, vom geschmolzenen Schnee u. Eis. Auch hört man von Zeit zu Zeit, ein hohles Getöse wie der stärckste Donner, welches von den gewaltigen Eisschollen verursacht wird, die sich losreißen u. auf der Oberfläche des Gletschers, od. in den untern Eis-Hallen des Meeres fallen, sich zerschellen, andre Stücke mit fort reißen u. die anhaltenden Donnerschläge bewircken, welche vom Echo wiederhohlt u. verstärckt werden. Dieses Schauspiel, der Anblick der ungeheuren Eis-Massen, die schallenden Schläge, die brausenden Bäche, die Felsen ringsum, mit den Wasserfällen, oben die schwebenden Spitzen, u. Schneeberge, alles trägt ein unbeschreiblich wunderbares Gepräge, man sieht das Ungeheure der Natur, sie ist hier nicht mehr alltäglich, sie ist aus ihren Schrancken herausgegangen, man glaubt ihr näher zu seyn. Ist es nicht unbegreiflich, wie hier mitten zwischen grünen Wiesen u. Wäldern das ewige Eis liegt, u. wie es da, wo man das Eis berührt, nicht kalt ist. Und auffallend kontrastirt gegen diesen erhabenen großen Anblick, das lachende Thal in der Tiefe! – Nachdem wir eine kleine Stunde das prächtige Schauspiel betrachtet hatten, lenckten wir unsere Schritte wieder hinab. Wir mußten jetzt viel weiter zu Fuß gehn, als beim Steigen: es war unmöglich auf dem steilen Wege längst dem grausen Abgrund zu reiten, die Thiere hatten selbst Mühe hinab zu gehn: nur in der Gegend des starcken Waldstrohms dessen ich vorher erwähnt habe, konnten wir wieder aufsteigen.

Die ganze Berg-Promenade hatte über sechs Stunden gedauert, wie ich als wir unten waren mit Erstaunen sah, die Zeit war mir sehr schnell vergangen. Auch erstaunte ich zu sehn wie niedrig der *Chapeau* von unten aus scheint, wenn man die höhern Berge dahinter sieht. Man kann gar keinen Begriff von der ungeheuren Höhe der Berge haben, eh' man selbst etwas gestiegen hat.

Wir giengen jetzt zum Fuß des *Glacier's des bois* um die Quelle des *Arveiron's* zu sehn. Wir kamen durch ein Tannenwäldchen dahin. Und mußten dann über große Stein-Massen, die man überall am Fuß der Gletscher findet. Wir standen jetzt ganz am Fuß des Gletschers, der hier eine hohe grade Eismauer bildet: ganz unten quillt der *Arveiron* aus dem Gletscher hervor, ströhmt brausend davon, u. vereinigt sich weiter hin mit dem Waldstrohm *Arve*. Im Sommer wenn das Eis etwas thaut entsteht über der Quelle ein großes Gewölbe von Eis, aus welchem man den Strohm kommen sieht. Sonderbar daß dieses Gewölbe sich jeden Sommer an einem andern Ort bildet. Jetzt war es noch nicht da. In der Eismauer aber war eine Höhle deren Inneres sonderbare Eisfiguren vom schönsten blau zeigte.

Als wir von dieser wunderbaren Quelle weggiengen, sahen wir

mehrere Schneelawinen auf den Gletscher fallen: auch schon als wir vom *Chapeau* herabkamen hatten wir dieselbe Erscheinung. Die Lawinen fallen indessen nicht so wie ich sie mir vorher vorgestellt habe. Es ist kein Schnee-Ball der durch das Rollen auf dem Schnee immer größer wird. Freylich kann auch ein kleiner Schneeklumpen eine Lawine verursachen, aber nicht so. Ein Stück Schnee fällt, es reißt den Schnee der neben ihm liegt mit fort, dieser erschüttert wieder den Schnee über den er kommt, u. so geräth eine ganze Decke von Schnee in Bewegung, u. stürzt mit solcher Gewalt den Berg hinab daß sie einen Menschen der fünfzig Schritt davon entfernt ist, durch den bloßen Luft-Zug umwirft. Die Lawinen fallen nicht immer ganz ins Thal herab, sie bleiben liegen wo sich ihnen ein Hinderniß entgegenstellt. Von unten, finde ich daß sie grade wie ein großer Schäumender Wasserfall aussehn: da man ihren Lauf nie ganz, sondern nur von einem Felsen auf einen andern sieht, wo sie dann seitwärts wegstürzen, od. für dies Mal liegen bleiben. Die Lawinen haben sich auf allen Bergen gewisse Hohlwege gemacht, durch die sie immer fallen, u. bey denen sich kein Mensch anbaut. Vom Thal aus kann man sehr gut den Schnee gefallener Lawinen, an seiner gelblichen Farbe unterscheiden. Der Schnee auf den Bergen ist vom reinsten weiß, u. das Eis der Gletscher bläulich. In dem Wäldchen vor dem Gletscher fanden wir die Alpenrose, welche nur auf Bergen u. hochgelegnen Örtern wächst: die Blume soll das prächtigste roth haben: sie war noch nicht in Blüthe: die Pflanze hat gar keine Ähnlichkeit mit dem gewöhnlichen Rosenstock: das Holz ist biegsam, die Blätter sind länglich, dick, dunkelgrün u. auf der untern Seite gelb: die Blütenknospen kommen nur am Ende der Zweige in der Mitte einer Krone von Blättern. Auch begegneten wir in diesem Wäldchen die *Albinos*, welche mit zu den Kuriositäten *Chamouny's* gehören. Diese beyden Menschen gehören wie ich glaube zu den *Blaffards*, einer Menschenklasse die man allein in der Schweiz antrifft. Sie sind im Gesicht ganz weiß, ein klein wenig Farbe haben sie in andern Ländern angenommen, als sie reisten um sich sehn zu lassen: ihre Haare sind schneeweiß, u. so starck wie Pferdehaare: sie haben rothbraune Augen beynah wie die Kaninchen, u. können bey Tage fast gar nicht sehn, am besten sehn sie in der Dämmerung, od. in dichten Wäldern. Sie haben sich lange in England aufgehalten, u. sprechen recht gut englisch: sind aber seit mehreren Jahren in ihr Vaterland zurückgekehrt, wo sie lieber arbeiten als in fremden Ländern das elende Leben der Geschöpfe führen, deren Mißbildung man zur Schau ausstellt.

Es war beynahe sechs als wir wieder im Dorf *Chamouny* ein wenig müde ankamen u. zu Mittag aßen.

Nachmittag machten wir mit dem Führer *Victor* noch einen Spaziergang im Thal, sahen nochmals die prächtigen Alpen in all ihrer Herrlichkeit beim Schein der sinckenden Sonne. Wir giengen auf eine Anhöhe dem *Mt. blanc* gegenüber, wo wir ihn nochmals anstaunten; sein Haupt war unbewölckt u. weissagte nicht das Unglück welches uns am folgenden Tage überfallen sollte. Wir konnten von hier aus die ganze südliche Alpenkette des Thals überschauen: in der Mitte steht der *Mt. blanc* als das Oberhaupt aller, u. ragt hoch über alle hervor: die höchsten von den andern Bergen stehn neben ihm, wie die Großen seines Reichs, u. man kann deutlich sehn wie sie an beyden Seiten weiter von ihm immer abnehmen. Man kann die ganze ungeheure Höhe des *Mt. blancs* nicht von unten auf einsehn: man sieht zwar den Gipfel aber dieser steht so weit zurück, daß er wenig höher scheint als die niedrigern Spitzen die sehr viel tiefer liegen: um seine Höhe ganz zu übersehen muß man die hohen Schneeberge besteigen, die ihm gegenüber liegen. Auch konnten wir von der Anhöhe auf der wir standen einen großen Theil des Thals übersehn, von welchem wir jetzt auch Abschied nahmen.

Beynah so merckwürdig wie die Wunder der Natur die *Chamouny* vor allen Gegenden der Schweiz verherrlichen, sind die Menschen die dieses glückliche Thal bewohnen. Man sollte es nicht erwarten so viel wirckliche Bildung bey diesen Bergbewohnern zu finden. Eigennutz u. Neid sind ihnen unbekannt: Ein Führer empfiehlt den andern; hier sind zwey Wirtshäuser, der Sohn unsers Wirths, *Victor*, versicherte uns treuherzig, wir würden im andern Hause eben so gut wohnen wie bey ihm: alle sind bereit dem Fremden mit Rath u. Hülfe beyzustehn, sie beantworten stundenlang mit der größten Gelassenheit seine Fragen: nicht so wie in den Städten, wo besonders der gemeine Mann ängstlich ist auch den geringsten Dienst ohne Hoffnung von Gewinnst zu leisten, wo ihm bey jedem unbezahlten Wort, das leidige »Was hab' ich davon!« vorschwebt, u. wo man es kaum wagen kann ihn nach dem rechten Weg zu fragen. In *Chamouny* ist man nicht darüber aus, dem Fremden unter diesem od. jenem Vorwand etwas abzufordern: man sieht hier sogar keinen Bettler, die Einwohner unterstützen sich unter einander. Die Ehrlichkeit dieser guten Savoyarden ist nicht von der groben Art, wie sie sonst nur gar zu häufig ist: viele von ihnen können freylich kaum französisch, ihre Sprache ist der savoyardische *Patois*: aber sie haben die angeborne natürliche Höflichkeit, welche das wircklich ist, was die andre vorstellt, Gefälligkeit, Milde, Theilnahme. Die Führer reden alle gut französisch, u. wircklich in sehr höflichen gewählten Ausdrücken, sie erklären alles sehr deutlich. Die wircklich bewunderungswerthe Höflichkeit in ihren Manieren haben sie angenommen, da sie natürlich viel mit Leuten von Erziehung zusammen sind: aber es ist noch mehr zu bewundern, daß sie zu gleicher Zeit nicht arrogant u. überlaut geworden sind. Es zeichnet, im Gegentheil, eine sehr große Bescheidenheit, u. etwas stilles ernstes in ihrem Betragen alle Bewohner von *Chamouny* aus. Kurz, die guten Eigenschaften dieses Völkchens sind so auffallend, daß ich in dem kurzen Aufenthalt tausend Gelegenheiten gehabt habe sie zu bewundern. Dabey habe ich nirgends so viel schöne Leute gesehn als hier: wir haben zwey Mädchen begegnet deren Schönheit uns alle in Erstaunen setzte: unser Führer *Victor*, war der schönste Mann den ich mich erinnre je gesehn zu haben: er ist jetzt vier und zwanzig Jahr alt, von beynah riesenmäßiger Größe, dabey in der schönsten Proportion, u. hat ein schönes männliches Gesicht.

Auf dem Wege nach *Chamouny* haben wir zwey Menschen aus der Klasse der *Crétins* begegnet, die man allein in der Schweiz sieht. Es ist ganz sonderbar daß diese Menschen die unter dem Thier stehn, die taub, stumm, u. blödsinnig sind, auf ihrem Gesicht den Ausdruck einer wilden triumphirenden Fröhlichkeit haben. Ihre Kröpfe hängen ihnen bis auf die Brust herab, u. beängstigen sie so,

AUS DEN JAHREN 1803-1804 171

daß sie kaum athmen können, sie schnarchen fortwährend laut: sie ersticken am Ende fast immer. –

Wir besuchten diesen Abend den Führer *Michel Paccard*, der eine große Sammlung von Steinen, Krystall, Gemsen- u. Steinböck-Hörnern hat: auch einen ausgestopften Steinbock u. eine Gemse. Der Steinbock ist ein gewaltig großes Thier; seine Hörner sind über zwey Fuß lang, u. sehr starck: die Jagd des Steinbocks ist mit entsetzlichen Gefahren verbunden, u. noch beschwerlicher wie die Gemsenjagd.

Donnerstag. d. 17. May.

Wir haben Glück gehabt auf der ganzen Farth nach *Chamouny* vom schönsten Sommerwetter begünstigt zu werden; so daß wir diese prachtvollen Wunder der Natur in all ihrer Herrlichkeit gesehn haben. Doch jetzt, nach dem wir grade mit unserer Beschauung fertig waren hat auch das schöne Wetter aufgehört. Als ich diesen Morgen aufstand, sah ich mit Schrecken alles verschwunden, der *Mt. blanc*, die hohen Schneeberge, alles war weg, eine dicke nebliche Wolckendecke hatte alles verschleiert, u. hieng tief bis beynah ins Thal herab: wie ein schöner Traum war die gestrige Pracht vergangen.

Wir fuhren in einem Zwischenraum den der Regen ließ, ab; aber kaum hatten wir des Thales Ausgang erreicht als es wieder anfieng zu regnen, um bis zum Abend nicht mehr aufzuhören.

Der *Char-à-banc* hat freylich ein Dach, welches aber nur von vier Stäben gestützt ist, so daß der Regen unaufhörlich von den Seiten hereinpeitschte. Dabey mußten wir alle Augenblick aussteigen: bald um über die häufigen Waldströhmchen zu kommen, welche den Weg durchkreuzen: bald um große Strecken zu gehn, wenn der enge Weg so steil neben den jähen Abgründen führte, daß das Pferd ausgespannt wurde, u. das sicherere Maulthier allein den Wagen zog, den der Führer noch hielt. Jetzt war es uns viel merckbarer wie steil der Weg nach *Chamouny* ist, u. wie hoch das Thal liegt: man rechnet es 3200 F. über Meeresfläche.

Ich erkannte die herrliche Gegend, deren Anblick mich vor ein Paar Tagen entzückt, nicht mehr: die Wolcken hatten alle Berge so umlagert, daß sie schienen sich nie wieder heben zu wollen. – Als wir gegen Abend endlich nach *Salenche* kamen war ich durchnäßt als hätte ich im Wasser gelegen.

Freitag. d. 18. May.
In *Salenche* fanden wir unsern Wagen wieder, u. fuhren diesen Morgen um sieben von hier weg. Das Wetter klärte sich auf, wir kamen wieder durch das schöne Thal vor *Salenche*, sahen nochmals die beyden prächtigen Wasserfälle, u. die hohen Berge die das Thal von beyden Seiten einschließen. In *Bonneville* aßen wir zu Mittag. Und als wir Nachmittag den reizenden Weg nach Genf zwischen den schönen angebauten Bergen zurückfuhren, hatten wir das schönste Wetter von der Welt. Um sechs Uhr waren wir in Genf.

Sonnabend. d. 19. May.
Diesen Nachmittag machten wir eine Ausfarth auf den Genfer See: wir sahen nochmals seine lachenden grünen Ufer: überall bewachsen, überall mit angebauten Feldern u. kleinen Hölzchen bedeckt, zwischen denen hin u. wieder Dörfer u. schöne Landhäuser liegen. Und hinter den reizenden Anhöhen die den See begränzen sieht man alle die hohen Schneeberge, u. den allerhöchsten in ihrer Mitte. Das Wasser des Sees ist so außerordentlich klar, daß man auf einer Tiefe von acht Fuß, jeden Sandkorn sehen kann: der Grund besteht aus schönem harten Sand, der die beste Gelegenheit zum Baden darbietet. Wir stiegen beim Garten des Hrn. *Bordier*, der mit uns war, aus. Der Garten ist sehr hübsch, u. hat eine unvergleichliche Aussicht auf den heitern See, u. auf die Berge welche Wüsteneien von Schnee bedecken. Wir giengen zu Fuß nach Genf zurück. Unterwegs sah ich zum letzten Mal das große Schauspiel des *Montblanc's* u. der Gletscher, vom Sonnenuntergang mit rosenfarben Schimmer überzogen.

Sonntag. d. 20. May. Pfingsttag.
Wir reisten diesen Morgen von Genf ab. Kaum waren wir aus der Stadt, so fieng es an zu regnen, so daß wir von der Gegend, die mir indessen sehr flach scheint, fast nichts sahen. Wir fuhren

immer längst dem See: bisweilen sahen wir jenseits Berge. An vielen Stellen ist er so breit, daß man das andre Ufer nicht mehr sehn kann.

Erst heute kamen wir über die eigentliche Gränze der Schweiz, da Genf jetzt zu Frankreich gefallen ist. Man erließ uns die Visitation.

Nachmittag klärte sich das Wetter auf. In der Nähe von *Lausanne* wird die Gegend interessanter. Um sechs Uhr waren wir in *Lausanne*, wo ich sogleich unsern Addreß-Brief an Hrn. *Steiner* abgab.

Montag. d. 21. May.

Hr. *Steiner* führte uns diesen Morgen nach seinem Garten, der dicht vor *Lausanne* liegt, u. nach seinem eignen Plan sehr hübsch angelegt ist. Die Aussicht die man von den Terrassen dieses Gartens hat, ist über alle Begriffe schön. Sie ist nicht sehr vielfältig aber eben deswegen desto schwerer zu beschreiben. Man hat einen großen Theil des Sees vor sich: an einer Stelle ist er beynah unabsehbar: grade gegenüber aber steht das Ufer näher, u. man sieht auf demselben eine Reihe wunderbar schön geformter Berge: zwischen den Bergen sind große Wälder u. bebautes Land. Auch sieht man einen Theil der schönen Ufer des Sees, auf dieser Seite. Von dem so schön gelegenen Garten des Hrn. *Steiners* giengen wir mit ihm auf die Promenade *du Montbenon*, eine große Allee, vor dem Genfer Thor: Man hat von hier dieselbe Aussicht ohngefähr wie von Hrn. *Steiners* Garten, auf der einen Seite: u. auf der andern übersieht man eine schöne Strecke von dem fruchtbaren Land um *Lausanne*.

Nachmittag giengen wir mit Mad. *Trümmler* nach dem Garten des Hrn...... der auch die herrliche Lage am See hat, u. auch von hier hat man die Aussicht auf die savoyischen Berge, wie von Hrn. *Steiner's* Garten, nur kann man die schöne Bergkette noch weiter hinauf mit den Augen verfolgen. Bey der Beleuchtung der untergehenden Sonne, die einen goldenen Schein auf den klaren See warf, zeigte sich die schöne Gestalt der Berge in ihrer vollen Pracht, u. verschönerte sie so, daß ich keinen herrlichern Anblick kenne wie diese Bergkette vom Sonnenuntergang beleuchtet.

Dienstag. d. 22. May.

In *Lausanne* geht keine einzige Straße horizontal: immer bergauf u. bergab, eine jede Straße ist ein steiler Berg: es ist ein ewiges Klettern in der Stadt. In der Straße die zur Kathedrale führt, ist, weil sie gar zu steil geht, eine Treppe gebaut, auf der ich heute hundert u. sechzig Stufen gezählt habe. Die Kathedrale ist ein großes gothisches Gebäude: sie liegt auf dem höchsten Punckt der Stadt, wodurch den frommen Einwohnern der Kirchgang ziemlich erschwert ist. Vom Kirchhof hat man aber eben deswegen eine ausgedehnte Aussicht: man sieht den See, die schönen Berge jenseits, u. eine fast unabsehbare Strecke der angebauten Flächen um *Lausanne*, unter sich hat man den größten Theil der Stadt. *Lausanne* ist auch übrigens größtentheils schlecht gebaut: hin u. wieder sieht man einige schöne Häuser, doch sind die Straßen fast alle krumm.

Wir besahen diesen Nachmittag den sehr großen *Haller*schen Garten, er liegt sehr hoch: ganz oben ist ein *Belvedere*: von hier hat man alles vereint vor sich was wir von den verschiednen Stellen in u. um *Lausanne* gesehn hatten: jedoch in großer Entfernung: die schöne Gebirgskette sieht man in ihrer größten Ausdehnung, man sieht eine viel beträchtlichere Strecke des Sees, u. die schönen grünen bewachsenen Fluren weit umher. Man hat von *Lausanne* eigentlich nur Eine Aussicht, sie ist überall die selbe, nur näher od. ferner, mehr od. weniger Ausgedehnt: aber diese Aussicht hat etwas unbeschreiblich anziehendes, ich finde in ihr einen ganz eignen Reiz: es ist schon ein so ungewohnter, wunderbarer Anblick ein so großes unabsehbares Wasser, so ruhig mit einer spiegelglatten Oberfläche zu sehn. Noch diesen Abend sahen wir in Hrn. *Steiners* Garten den Mond darüber aufgehn: es machte eine so seltsame Wirckung daß wir zu Anfang uns die Ursache davon nicht zu erklären wußten: der Mond war hinter Wolcken verborgen, die uns hinderten ihn zu sehn, jedoch warf er seitwärts einen glühenden Schein auf das Wasser, der sogar die Berge jenseits beleuchtete: bis der Mond hervorkam u. uns die schöne Gegend in seinem wunderbaren Lichte sehn ließ.

Mittwoch. d. 23. May.
Wir fuhren diesen Morgen früh wieder von *Lausanne* weg. Es war ein außerordentlich warmer Tag. Wir kamen durch eine sehr schöne Gegend, überall sahen wir ein wenig Abwechslung: von fetten Weiden, angebauten Feldern mit Obst-Bäumen von einander getrennt: nirgends eine unbewachsene Stelle, alles ist angebaut u. benutzt bis auf die Spitzen der niedrigern Berge welche überall die Gegend verschönern, u. selbst da geackert sind, wo sie so schroff herabgehn, daß man kaum darauf stehn kann. Wir fanden viele Tannenwälder, durch deren dunckles grün sich helle Wiesen schlängeln: doch ist es auffallend daß man fast nirgends Vieh auf denselben sieht: man hat jetzt in der ganzen Schweiz die Stallfütterung eingeführt, da man bemerckt hat daß auf den Weiden das Vieh fast ebenso viel Gras zertritt als es frißt: nur auf den Alpen läßt man es weiden. Die Wiesen bestehn nicht aus reinem Grase, sie sind größtentheils mit Kräutern u. Blumen von verschiedenen Farben bedeckt, welche für das Vieh so sehr gut seyn sollen, u. wodurch das Heu in der Schweiz einen noch viel schönern u. stärckern Geruch hat, wie in andern Ländern. In *Chamouny* bestehn viele Wiesen aus lauter Stiefmütter-Blümchen.

Diese Nacht blieben wir in *Avanche*.

Donnerstag. d. 24. May.
Es regnete diesen Morgen sehr starck: ich gieng dennoch ein antikes *Pavé* von Mosaik sehn, welches ein Bauer auf seinem Felde ausgegraben hat. Dieses Denckmal ehemaliger Pracht dient jetzt zum Fußboden einer Scheune. Das *Pavé* ist außerordentlich groß[a], u. war da man es fand überall vollkommen gut konservirt. Aber die blinde Wuth einer Rotte *Carmagnolen*, zerstörte zwecklos das geheiligte Kunstwerck, welches die Zeit ein Jahrtausend verschonte. Nur hie u. da sieht man noch übriggelassene Stellen, die mit regelmäßigen Figuren u. Verzierungen bedeckt sind. Da wo jetzt die Scheune steht, sollen ehemals Bäder gewesen seyn, auch sieht man in der Mitte des *Pavés* eine Art Cisterne, die zu dem Behuf gedient hat.

---

[a] 60 F. lang u. 40 F. breit.

Man hat bey *Avanche* mehrere Alterthümer entdeckt, unterirdische Gewölbe, eine Säule u.s.w. bey der Kirche liegen zwey schöne Antike Steine. Der heftige Regen verhinderte uns die herrliche Gegend um *Avanche*, u. besonders um den See, ganz zu sehn. Nur gegen Mittag klärte sich das Wetter auf. Die Gegend wurde je weiter wir kamen immer schöner, wir fuhren immer zwischen angebauten u. bewachsenen Anhöhen, Wäldern u. Wiesen u. in der Ferne zeigten sich uns hohe Berge mit weißen Schneeadern.

Wir waren zu Mittag in Bern.

Da es jetzt schon länger als ein Jahr ist als wir in Bremen die letzte deutsche Comedie sahen, giengen wir diesen Abend ins Berner Schauspiel, u. sahen die Zauberflöte; die Vorstellung war in jeder Hinsicht erbärmlich, das spashafteste dabey war daß die Schauspieler fast alle in dem harten unleidlichen Schweizer-Accent sprachen, was eine ganz eigne Wirkung machte.

Freytag. d. 25. May.

Bern ist, wie Genf, so gebaut, daß die Fußgänger für den Regen gesichert sind, aber nicht wie dort durch hervorragende Dächer, sondern durch gewölbte, von Pfeilern gestützte Gänge, welche unter den Häusern weggehn, u. den Vordertheil derselben tragen: ungefähr wie im *Palais-royal*, nur mit dem Unterschied, daß die berner Arkaden noch viel schmäler wie jene sind, u. kaum halb so hoch: auch herrscht in denselben eine dumpfe feuchte Luft. Diese Arkaden haben für die Fußgänger allerdings große Bequemlichkeiten, da man in der ganzen Stadt im Regen trocken gehn kann, u. auch weil diese Gänge mit Quadersteinen gepflastert sind: doch geben sie den Straßen etwas sehr todtes, da man aus den Fenstern keinen Menschen sieht, u. in Bern jetzt keine Wagen mehr rollen, als die der Reisenden u. Frachtfuhrleute, seitdem die edlen Schweizer-Familien, welche hier residirten, ihre Vorrechte u. Reichthümer durch die neue Constitution verlohren haben, u. die Reichen, hier wie in der ganzen Schweiz, geplündert sind. Der Sturz der edlen Familien welche ehemals ausschließlich die Regierung in Händen hatten, ist übrigens die einzige Veränderung welche in der Verfassung der Schweizer gemacht ist. Jetzt kommen sogar Bauern in den großen Rath, u. mit Recht, da der Bauernstand der erste u. beynah der einzige in der Schweiz ist.

Die Hauptstraßen von Bern sind sehr gut gebaut, sie gehn ziemlich grade, die Häuser sind von Quadersteinen, u. fast alle egal. Überall sind eine große Menge von den altdeutschen barocken Verzierungen angebracht, besonders bey den Brunnen, deren man in jeder Straße vier bis fünf antrifft, auf denen jedesmal steinerne geharnischte Menschen u. Bären, Narren mit der Schellenkappe, Kinderfresser, u. dergleichen sinnreiche Figuren mehr, stehn: besonders Bären, von denen man den Namen der Stadt herschreibt, u. deren man in Bern, man mag stehen wo man will, immer mehrere vor Augen hat. Die Nebenstraßen von Bern sind größtentheils sehr schlecht gebaut.

Ein Gebrauch der einem jeden Fremden in Bern auffallen muß, ist das ewige Grüßen: man wird von einem jeden dem man begegnet begrüßt, u. wird so in den volckreichsten Gassen in fortdauernder Bewegung gehalten, wenn man sich nicht entschließt mit dem Hut in der Hand zu gehn.

Ich gieng diesen Morgen auf den Wall: die Aussicht die man von dem obersten Bastion hat, ist außerordentlich schön, man sieht einen herrlichen fruchtbaren Strich Landes, von der Aar durchschlängelt, an beyden Seiten der selben Wiesen, geackerte Felder u. Wäldchen, zwischen denen überall Dörfer u. zerstreute Häuser liegen: hohe Berge, bis zum Gipfel geackert u. bebaut, od. zur Hälfte mit Waldungen bedeckt, erweitern u. beschräncken die Aussicht nachdem sie näher od. ferner stehn. Auf dem Wege zum Wall sah ich den Stadtgraben in welchem Bäume stehn u. Rehe unterhalten werden: sonst wurden durch ein Vermächtniß, in dem andern Graben, die Lieblingsthiere der Berner, drey Bären, unterhalten: aber die Franzosen haben den Bernern auch diese entführt, u. in den *Jardin des plantes* gesperrt.

Eine noch schönere Aussicht wie die vom Wall, hat man von dem sogenannten Kirchhof. Dieser Kirchhof ist ein großer Platz, der sich bey der Kathedral-Kirche befindet: er steht auf einer sehr hohen gemauerten Terrasse, ist ganz mit Bäumen bedeckt, zwischen denen überall Bänke stehn. Dieser Platz ist die Lieblings-Promenade der Berner: an den beyden Ecken der Terrasse sind zwey steinerne Tempel, welche die schönsten Standpunkte sind um die Aussicht zu übersehn. Der Anblick den man von hier hat ist über alle Begriffe schön: es ist eine von denen Aussichten, die man nie genug betrachten kann, weil sie eine unendliche Mannigfaltigkeit von Landschaften darbietet, auf deren jede das Auge mit Vergnügen verweilt. Man sieht hier dieselben Gegenstände wie vom Wall aus: aber von einem andern Gesichtspunkt; man hat alle Gegenstände näher u. die Aussicht ist doch viel ausgedehnter. Unter sich am Fuß der Terrasse sieht man die Aar, welche hier eine starcke Biegung macht, auch ist an dieser Stelle eine Art Schleuse, über welche die Aar mit gewaltigem Geräusch wegbraust, u. mehrere Wassermühlen in Bewegung setzt die sich am Fuß der hohen bewachsenen Küsten der Aar sehr hübsch ausnehmen. Und hinter der Aar sieht man die bis zum Gipfel ausgebauten Berge, auf denen buntfarbige Felder in schöner Abwechslung über einander liegen, u. zwischen den Bergen schlängln sich anmutige Thäler, welche das Auge verfolgt, bis sie sich zwischen fernen Bergen verlieren.

Sonnab. d. 26. May.
Als ich diesen Morgen wieder auf den Wall gieng um die herrliche Aussicht zu betrachten, erschrack ich über den Anblick, der jetzt diese Aussicht hundert Mal schöner machte, u. der sich gestern nicht ahnen ließ. Die majestätische Kette der Alpen zeigte sich im Hintergrund der prächtigen Aussicht; alle von oben bis unten im feierlichen Weiß gekleidet, erhoben sich die himmelhohen Spitzen, unter denen sich die schöngeformte Jungfrau, das schroffe Schreckhorn, u. das Wetterhorn auszeichnen. Gestern war ein grauer trüber Tag, ein dichter Wolckenschleier hatte die ganze Bergkette umhüllt: jetzt stand sie wie aus dem Nichts hervorgegangen da.

Auch die himmlische Aussicht vom Kirchhof war durch die Alpen unendlich verschönert, die im Hintergrund in schweigender Pracht dalagen, u. im Sonnenschein ihre blendend weißen Spitzen auf den blauen Himmelgrund zeichneten. Und näher vor der Alpenkette sah man jetzt niedrigere u. doch ungeheure Berge, auf deren dunckeln Felsen der Schnee sich nur in weißen Adern zeigte.

Und auch die grünen fruchtbaren Gefilde im Vordergrund, zeigten sich im Sonnenschein jetzt schöner, alle Gegenstände flimmerten in hellern Farben u. schienen von einem schönern Leben durchdrungen. Wie sonderbar stechen die grünen lachenden Fluren im Vordergrund, gegen die unermeßlichen Wüstenein von ewigem Schnee in der hohen Ferne ab.

Wir besahen heute die öffentliche Bibliothek. Sie enthält ein hübsches Naturalien-Kabinet, in dem mir besonders eine außerordentlich große Krystall-Spitze auffiel, welche mehrere Centner wiegt. Auch sind hier zwey interessante Pläne von einzelnen Theilen der Schweiz, *en basreliefs* von der Art wie wir einen in *St. Cloud* gesehn haben. Hier ist eine Gallerie in welcher die alten Bilder der ehemaligen Schultheißen aus den fünf edelsten Familien der Schweiz, hängen: der letzte aus dem Hause der *Steiger*, beschließt die Reihe, er war der allgemeine Liebling des Volcks, u. stellte sich als die Franzosen eindrangen selbst an die Spitze der Truppen, wo er am Ende, wie man sagt, den Tod vergeblich suchte: er ist vor zwey Jahren in Berlin gestorben.

Diesen Nachmittag giengen wir mit Hrn. *Guyot* nach der Enge. Wir nahmen nicht den gewöhnlichen, sondern einen Umweg, der uns, längst einem schattigen Walde an die so schönen waldigen Berge, welche Bern umgeben, vorbeyführte: einen von diesen Bergen finde ich besonders schön gestaltet: man nennt ihn den Pantighubel: er ist mit einem dicken Tannenwalde bedeckt, aus dem an der Mitte des Bergs die Felsenwand nackt u. schroff hervorragt.

Die sogenannte Enge liegt auf einem Berge, wir gelangten nicht auf dem gewöhnlichen Weg, sondern durch die waldige Seite dahin. An einer Stelle ist hier durch den Wald eine schöne Aussicht gehauen, welche man die neuentdeckte Welt nennt. Auf dem Gipfel der Anhöhe ist die Enge, eine hübsche Allee. Die Aussicht von hier ist göttlich, u. übertrifft alles in u. um Bern. Am Fuß des Berges ströhmt die Aar finster in der Tiefe, an beyden Seiten mit hohen mit Tannengebüsch bedeckten Ufern begränzt: sie wiederholt hier grade dieselbe Biegung die sie früher am Kirchhofe macht: über der Aar sieht man angebautes Land u. Wälder, bewachsne Berge, die schöne Kette des Pantighubels, eine unendliche Strecke mit Feldern, Gehölz, einzelnen Dörfern bedeckt, hin u. wieder von Bergen unterbrochen: die Aussicht ist zum Theil dieselbe wie vom Kirchhof, aber viel ausgedehnter, u. schöner: endlich ist sie von hohen Schneegeaderten Bergen begränzt, hinter denen man die ausgebreitete Kette der Alpen sieht. Wir kamen grade hin um das prächtige Schauspiel des Sonnenuntergangs auf den Alpen zu sehn: sie überzogen sich mit dem schönsten Rosenglanz, welcher, nachdem die Sonne für uns schon längst verschwunden war, noch immer zunahm: dann erblaßten zuerst die niedrigern Berge, u. die höchsten Spitzen glühten dann noch, bis endlich alles in der Dämmerung verschwand.

Montag. d. 28. May.
Schon gestern hatten wir die Ausfarth nach Thun machen wollen: aber das schlechte Wetter hatte uns davon abgehalten. Diesen Morgen aber fuhren wir mit dem herrlichsten Wetter von Bern aus. Wir kamen auf gutem Wege, durch eine schöne lachende Gegend, an beyden Seiten von grünen bis zum Gipfel angebauten Bergen begränzt, gegen Mittag in Thun an. Wir giengen sogleich auf den Kirchhof der auf dem höchsten Theil des Städtchens liegt, u. von wo man eine unvergleichlich schöne Aussicht auf den Thuner See hat, über dessen glatte Fläche sich zwey kleine außerordentlich schön bebaute Inseln erheben, u. rings um sieht man die hohen Berge welche die Stadt u. den schönen See umgeben, u. deren Höhe man von hier ganz überblickt. Nachmittag embarkirten wir uns auf dem Thuner See in Begleitung des Schiffers u. Führer's *Stoller*. Diese Fahrt auf dem See ist hinreißend schön: er ist ganz von Bergen umringt deren Spitzen sich über die Wolcken erheben, u. deren Höhe man ganz absehn kann, da sie dicht am See stehn. Sie sind alle bis zu einer unglaublichen Höhe angebaut u. bewohnt: ganz auf dem Gipfel hoher grüner Berge sieht man Dörfer, deren Bewohner von der übrigen Welt sehr abgesondert sind.

Der Anblick dieser herrlichen Berge, welche den See umgeben, ist immer schön u. abwechselnd: über dem bebauten Theil derselben erstrecken sich schwarze Wälder, die hohen, Alpen genannten, Weiden, nackte Felsen, u. endlich kommt der ewige Schnee, über dem die unbesteigbaren steilen Spitzen hervorragen, welche man hier Hörner nennt, worunter man grade das versteht was in *Chamouny Aiguille* heißt. Vor u. zwischen den Bergen liegen fruchtbare Thäler. Je höher wir kamen desto höher wurden die Berge: zu unsrer Rechten sahen wir das hohe Stock-Horn, weiter hin den zugespitzten Niesen, zur Lincken den Beaten-Berg, in dessen felsigter Mitte man zwey Höhlen sieht, die eine ist lange von einem Einsiedler bewohnt worden, aus der andern stürzt der Beatenbach hervor, ein schöner Wasserfall, der hoch herab in den See fällt. Endlich sieht man am Ende des Sees die hohen Schneeberge übereinander hervorragen: der breite Blümlisalp, u. das Colhorn, der große Münch od. Eiger, der kleine Münch, u. zwischen diesen beyden den höchsten von allen, die Jungfrau, deren unbesteigbaren Gipfel noch kein sterblicher entweihte.

Gegen sechs Uhr landeten wir unweit Unterseen, einem Dorfe an der Aar, welche hier über eine Schleuse einen starcken Fall macht. Man sieht von einem Platze in Unterseen aus die Jungfrau außerordentlich gut, sie scheint kaum eine viertel Meile weit zu liegen, obgleich man noch beynah zwey Meilen davon entfernt ist. Von Unterseen giengen wir zwischen hohen schroffen Felsen bis nach Interlachen.

Ich habe nie etwas schöneres gesehn als das Thal von Interlachen. Besonders von einer Stelle vom Ufer der Aar, aus, wo ich mich badete, ist dieser Anblick göttlich. Die Berge, welche das hier nicht breite Thal umgeben, ragen immer höher übereinander hervor, die nächsten u. niedrigsten sind mit Gehölz bedeckt, über diesen stehn höhere, ganz hinten sieht man nackte Fels- u. Schnee-Spitzen, welche im Schein der Untergehenden Sonne, welche die ganze Gegend verherrlichte, einen besonders zauberischen Glanz erhielten.

Diengstag. d. 29. May.

Als ich diesen Morgen früh aufstand sah ich zu meinem großen Leidwesen trübes bewölcktes Wetter. Als wir ausfuhren heiterte es sich indessen auf, u. gab uns die besten Hoffnungen das Thal von Lauterbrunnen in seiner ganzen Pracht zu sehn. Der Weg dahin führte uns fortwährend durch ein enges Thal welches sich zwischen zwey Reihen unangebauter Berge windet, welche halb mit Waldungen bedeckt, halb nackt, schroff in das Thal hinabgehn. Bald erreichten wir die *Lütschine*, den wildesten Waldstrohm, den ich noch je gesehn habe: mit einer unglaublichen Gewalt stürzt er über die unebenen Felsmassen hinweg, nirgends sieht man die Farbe des Wassers, er ist von ewigem Schaum bedeckt, den er hoch in die Luft sprizt, u. mit einem schrecklichen Gebraus begleitet: an einer Stelle der Lütschine ist eine Brücke, die ich nicht ohne Grausen ansehn konnte: ein ziemlich hohes Felsstück liegt hier in der Mitte des Waldstrohms, die Schaum-Wellen bestürmen es von allen Seiten u. schlagen darüber weg, von beyden Ufern geht ein kaum sechs Zoll breites Brett auf diesen Stein u. dient den Ziegen u. Hirten zur Brücke. Am stärcksten tobt u. schäumt der Waldstrohm an der Stelle wo sich die weiße- u. schwarze-Lütschine vereinigen, u. wo man sie wircklich mit Schrecken ansieht. Die Ufer der Lütschine werden je weiter man kommt immer romantischer u. wilder: man sieht immer höhere Berge, sie werden immer kahler, zeigen wunderbar auf einander gehäufte Felsen, in seltsamen Gestalten. Vor uns sahen wir hohe Schneespitzen, die Jungfrau, der wir jetzt sehr nahe waren, u. das Schreckhorn dessen Gipfel zwischen zwey Bergen hervorragte. Immer näher drängten sich die Berge, zwischen denen unser Weg sich wand, zusammen, immer kahler u. wunderbarer gestaltet wurden die Felsen: wir fuhren längst einer Felsenwand die über Tausend Fuß hoch, grade u. steil wie eine Mauer heruntergieng: zur lincken sahen wir die Hunnenflue, ein höchst sonderbar gebildeter Fels der grade die Gestalt eines ungeheuren Bastions hat. Aus den Felsen die uns umgaben, u. zu welchen man schwindelnd hinaufsieht stürzen hin u. wieder Wasserfälle hervor: unter diesen ist der größte der Sausebach, den man hoch aus einer Ritze im Felsen herunterstürzen sieht, er überspringt, schrecklich brausend, hohe Felsstücke, u. vereinigt endlich seine Gewässer mit der Lütschine.

Als wir endlich diese wunderbare Gegend verließen, u. in das schöne Thal von Lauterbrunnen kamen, bezog sich das Wetter u. drohte mit nahem Regen, die Jungfrau war mit Wolcken umschleiert.

Das Thal von Lauterbrunnen ist von sehr hohen Bergen umgeben. Sie sind indessen alle bis hoch herauf mit Wiesen bedeckt: auch das Thal ist sehr fruchtbar, u. stellt, nebst den Bergen welche so schräg heraufgehn, daß man eine unendliche Strecke die schönen Bergwiesen übersieht, einen ewig abwechselnden Anblick buntgefärbter Felder u. Wiesen dar, zwischen denen man überall Baumgruppen in unbeschreiblich schöner Mischung erblickt. Und oben auf den Wiesen übersieht man eine Menge Hirten-Häuser *(Chalêts)* welche hin u. wieder zerstreut liegen. Im Winckel am Fuß des Berges u. am Eingang des Waldes, sprudelt die schäumende Lütschine. Mitten im Thal liegt das Dörfchen Lauterbrunn: u. grade dem Häuschen des Pfarrers gegenüber, fällt der riesenmäßige Staubbach, u. stürzt hoch durch die Luft in das Thal herab. Von der ungeheuren Höhe von neunhundert Fuß, fällt er von einem schnurgrade herabgehenden Felsen, ohne ihn zu berühren, so daß man zwischen dem Wasserfall u. der Felsenwand stehn kann, wobey man jedoch von dem ewigen Regen den er ringsum verursacht, durchnäßt wird. Sehr mit Recht hat man diesen Wasserfall den Staubbach genannt: es ist eine große Säule von Staub: durch die ungeheure Höhe von der er fällt, zertheilt sich das Wasser in Millionen kleine staubartige Theile: er macht daher nicht ein so starkes Geräusch, wie man aus seiner Höhe zu schließen glauben sollte: auch ist in Proportion dieser Höhe eigentlich die Masse Wasser doch noch nicht groß genug: u. ich habe ihn grade in dieser Jahrszeit gesehn, wo er, durch den schmelzenden Schnee von den Bergen, geschwollen, am stärcksten ist: wie muß er im heißen Sommer aussehn, wo er oft nur halb so starck ist. Indessen bleibt der Anblick dieses höchsten aller Wasserfälle in Europa, so wie er ist, gewiß einer der herrlichsten die man sehn kann. Und besonders schön erscheint er in diesen Umgebungen, über dem reizenden Thal, zwischen den himmelhohen Bergen u. schroffen Felsen welche darin herabgehn, u. aus denen man ringsum eine unzählige Menge kleinerer Wasserfälle hervorgehn sieht, unter denen sich der kleine Staubbach, u. das Herrenbächli auszeichnen: es sollen in allem vier u. zwanzich verschiedene Wasserfälle in diesem Thal fallen. Dem Staubbach gegenüber steht der höchste Berg von allen, die unersteigbare Jungfrau. Aber sie war wie alle das Thal begränzenden Berge, unsern Blicken entzogen: ein immer zunehmender Regen war schon losgebrochen als wir den Staubbach erreichten, u. die Wolcken hiengen tief u. endlich bis ins Thal herab: wir standen zwischen den Alpen am Fuß der Jungfrau u. konnten nichts davon sehn.

Der Regen zwang uns ins Wirthshaus zu gehn, wo wir erwarteten daß er endlich aufhöhre: u. unterdessen den Staubbach u. das Thal aus dem Fenster betrachteten. Sowohl hier im Thal als in der ganzen Gegend bey Bern sind die Häuser von sehr starckem Eichen-, bisweilen Fichtenholz, welches man überall im größten Überfluß hat. Dies giebt den Häusern ein äußerst reinliches Ansehn, auch von Innen, da die Wände dann weiter keiner Bekleidung bedürfen.

Auch fängt in der Gegend von Bern zuerst die National-Tracht der Schweizer Landleute an. Sie ist besonders bey den Weibern ausgezeichnet u. durchgängig: sie besteht aus einem gewöhnlich schwarz samtnen u. gestickten Leibchen, über welches bey den Reichern, große goldne Ketten hängen, welche den sehr kurzen Rock tragen: dabey haben sie hoch herauf geschobene unmäßig weite Hemdärmel: u. zum Kopfputz kleine weit nach hinten sitzende Mützen, aus welchen Haarflechten mit schwarzen Bändern gebunden u. verdickt, oft bis beynah auf den Boden herabhängen. Diese Kleidung hat viel Ähnlichkeit mit der welche die Damen auf den alten niederländischen Bildern haben. Auch die Tracht der Männer scheint noch ein Überbleibsel der altdeutschen Kleidungsart zu seyn: sie zeichnet sich besonders durch die Beinkleider aus, welche vom Enckel bis zum Knie eng, u. alsdann außerordentlich weit u. in tausend regelmäßigen Falten geschlagen sind.

Etwas was den Fremden der nach Lauterbrunn kommt um die erhabensten Schönheiten der Natur zu betrachten, auf eine höchst unangenehme u. ärgerliche Art unterbricht, sind die Bauerkinder die ihn bettelnd umringen u. unablässig verfolgen. Wie ganz anders ist es in *Chamouny*, wo, die *Crétins* ausgenommen, jeder sich schämen würde die Fremden anzubetteln.

Nachdem wir im Wirthshaus beynah zwey Stunden vergebens

das Ende des Regens erwartet hatten, mußten wir uns endlich entschließen wegzufahren. Da wir diese Farth nicht mit unserm Wagen, sondern mit einer Art *Char à-banc* gemacht hatten, der größer aber nicht so sicher wie der in *Chamouny* war, u. viel Aehnlichkeit mit den Hamburger Stühlwagen hatte, kamen wir, obgleich wir mit Regenschirmen versehn waren, durchnäßt, zu Mittag in Interlachen an.

Wir hatten den Plan auch den Reichenbach zu besuchen, der in Meyringen nicht sehr weit von Interlachen fällt: aber das Wetter machte es unmöglich. Wir schifften uns also nach Mittag auf dem See ein. Die erste Hälfte des Wegs legten wir ohne Regen zurück: doch hiengen die Wolcken tief auf allen Bergen. Auch war der See sehr bewegt, u. schlug starcke Wellen. Er soll bisweilen sehr gefährlich seyn, u. es sind häufig Leute darauf verunglückt. Besonders gefahrvoll ist es weil man nur an wenigen Stellen landen kann, da das Gestade größtentheils mit schroff herabgehenden Felsen besetzt ist. In der Mitte des Sees ist an Einer Stelle das Ufer so flach daß man bequem landet, u. der Magistrat von Bern hat daselbst eine steinerne Hütte, für die welche sich im Sturm hier retten, bauen lassen.

Wir kamen gegen Abend im stärcksten Regen in Thun an.

Mittwoch. d. 30. May.
Zu unserm großen Erstaunen, u. mit Bedauern nicht nach Meyringen gegangen zu seyn, sahen wir heute das schönste Wetter von der Welt. Wir fuhren indessen nach Bern zurück wo wir Vormittag ankamen. Diesen Nachmittag besahen wir die Kathedral-Kirche, welche an dem schönen Kirchhof liegt. Es ist ein prächtiges gothisches Gebäude: der Thurm ist sehr hoch, u. mit gothischen Verzierungen bedeckt: er hat indessen nicht die ihm bestimmte Höhe erreicht, da der Baumeister, als man zu der Höhe die er jetzt hat gekommen war, herabfiel: worauf man den Thurm oben zubaute. In der Kirche sieht man ein schönes messingnes Modell von dem was er hat werden sollen. Auch sind daselbst prächtige gemahlte Fenster. In einer Abtheilung der Kirche bemerckt man zwey uralte aber besonders schöne in Holz geschnitzte *Bas-reliefs*: der Eine stellt

die Apostel, der Andre die Propheten vor: die Köpfe sind äußerst ausdrucksvoll, u. mit großem Fleiße u. vieler Festigkeit gearbeitet. Diese Kunst ist jetzt so ganz vernachlässigt, daß ich überzeugt bin daß kein solches Werck mehr zu Stande kommen würde.

Zum letzten Mal gieng ich diesen Nachmittag auf die Enge, u. übersah von dort oben die göttliche Gegend um Bern. Die Alpen konnte ich nicht sehn: die Aussicht erstreckte sich nur auf die minder hohen Berge, welche viel näher liegen u. deren Gipfel nicht ganz weiß, sondern nur mit Schneeadern belegt, erscheinen. Im Strahl der untergehenden Sonne erglänzten alle Gegenstände verschönert. Plötzlich erblickte ich über den Wolcken die an der Stelle der Alpen am Horizont sich zeigten, eine blaßrothe Spitze: ich erschrack wircklich bey dem Gedancken daß es der Gipfel eines Berges seyn sollte: jetzt da ich die Spitze ohne die Höcker u. Abstufungen des Berges sah, schien mir die Höhe zu ungeheuer, u. der Gedancke daran machte mich schwindeln: doch bald erkannte ich den Gipfel der Jungfrau, als die Wolcken den schönsten Tag versprechend, sich mehr u. mehr zertheilten: endlich sanck der Schleier ganz, u. hoch erröthend stand die Jungfrau in aller Ihrer Schönheit da. –

Donnerstag. d. 31. May.
Nachmittag verließen wir heute Bern u. durchfuhren eine flache angebaute Gegend. In .... hielten wir an um das berühmte Grab der in den Wochen gestorbenen Wittwe des hiesigen Predigers Langhans zu sehn. Der schöne u. einzige Gedancke, die Mutter am Auferstehungs Tage darzustellen, wie sie mit dem Kinde, aus dem zersprengten Grabe emporkommt, ist ebenso vortrefflich, u. rührend ausgeführt. Besonders schön ist das Kind dargestellt: mit einer freudestrahlenden lächelnden Miene strebt es aufwärts, als eilte es einem wohlbekannten Lande zu. Die Mutter ist halb durch den Grabstein versteckt. Daneben steht die Aufschrift: »Hier bin ich, Herr, mit dem Kinde so du mir gegeben hast!« Der Bruch des Steines ist sehr zu bewundern; die Bruchstücke passen so in einander, als wäre der Stein wircklich gesprengt. Dieses schöne Monument ist jetzt sechzig Jahr alt. Der Bildhauer Nahl war ein Freund

des Predigers Langhans, u. verfertigte es unentgeltlich für den trostlosen Wittwer. Vielleicht hat er eben darum nicht Marmor dazu nehmen können: das Monument ist von vergänglicherem Sandstein, u. schon etwas beschädigt: um es besser zu erhalten, hat man es in der Kirche nicht offen stehn lassen können, sondern mit Brettern bedeckt.

Um sechs Uhr kamen wir in Burgdorf an, wo wir diese Nacht blieben. Wir giengen sogleich nach unserer Ankunft das Institut des berühmten Pestaluzzi sehn, über dessen neuer Erziehungs-Methode so viel gesagt u. geschrieben ist. Das Institut nimmt das alte ehemalige Schloß des Amtmanns ein, welches auf einer Anhöhe liegt, u. aus dessen Fenstern man eine Aussicht hat, die es allein der Mühe werth machen würde hinaufzugehn. Wir fanden den Herrn Pestaluzzi nicht zu Hause, aber die untern Lehrer waren sehr bereit uns einen kleinen Begriff von der Methode des Unterrichts zu geben.

Wir wohnten einer Probe des Unterrichts, ganz junger Knaben von sechs bis acht Jahren, im Rechnen, Lesen, u. der Sprache bey. Überhaupt theilt Pestaluzzi die Gegenstände des Unterrichts in Dencken, Reden, u. Rechnen. Der Haupt-Zweck, u. Grundsatz seiner Methode ist der: ganz ohne Hülfe des Gedächtnisses zu lehren: darum zielen alle seine Bemühungen einzig u. allein darauf ab, daß die Aufmercksamkeit des Schülers nicht, durch Wörter u. Zahlen, von der Sache od. dem Begriff selbst abgeleitet werde. Er kann durchaus nicht Schüler gebrauchen welche schon einen andern Unterricht genossen haben.

Seine Lehrlinge rechnen nicht mit Zahlen: sondern mit Stücken Papp welche als Einheiten betrachtet werden: u. diese zählen sie nicht: »Eins«, »Zwey«, »Drey«: sondern: »Ein Mal EINS,« »Zwey Mal EINS«, »Drey Mal EINS« etc.: um sich nie vom Begriffe der Sache selbst zu entfernen. Doch möchte ich glauben, daß ihnen dies »drey MAL EINS« endlich so mechanisch wird, daß sie sich nicht mehr drey Einheiten dabey vorstellen, als ein andrer Knabe welcher »drey« sagt, u. dann wäre das angehängte »MAL EINS« bloß eine beschwerliche Verlängerung. Zweytens ließe sich dagegen einwerfen daß der Knabe welcher »DREY Mal Eins« sagt, nothwendig den Begriff DREY schon haben muß. Auf dieselbe Art fahren Pestaluzzi's Lehrlinge, statt das Ein-Mal-Eins zu lernen, so fort: Er legt die Stücke Papp nicht mehr einzeln: sondern in Haufen, Zwey bey Zwey: dann zählen sie: »1 Mal 2«, »2 Mal 2«, »3 Mal 2«, »4 Mal 2«, »5 Mal 2«, »6 Mal 2« (u. s. w.) dann »6 Mal 2, ist 12 Mal 1, ist 4 Mal, 3 Mal 1«, ist »1 u. ½ Mal, 8 Mal 1« etc. Er legt die Stücke Papp in immer größere Haufen, u. läßt sie so bis zu den größten Zahlen hinauf zählen. Dann legt er ihnen Fragen vor, z. B.: Wie viel Mal ist »8 Mal 2«, in »4 Mal, 12 Mal 1« enthalten? Antwort: 3 Mal.

Diese Fragen werden endlich so schwer, daß der, welcher gewohnt ist mit der Feder zu rechnen, sie nicht beantworten kann; u. doch sieht man sie, von achtjährigen Knaben, auflösen. So bilden sich seine Schüler nach u. nach zu den geübtesten Kopfrechnern. Ob sie aber damit bey großen zusammengesetzten Aufgaben durchkommen können ist demohngeachtet sehr zweifelhaft. Auch ich weiß nicht ob er seine erwachseneren Zöglinge auf diese Art zu rechnen fortfahren läßt.

Beim Lesen läßt Pestaluzzi die Knaben gar nicht das Alphabet lernen. Er stelle ihnen gleich ganze Silben u. Wörter auf.

Das sonderbarste ist die Art auf welche sie die Sprachen lernen. Er fängt damit an, sie mit den Namen der Theile ihres Körpers bekannt zu machen. Zu diesem Zweck stellt er sie alle in Eine Reihe. Einer unter ihnen sagt vor u. die andern wiederholen es einstimmig: »Der Kopf«: (Alle Knaben legen die Hände auf den Kopf) »Der Kopf liegt auf dem höchsten Theil des Körpers, zwischen den Schultern: »la tête«: *la tête est située sur la plus haute partie du corps, entre les épaules,* u. s. w. So läßt er sie alle Theile ihres Körpers in beyden Sprachen nennen u. deren Lage beschreiben. Und immer ist er bemüht ihnen eine sinnliche Vorstellung von der Sache die sie nennen zu geben.

In der kurzen Stunde in welcher ein Durchreisender einem solchen Unterricht beywohnt, kann er nur einen unvollständigen Begriff davon erhalten. Der Erfolg allein kann lehren ob durch diese von der andern so ganz verschiedenen Erziehungs-Methode verständigere Menschen gebildet werden.

Etwas was uns allen Bewunderung abzwang, waren mathematische Figuren, die in allen ihren Verhältnissen ganz richtig gezeichnet waren, u. von denen wir mit Erstaunen hörten, daß sie ohne Linial u. Zirckel gezeichnet, u. das Werck achtjähriger Kinder wären.

Kaum waren wir wieder zu Hause, als wir schon einen Besuch von Hrn. Pestaluzzi erhielten, der mittlerweile zu Hause gekommen, von unserer Visite bey ihm gehört u. uns gleich nachgeeilt war. Hr. Pestaluzzi scheint schon sehr alt, hat aber demohngeachtet einen außerordentlichen Grad von Lebhaftigkeit. Sonderbar ist es daß er sich so wenig auszudrücken weiß: er spricht deutsch u. französisch beydes gleich schlecht, stottert oft, u. weiß seine Worte nicht zu finden. Auch in seinem Institut sprechen Lehrer u. Schüler das schlechte Schweizer Deutsch. Er sagte uns er wähle seine Lehrer nie unter den Gelehrten, weil diese nach ihren eigenen Grundsätzen arbeiten u. seine Methode nicht befolgen würden: er nimmt im Gegentheil lieber Leute aus den niedrern Volcksklassen, von gesundem Menschenverstande u. ohne Vorurtheile. –

Burgdorf ist nur ein Flecken, wir haben aber das Unglück gehabt hier grade mit dem Jahrmarckt zusammenzutreffen, der von einem erschrecklichen Gewühl u. Lerm begleitet war. In unserm Wirthshause tanzten die Bauern zur Erschütterung des ganzen Gebäudes. Und auf den Straßen trieben sie Lerm, Geschrey u. Gesang bis spät in die Nacht. Man pflegt sich von den Schweizer Bauern gewöhnlich eine äußerst vortheilhafte Vorstellung zu machen. Sie sind freylich im ganzen gutmüthig, aber dabei oft grob, u. bey dergleichen Jahrmarcktsgelegenheiten auf eine plumpe Art ausgelassen: eine auffallende Langsamkeit zeichnet alle Schweizer aus. Die Genfer u. besonders die Bewohner von *Chamouny*, unterschieden sich von allen andern Schweizern, durch ihre große Gefälligkeit u. Höflichkeit, auf eine auffallende Art.

Freytag. d. 1. Juny.
Die größte Unannehmlichkeit des Reisens in der Schweiz ist ohne Zweifel der Mangel an Posten. Man miethet Fuhrmanns-Pferde tageweis, welche, da man sie auch für die Tage der Rückreise zu dem Ort von dem man sie genommen hat, bezahlt, theurer sind

als die Post. Man färth dabey unausstehlich langsam, äußerst selten anders als im Schritt. Um Mittag muß man zwey bis drey Stunden still liegen, u. rückt so schneckenartig von der Stelle: Reisen, die man mit der Post sehr leicht in Einem Tage machen könnte, legt man mit den Fuhrleuten in zwey zurück, deren Interesse es überdem ist, langsam zu fahren, da sie Tageweis bezahlt sind. Auch ist man von diesen Menschen auf eine ärgerliche Art abhängig, da sie ihren Preis, für den keine Taxe ist, die Zeit der Abreise, des Aufenthalts usw. nach Belieben bestimmen. Dabey sind diese Fuhrleute durchgängig die gröbsten Menschen, die es in der Schweiz giebt, was viel sagen will. Man hat schon öftere Versuche gemacht in der Schweiz Posten einzuführen, allein sie haben nicht bestehn können: der Grund davon soll seyn daß keine Reisestraße durch die Schweiz geht, u. daß keine andre Reisenden hinkommen als die welche grade nach der Schweiz wollen. Ich glaube aber daß auch wohl die Gewohnheit der Schweizer auf diese Langsame Art mit den Fuhrleuten zu reisen, dazu beyträgt, u. sie sich der Posten nicht bedienen. Ein unvergeßliches Beyspiel hievon ist mir ein Hr. *Labat* aus Genf. Zuerst machte ich seine Bekanntschaft bey der gebrochenen Brücke von *Tarascon*, wo ein Sammelplaz von Reisenden war. Nachher sah ich ihn in *Toulon*: er reiste mit schweizerischen gemietheten Pferden. Grade mit uns zu gleicher Zeit reiste er von *Marseille* ab: wir fuhren ihn bald vorbey, u. sahen ihn dann nicht wieder, bis wir ihn endlich in *Pont-d'Ain* hinter *Lion* trafen, wohin er mit uns nur zu gleicher Zeit kam, obgleich wir 10 Tage in *Lion* geblieben waren, wo er sich fast gar nicht aufgehalten hatte. In *Pont d'Ain* verließen wir ihn wieder: u. wir waren schon einen ganzen Tag in Genf gewesen als wir ihn langsam ins Thor kommen sahen. Dabey war er jeden Morgen vor Tagesanbruch wenigstens zwey Stunden vor uns ausgefahren. Es ist unbegreiflich wie man auf eine so ermüdende u. langweilige Art reisen kann wenn eine Post vorhanden ist. Aber die Langsamkeit ist das Element der Schweizer.

Wir mußten heute nach der Entscheidung unsers Fuhrmanns präzise um vier Uhr wegfahren, was in der Hoffnung Luzern zu erreichen pünktlich geschah.

Die Gegend welche wir durchfuhren war wie alle Schweizergegenden da sind, wo die Gebürge nicht ihre Schönheit zum Höchsten erheben. Wir sahen überall lachende Fluren, sanfte Erhebungen mit Feldern, Baumgruppen u. kleinen Wäldchen bedeckt, überall zeigte sich die größte Fruchtbarkeit. Nachmittag fuhren wir längst den Ufern des schönen Sürsee's, an dem wir ringsum kleine Städte u. Dörfer liegen sahen, u. in der Ferne jenseits hohe Berge. Und bald zeigten sich uns der *Rige* u. der *Mt. Pilatus*, deren Höhe da man sie plötzlich erblickt überrascht, u. die Nähe von *Lucern* ankündigt. Doch erreichten wir, so früh wir ausgefahren waren, erst um halbelf Uhr *Lucern*.

Sonnabend. d. 2. Juny.
Lucern ist ein kleines schlechtgebautes menschenleeres Städtchen. Seine Lage ist indessen gewiß eine der schönsten in der Schweiz. Es sind hier drey große bedeckte Brücken. Zwey davon gehn über Einbuchten des vierwaldstädter Sees u. die dritte über den Strohm Reuß, der entsetzlich reißend ist. Von den beyden ersten Brücken hat man die unbeschreiblich schöne Aussicht, welche *Lucern* für Reisende so merckwürdig macht. Man übersieht ein herrliches nicht gar zu großes Bassin, welches den See hier bildet, u. welches so von Bergen eingeschlossen ist, daß man den Ausgang nicht bemerckt. Von hier aus sieht man die majestätischen Alpen in ihrer ganzen Größe, von dem angebauten untern Theil derselben an, bis zu ihren Schneebedeckten Gipfeln: denn nur eine kurze Strecke, mit fruchtbaren Äckern u. Wäldern bedeckt, trennt sie vom See: in welchem ihre Gipfel, die immer höher einer über den andern hervorragen, sich spiegeln. In der offnen Seite dieses prachtvollen Amphitheaters liegt *Lucern*. An der linken Seite der Stadt endigt der schöne grüne *Rigi* den herrlichen Halbkreis, u. an der rechten der höhere finstere *Mont Pilatus*, auf dessen dunckelm Felsen-Gipfel man etwas Schnee bemerckt. Er scheint von hier aus der höchste von allen, da er der nächste ist, u. seine ungeheure Masse dicht am See zeigt, doch sind die hinteren Berge bey weitem höher. Von den beyden Brücken über den See hat man dieselbe göttliche Aussicht, nur durch den verschiedenen Gesichtspunkt ein wenig geändert. Beyde Brücken sind mit einem Dach bedeckt, welches

jedoch der Aussicht nicht im Wege ist. Die längste derselben hat die ungeheure Länge von 1380 Fuß: auf dieser ist ein sehr sinnreich eingerichtetes Brett angebracht, auf welchem man durch aufgeschriebene Namen u. bezeichnete Linien, die Benennung aller der Berge erfährt, welche hier den See so schön umgeben. Die Einrichtung dieses Bretts verdanckt man dem berühmten General Pfeiffer. Inwendig sind am Dache dieser Brücke eine Menge alter triangelförmiger Bilder befestigt, deren *Sujets* aus der Bibel genommen sind. Auf der zweyten Brücke welche 1000 Fuß lang ist hängen auch 200 Bilder von den Thaten der alten Schweizer, alle mit gereimten Unterschriften erklärt.

Die dritte Brücke welche über die Reuß geht ist kürzer als die andern, u. hat auch keine Aussicht. Aber ein sogenannter Todtentanz der aus mehreren dreyeckigen Bildern besteht, u. wie bey den andern, an der Inneren Seite des Dachs angebracht ist, macht sie merckwürdig. Die Bilder sind schlecht gemahlt u. größtentheils so verwischt, daß sie beynahe unkenntlich sind. Sie stellen alle Stände u. Lagen des Menschlichen Lebens vor, u. überall steht der Todt mitten im glänzensten Gewimmel. Man sieht ihn in Schlachten, in Maskeraden, in Gerichtsstuben, bey Krönungsfesten, bald diesen u. jenen beym Ärmel zupfen u. abrufen. Die Idee ist recht gut, man muß aber in vorigen Zeiten besondern Geschmack daran gefunden haben, um einen so einfachen Gedanken in so vielen Bildern zu wiederhohlen.

Wir besahen auch diesen Morgen den berühmten Plan *en relief* des General Pfeiffers. Er ist in der Art wie der den ich in *St. Cloud* gesehn habe, indessen viel größer, u. deutlicher u. besser gearbeitet. Er stellt die (sogenannten kleinen) Kantone Uri, Schwiz, Unterwalden, *Lucern*, ein Theil von den Kantonen Bern, Glaris u. Zug, vor. In Hinsicht der physischen Darstellung der Gegenstände ist er besonders bewunderungswerth, u. ungleich schöner als alle andre von der Art die ich gesehn habe. Jemand der die Schweiz nicht kennt, könnte wirklich durch diese Darstellung derselben einen Begriff davon bekommen. Jeder Gegenstand hat seine eigne Gestalt u. Farbe zum Erstaunen erhalten, man sieht die schwindelnden weißen Spitzen der Alpen, die niedrigern angebauten

AUS DEN JAHREN 1803-1804

Berge, die düstern Felsspitzen, das verschiedene grün der Tannen u. Eich-Wälder, in der Tiefe die schönen Thäler u. Seen, an denen Flecken u. Dörfer liegen. Die Seen sind nicht, wie auf dem Basrelief von *St. Cloud* mit Spiegel gemacht, sondern mit schwarzen glänzenden Flächen, welche sie bey weitem besser ausdrücken. Die Materie aus der der Basrelief verfertigt ist, besteht aus zusammengeschmolzenem Harz, Wachs u. Kalck. Übrigens ist auf diesem Basrelief, so wie auf dem von *St. Cloud* alles mit der größten Genauigkeit angegeben, u. ausgemessen: man sieht jedes einzelne Haus, jeden Bach jeden Fußsteg: u. dies Werck ist als das erstaunungswürdigste Monument menschlicher Geduld u. Ausdauer zu bewundern.

In diesem Cabinet hängt ein Bild des Generals Pfeiffer, welches ihn in seiner Reisetracht darstellt: wie er mühsam auf den Bergen herumsteigt u. sie ausmißt. Dieser so bewundrungswürdige Mann ist vor vier Jahren gestorben, u. sein künstlerischer Nachlaß ist in den Händen seines Sohnes.

Diesen Nachmittag fuhren wir über den See nach Alpnacht, von wo aus ich den *Mt. Pilatus* besteigen wollte.

Diese Farth auf dem vierwaldstädter See, ist über alle Beschreibung herrlich. Die hohen Berge welche überall den See umringen, zeigen sich bald schroff nackt u. sonderbar über einandergehäuft, bald erheben sie sich sanft, sind hoch herauf angebaut u. mit grünen Wäldern bedeckt; u. hinten sieht man immer höhere Schneespitzen sich übereinander erheben. Vorn am See liegen hin u. wieder Dörfer, welche die Gegend beleben, u. die ungeheure Höhe der Berge zeigen, an deren Fuß sie beynah verschwinden. Dieser Kanton hat viel von dem Franzosen gelitten, mehrere von jenen Dörfern sind von ihnen eingeäschert worden u. jetzt neu aufgebaut.

Der Führer *Kaufmann* aus Lucern, den ich mitgenommen hatte, um mit mir den *Mt. Pilatus* zu ersteigen, zeigte uns die Insel auf der Wilhelm Tell den Landamann erschoß. Eben hier hatte man ihm in neuern Zeiten eine Pyramide erbaut. Ein höchst sonderbarer Zufall ist es, daß der Bliz diese Pyramide, grade ein Jahr vor dem Eindringen der Franzosen in die Schweiz, zerschlug. Nicht weit von dieser Insel sahen wir die Ruinen der Habsburg, wo der berühmte Rudolph hauste.

Wir stiegen vor Alpnacht aus um das Rotzloch zu sehn. Mit diesem Namen hat man einen großen Wasserfall belegt, welcher nicht grade vom Felsen herabfällt, sondern vielmehr in einer gewaltigen Spalte im Felsen herunter braust. Um ihn ganz zu sehn muß man etwas hoch an den Felsenstücken die ihn umgeben hinaufklettern. Alsdann gewährt er einen großen prächtigen Anblick. Er ist ganz von hohen nackten Felsen umgeben: zwischen diesen rollt er mit entsetzlichem Geheul u. Brausen herab, u. sprizt seinen Schaum hoch über gewaltige Massen hinweg. Im Hintergrund sieht man das hohe beschneite Wallishorn. Am Fuß dieses Wasserfalls ist eine Schwefelquelle.

Nachdem wir das Rotzloch gesehn hatten, fuhren wir weiter bis Alpnacht, wo ich mit dem Führer zurückblieb, u. übernachtete.

Die Lage von Alpnacht ist ausgezeichnet schön. Der See bildet hier ein schönes Amphitheater von Bergen, welche sich in dem stillen klaren Wasser spiegeln, u. so gestellt sind, daß man gar keinen Ausgang entdeckt u. der See nicht größer scheint als dieses Bassin. Das kleine Dorf Alpnacht liegt am Fuß des *Pilatus* Berges, in einem ziemlich engen Thal, welches ringsum von prächtigen hohen Bergen eingeschlossen ist, hinter welchen die weißen Schneespitzen hervorragen, unter denen sich als die höchsten der Rose-Laui-Gletscher u. der Gendelstock auszeichneten. In der Beleuchtung der Abendsonne, welche die Gipfel der Schneeberge röthete, ist dieses Thal am See gewiß einer der schönsten Anblicke die man haben kann.

Sonntag. d. 3ten Juny.

Als die Gipfel der Schneeberge beym Sonnenaufgang in goldnem Purpur erglänzten, war ich diesen Morgen schon auf. Und die Glocke welche die frommen Landleute zur Frühmesse rief, gab auch mir das Signal zu eilen, um Gottes Wercke von oben zu betrachten. Ich war schon vor fünf mit meinem Führer auf dem Wege zum *Mt. Pilatus*.

Nachdem wir einige Wiesen durchstrichen hatten, waren wir

am Fuß des *Pilatus*, u. zwar des sogenannten Vorgebürges, welches ganz mit Tannen bedeckt ist, zwischen denen die schönsten Wiesen liegen u. hin u. wieder Kohlenbrenner- u. Senn-Hütten *(Châlets)* stehn. Auf den untern Wiesen fand ich schon überall weidendes Rindvieh u. auf den obern die Ziegen, die so außerordentlich zahm sind daß sie zu einem jeden der sie ruft hinlaufen, u. ihm die Hände lecken.

Der *Pilatus* Berg ist so sehr steil, u. seine Felsen sind an so vielen Stellen unzugänglich, daß man besonders auf dem Vorgebürge, große Umwege machen muß um sich dem Gipfel zu nähern. Unten am Anfang des Vorgebürgs kamen wir an einen sehr hübschen Wasserfall, der stufenweise hinab fällt. Er hat das Eigenthümliche daß sein Stufenbette, ganz aus Einem Stein besteht, als wäre es eingehauen. Das Vorgebürge ist sehr wasserreich, es rieseln häufig Quellen herab, die mir unterwegs sehr willkommen waren. Um acht Uhr erreichte ich, sehr ermüdet den Gipfel des Vorgebürgs. Ich war oft vor Müdigkeit hingesunken, allein ein Paar Minuten Ruhe stellten immer meine Kräfte sogleich wieder her. Es ist sonderbar wie sehr viel eher man sich vom Bergsteigen erholt, als wie vom Gehn auf der Fläche. Man schreibt es der reinern erquickenderen Bergluft zu.

Wenn man das Vorgebürge verlassen hat, findet man weiter keine Bäume: der ganze Berg ist jetzt mit Gras, u. hervorragendem Felsengrund bedeckt. Als ich dem Gipfel näher kam fand ich Schnee, der immer häufiger ward, u. immer größere Strecken bedeckte: ich sah am Abgrund Stücke liegen die ungefähr zehn Fuß dick u. hoch waren. Der Schnee liegt hier indessen nicht das ganze Jahr. Im July ist er ganz weg, aber im September liegt er wieder da.

Ich wurde jetzt nach u. nach entsetzlich müde, meine Ruhepunkte wurden immer häufiger u. länger. Endlich sank ich wenn ich funfzehn Schritt gemacht hatte, jedes Mal ermattet nieder, u. stand dann auf um wieder so weit zu gehn. Sonderbar war es daß mein Führer beynahe eben so matt war als ich; er sagte es wäre weil er in diesem Sommer zum ersten Mal stieg. Um zehn Uhr erreichten wir endlich den Gipfel. Schon gleich nach dem ich das waldige Vorgebürge verlassen hatte, erhob sich nach u. nach die Aussicht:

doch jetzt lag sie in ihrer unendlichen unbeschreiblichen Pracht vor mir. Mir schwindelte als ich den ersten Blick auf den gefüllten Raum warf, den ich vor mir hatte. Auf der Einen Seite übersah ich den größten Theil der sogenannten kleinen Kantone: u. wenn ich mich umwand reichte mein Blick bis zum fernen Jura der hell im Nebel verschwandt. Welche unzähliche Menge von Städten u. Dörfern, von niedrigern Bergen, von Landseen u. glänzenden Flüssen, wie viel angebautes Land, u. Wiesen u. Wälder, erglänzten, jegliches in seiner eignen Farbe, verwirrten u. blendeten mich! Ich finde daß eine solche Aussicht von einem hohen Berge außerordentlich viel zur Erweiterung der Begriffe bey trägt. Sie ist von jeder andern so ganz verschieden, daß es unmöglich ist, ohne sie gesehn zu haben sich einen deutlichen Begriff davon zu machen. Alle kleinen Gegenstände verschwinden, nur das große behält seine Gestalt bey. Alles verläuft in einander, man sieht nicht eine Menge kleiner abgesonderter Gegenstände, sondern ein großes, buntes, glänzendes Bild, auf dem das Auge mit Wohlgefallen weilt. Dinge die unten so groß scheinen, die Gegenstände vieler Bemühungen u. Entwürfe sind, sind, wenn man oben steht verschwunden; und die Herrn der Schöpfung welche unten so gewaltig treiben, kann man jetzt nicht mehr entdecken. Die Städte u. großen Kirchen sind rothe glänzende Flecken, Wälder schwarze zerstreute Punkte, einen Theil des vierwaldstädter Sees, den Lungern, den Sardener See, sah ich als schöne glänzende Spiegelflächen, u. die unzähligen Felder von mannigfaltigem grün, waren der schimmernde Grund auf dem das andre abstach. Die Welt so von oben zu überschauen, ist ein so eigenthümlicher Anblick, daß ich dencke, daß er für den der von Sorgen gedrückt ist, etwas sehr tröstliches haben muß.

Die ungeheure Aussicht war nur an Einer Stelle begränzt, u. zwar so, daß sie dadurch noch unendlich gewann: durch die Schneeberge, die ich gestern von unten auf gesehn hatte, u. ich jetzt in der Nähe beynah in gleicher Höhe mit mir sah. Jetzt konnte ich mit den Augen die ungeheuren endlosen Wüsteneien von Schnee verfolgen, welche den obern Theil der ganzen Kette füllen. In der Mitte derselben sah ich den Titlis, den Höchsten von allen: zu seiner rechten ragten das Höckrige Gemsspiel, der Gitschin u. der Hohe Kasten mit gewaltigen schwarzen Spitzen, auf denen der Schnee nicht haften kann, hervor. Zur Linken des Titlis erheben sich das Wellhorn, der Rose-Laui-Gletscher, der Gendelstock, u. weiter hin das Schreckhorn u. Wetterhorn.

Ich hätte zum Besteigen des *Pilatus* keinen schöneren Tag wählen können als den heutigen. Die Luft war hell u. rein, am Himmel war keine Wolcke zu sehn. Unten im Thal soll die Hitze unleidlich gewesen seyn, doch hier oben herrschte eine sehr gemäßigte Temperatur: doch war es so warm daß es mich wunderte daß der Schnee nicht in Einem Tage herunterschmilzt: neben dem Schnee fand ich Felssteine die von der Sonnenhitze heiß waren.

Der Gipfel des Pilatus ist in mehrere Spitzen geteilt, die wenn man sie von unten sieht, höchst unbedeutend erscheinen, oben aber hohe Felsen sind, zwischen denen ein ungeheurer Abgrund liegt. Ich bin nicht auf der höchsten Spitze gewesen, weil ich von dieser aus nicht nach den andern Merckwürdigkeiten des Pilatus gehn, u. auch nicht, wie mein Vorhaben war, an der andern Seite des Bergs, an welcher Lucern liegt, herabkommen konnte. Die Spitze auf welcher ich war, ist ganz wenig niedriger als die höchste, von der sie durch den Abgrund getrennt ist: auch wird sie, aus denselben Gründen, von den Reisenden gewöhnlich besucht. Der Abgrund der die fünf Hauptspitzen des Berges trennt ist so, daß ich nicht ohne Grausen daran dencken kann. Er hat unten einen Eingang, auch soll man oft Gemsen darin sehn, doch konnte ich, so sehnlich ich es wünschte, keine erblicken. Man kann den Abgrund nicht längst der Felsenwand hinab sehn, denn diese geht nicht senckrecht hinunter; sondern der Fels auf welchen man steht hängt über dem Abgrund. Um sich von seiner schrecklichen Tiefe zu überzeugen, muß man einen Stein hinabwerfen. Es dauert über eine Minute ehe dieser unten ist: er reißet hundert andre Steine mit sich fort, sie zerschmettern sich gegen Felsen, u. es entsteht ein, vom Echo verstärktes, Krachen, als wenn Häuser einstürzten. Bald verliert man den Stein aus dem Gesicht, bald sieht man ihn wiederkommen, über Schneeflächen hinweggleiten, daß der Schnee hoch in die Höhe sprüzt, u. dann mit unglaublicher Gewalt auf die hervorstehenden Felsen fallen, daß er zehn, zwölf Fuß in die Höhe springt, bis er endlich nach vielem Lerm den Boden der Tiefe erreicht.

Der Pilatusberg ist, nach Ebels Angabe, 5586 Fuß über die Meeresfläche erhaben. Ganz oben wächst noch, an den Stellen wo der Fels bedeckt ist, das schönste Gras, u. in der kurzen Zeit daß der Gipfel von Schnee frey ist, weiden oben die Ziegen. Ich habe hier eine Blume gefunden, welche von allen die ich kenne, beynahe den schönsten Geruch hat. Es ist die Fluen-Blume: sie hat das eigenthümliche, daß sie nicht allein auf der höchsten Spitze des Berges, u. nicht allein auf Felsengrund wächst; sondern sie steht blos an dem schwindelnden Abgrund, wo man sie in Menge sieht: der Führer legte sich mit dem halben Leib über den Abgrund hinaus, um sie mit ausgestrecktem Arm zu erreichen. Ich konnte nur eine einzige pflücken. Die Fluen-Blume ähnelt im äußern vollkommen einer gelben Aurikel, ihr Geruch ist aber von dieser ganz verschieden, u. überaus balsamisch u. schön, sie haucht die reine Bergluft aus, von der sie sich nährt. Ich habe auf dem Berge verschiedene sonderbare Blumen u. Pflanzen gefunden welche blos auf den Alpen wachsen: auch die Alpen-Rose, welche an vielen Stellen große Strecken bedeckt, doch fand ich, so emsig ich auch suchte, noch keine in Blüthe.

Ich bin zwey Stunden oben geblieben, wo ich mit meinem Führer eine frugale Mahlzeit von mitgebrachten Provisionen hielt, wobey wir die Stelle des Wassers mit Schnee ersetzen mußten. Um zwölf Uhr verließen wir den Gipfel u. giengen auf einem andern Weg, als den welchen wir gekommen waren. Dieser Weg war außerordentlich steil, u. gieng auf glattem dürren Grase, welches ihn gefährlich machte: bald giengen wir längst einem jähen schwindelnden Abgrund, in welchen ich Steine warf, die dieselbe Erscheinung verursachten wie oben. Oft kamen wir über Schneeflächen: ich hatte hier Gelegenheit die Geschicklichkeit des Führers zu bewundern: ich ließ meinen Bergstock fallen, u. dieser glitt eine beträchtliche Strecke über den Schnee hinab: ich konnte ohne nicht gehn, u. der Führer mußte ihn heraufhohlen: zu diesem Behuf stemmte er seinen Stock zwischen den Beinen, u. rutschte so auf den Stock gelehnt, ohne ein Glied zu bewegen, die beträchtliche Anhöhe über den Schnee herab.

Nachdem wir beynahe zwey Stunden Bergab gegangen waren kamen wir in ein kleines Thal; hier ist ein Bächlein welches die Kantone *Lucerne* u. Unterwalden trennt. Zur lincken ist eine waldige Erhebung des Bergs, welche ich bestieg, um den berühmten Sumpf zu sehn der sich darauf befindet. Dieser Sumpf der ehemals ein kleiner See gewesen ist, hat dem Berge seinen Namen gegeben: in den düstern Zeiten des Aberglaubens, war es eine allgemein geglaubte Sage daß der *Pontius Pilatus* in diesen Sumpf gebannt sey, Gespenster u. Ungeheuer trieben ihr Wesen ringsum, u. wenn man einen Stein hineinwarf erfolgten Hagel u. Donnerwetter: es gieng so weit daß es im zwölften Jahrhundert aufs strengste verboten war den *Pilatus* Berg zu besteigen: auch in neuern Zeiten wurde es nur Personen vom größten Ansehn vergönnt in die Gegend des Teiches zu gehn. Auch ist in jenen Zeiten viel darüber geschrieben worden.

Nachdem ich den Sumpf gesehn hatte, gieng ich wieder durch das kleine Thal nach einer andern Erhebung des Berges, zu der ich um mir einen großen Umweg zu ersparen über den Schnee gieng, der hier an drey Fuß hoch lag: da er sehr hart ist, ist das Gehn blos gefährlich weil man an dieser steilen Stelle leicht abgleitet: der Führer machte mir sehr tiefe Fußstapfen welchen ich folgte. Ich gelangte jetzt zu einer schönen mit Gras bedeckten Alpe auf der eine jetzt noch unbewohnte aber gastfrey offen gelassene Sennehütte steht: von dieser aus sieht man eine lange schwindelnd hohe, graue Felsenwand, voll Spalten u. Klüfte, dicht vor sich: diese Felsenmauer kann man unten sehr weit sehn, sie scheint die Stütze des Bergs zu seyn, u. erhebt sich gleich über dem Vorgebirge. In diesen grauen Felsen sieht man eine finstre Höhle, u. am Eingang derselben steht eine schneeweiße Figur, welche unter dem Namen *Domini* bekannt ist: einige behaupten daß es eine Statüe sey, indessen ist es bey weitem wahrscheinlicher, daß es ein zufällig so gestalteter Fels od. Tropfstein sey: sie hat eine vollkommen proportionirte menschliche Gestalt. Mir erschien sie als ein weißer *Pierot*, der in einer nachdenckenden Stellung am Felsen gelehnt da steht.

Noch nie hat jemand sie in der Nähe betrachten können: die Höhle ist unzugänglich, auch kann man sich ihr nicht nähern, da sie hoch in der Felsenwand liegt, u. darunter große Felsen stehn, welche, wenn man näher darauf zugeht, hervortreten, u. die Höhle verbergen: ich nahte mich ihr indessen bis zum äußersten Punkt an welchem man, vom davorstehenden Felsen ungehindert, hineinsehn kann: jetzt schien es mir als wären es zwey Figuren, eine größere, u. eine kleinere, u. die Große stände hinter der kleinen u. lege ihr die Hände auf den Kopf: tiefer in der Höhle sah ich eine andre ganz seltsame undeutliche Figur. Die Neugier wird auf eine wunderbare Art durch diese Erscheinung gereizt, ich glaube es ist unmöglich sie zu sehn, ohne eine lebhafte Begierde zu fühlen, die wunderbare Gestalt in der Nähe zu sehn. Sie hat wircklich etwas außerordentlich lebendiges, alle Glieder sind getrennt, u. haben eine sehr natürlich Richtung. Die Figur muß kolossalisch seyn, da sie in der großen Entfernung die gewöhnliche Menschengröße hat. Es haben oft Leute mehrere Tage in der Senne-Hütte zugebracht, u. alle möglichen Versuche, mit Leitern u. Stricken gemacht, um sich dem räthselhaften *Domini* zu nahen, der um so sonderbarer ist da auf dem ganzen Berg sich kein Fels od. Stein von seiner Farbe findet: allein er steht unerreichbar, u. ewig unverändert da, am Rande seiner Höhle gelehnt, u. blickt ihren Bemühungen trozend, in die weite Welt unter sich hinab.

Vom *Domini* giengen wir noch lange Zeit immer bergab, bis wir in das schöne Eigenthal gelangten, wo wir seit diesen Morgen um fünf Uhr die ersten Menschen sahen. Das Eigenthal liegt sehr hoch, es ist ganz mit Wiesen bedeckt zwischen denen einige Häuser stehn, u. sehr schmal: von oben zeigt es sich außerordentlich hübsch: auch hat man von verschiedenen Stellen des Bergs beym Heruntergehn immer abwechselnde schöne Aussichten. Wir giengen jetzt noch lange fortwährend bergab. Alle Menschen die uns begegneten, fragten, als sie unsern Aufzug, die Bergstöcke, u. die Fluenblumen an unsern Hüten sahen, wo wir gewesen wären, u. erkundigten sich, ob noch viel Schnee oben läge, wie hoch die Kühe schon wären etc. Um acht Uhr kamen wir endlich in *Lucern* an; nachdem ich funfzehn Stunden auf den Beinen gewesen war.

Montag. d. 4. Juny.
Wir fuhren diesen Morgen früh von *Lucern* weg, u. kamen auf einem bergigen Weg, durch eine schöne angebaute Gegend, u. schattige Landstraßen am Abend in Zürch an. Eine Meile von Zürch liegt der *Albis* Berg, den wir bestiegen um die herrliche Aussicht zu sehn die man von seinem Gipfel, auf dem ein ehemaliges Signal steht, hat. Diese Aussicht ist außerordentlich ausgedehnt, sie erstreckt sich über mehrere Kantone der Schweiz, bis nach Schwaben u. dem Schwarz-Walde, auf der andern Seite bis zum Jura, auch den *Pilatus* u. die Schneeberge kann man von hier sehn, doch war die Luft um die letztern zu unterscheiden heute zu dick. Man übersieht einen Theil des Zuger, u. den ganzen Zürcher See.

Diengstag. d. 5. Juny.
In Zürich ist eine sonderbare Einrichtung welche einem Fremden, durch die Unordnung die daraus entsteht, zuerst auffallen muß. Alle Glocken der Stadt werden nach dem Gutdünken einer Magistratsperson gestellt; dieser bestimmt, beym Antritt seines Amts, wie die Glocken gestellt seyn sollen, u. so bleiben sie bis sein Nachfolger sie anders stellt. Jetzt gehn sie eine Stunde früher als alle andern Glocken der Christenheit: u. da man hier wie überall in der Schweiz um zwölf zu Mittag ißt, so geschieht es jetzt eigentlich um elf.

Zürch ist nicht sonderlich gebaut, in einigen Straßen sind Arkaden wie in Bern. Die Lage der Stadt ist aber über alle Beschreibung schön. Von mehrere Pläzen in u. um der Stadt hat man die herrlichsten Aussichten auf die schönen angebauten Berge u. Thäler die Zürch nach der Landseite umgeben, od. auf den reizenden See hinter welchem in der Ferne die hohe Kette der Schneeberge steht. Besonders schön ist die Aussicht von dem Lindenhof, einem mit schönen Bäumen bepflanzten hochliegenden Plaz in der Stadt, u. von einem Theil des Walls. Auch von Geßners Promenade, einer schönen Allee, längst der Limath, hat man eine reizende Aussicht auf das jenseitige Ufer. Am Ende dieser Allee, seinem ehemaligen Lieblingsplätzchen, steht Geßners Grabmahl, eine Urne, von weißem Marmor, mit seiner Büste, u. auf dem *Pied d'estal* sind schöne Basreliefs mit einer Inschrift, aus seinen Wercken gezogen.

Diesen Nachmittag fuhren wir eine Strecke auf dem See. Die Ufer stellen eine unübersehbare Fülle von bunten Feldern, Dörfern einzelnen Häusern, u. Wäldern dar: sie sind nicht bergig, u. bestehn nur aus sanften Anhöhen u. Hügeln: es stehn beynah zu viel Häuser darauf, besonders auf dem linken Ufer was viel bebauter ist als das Rechte, welches mehr mit Wäldern bedeckt ist. Der See ist lang u. schmal, am Ende desselben macht Zürch mit seinen hohen Thürmen einen schönen Standpunkt, u. hinter der Stadt sieht man schöne waldige Berge. Aber am andern Ende des Sees erhebt sich die lange Kette der schneebedeckten Alpen: doch sah man sie heute der dicken Luft wegen nur undeutlich.

Mittwoch. d. 6. Juny.

Heute war wie gestern die Hitze über alle Maßen drückend. Wir besahen diesen Nachmittag Geßners Kabinet. Es besteht aus zwanzig Landschaften in Wasserfarben. Es sind alle schöne Bilder seiner Fantasie, meisterhaft ausgeführt: reizende Zusammenstellungen der schönen u. erhabenen Gegenstände der Natur, in denen sich sein dichterischer Geist offenbaret. Auch findet man hier eine Sammlung aller zu seinen Wercken gehörigen Kupferstichen. Geßners Witwe pflegt gewöhnlich diesen schönen Nachlaß selbst zu zeigen; allein da sie sich grade in einem benachbarten Badeort befand, haben wir ihre Bekanntschaft nicht gemacht.

Auch haben wir diesen Nachmittag *Flueli's* große Kunsthandlung besucht, wo wir außer einer zahlreichen Kupferstich-Sammlung, auch ein Original Gemählde von *Correggio* fanden, welches einen weiblichen Kopf vorstellt.

Als die Hitze gegen Abend etwas nachließ bestiegen wir den Brügel, einen Weinberg in der Gegend des Sees, von welchen man eine überaus herrliche Aussicht auf die angebauten Ufer des Sees, die Stadt, die waldigen Berge die sie umgeben, u. das schöne Land weit umher hat: auch die Schneeberge in der Ferne sahen wir jetzt deutlicher da es in der Gegend heller war. Kaum waren wir wieder zu Hause als ein Gewitter losbrach, u. die schwühle Luft abkühlte.

Donnerstag. d. 7. Juny.
Wir fuhren diesen Morgen früh von Zürch weg. Die Gegend durch die wir kamen ist wie überall in dem flächern Theil der Schweiz heiter u. schön. Wir sahen häufig große Eichenwälder: in...... wo wir zu Mittag aßen sahen wir zuerst den Rhein der hier, von hohen bewachsnen Ufern eingeschlossen, vorbey fließt. Gegen sechs Uhr gelangten wir in die Nähe des Rheinfalls, wo wir ausstiegen um bis dorthin zu gehn. Wir waren noch eine kleine halbe Stunde davon entfernt, u. schon hörten wir das dumpfe Brausen, was immer stärcker wurde bis wir am Ufer standen u. den großen Wasserfall vor uns hatten: u. mit Erstaunen sahen wir die brüllenden Gewässer als Wolcken von Schaum mit tobender Wuth herabstürzen, und dann wieder hoch in die Luft sprüzen, daß von dem bloßen Staub der in dem Kampf verlohren geht, sich ringsumher ein ewiger Regen verbreitet. Es hatte eben geregnet, demungeachtet kam die Sonne grade hervor als wir zum Rheinfall gelangten, u. mahlte über dem Schaum einen schönen Regenbogen.

Der Rheinfall ist nur siebenzig Fuß hoch, u. wird also in Hinsicht der Höhe von vielen Wasserfällen in der Schweiz übertroffen: aber seine ungeheure Wassermasse zeichnet ihn vor allen aus. Der Rhein ist hier gar nicht mehr unbeträchtlich. Er hat in der Breite drey Abtheilungen, zwischen denen mosige Felsen hervorragen, durch welche sich das Wasser mit schrecklichem Ungestühm drängt. Zur linken liegt eine Mühle, u. zur rechten auf einem schroff herabhängenden Felsen das Schloß Laufen, im Hintergrund erheben sich schöne bewachsene Anhöhen. Der Rhein macht gleich hinter dem Fall eine Biegung, u. es ist ein gar seltsamer Kontrast, dasselbe Wasser was kurz vorher so schrecklich tobte, jetzt so ruhig u. ungetrübt den alten Gang der Natur fortgehn zu sehn. Bey der Mühle ist ein Stein im Wasser über dem Fall; von wo aus man den Rhein, vor dem Falle, kommen sieht: er ist hier nicht so ruhig wie unten. Ein Schiffer ist Ein Mal bey dieser Stelle eingeschlafen u. den ganzen Fall, was unmöglich scheint, unverletzt hinab gestürzt[a]. Der Müller der hier wohnt muß, denck ich, durch das fortwährende Getöse

---
[a] Oft fallen die großen Rhein-Lachse, vom Strom fortgerissen, hier herab.

taub u. halb toll werden, man kann sich hier nur durch das lauteste Schreien verständlich machen. Dieses Ufer ist nicht das vorteilhafteste um den Rhein zu sehn: es wurde also beschlossen Morgen früh nach dem Schloß Laufen zu fahren, u. ihn von dort anzuschauen.

Nach einer Stunde waren wir in Schafhausen, wo wir etwas herumgiengen, aber nichts wie eine kleine schlechtgebaute Stadt sahen, in der ein jedes Haus ein Schild führt.

Freytag. d. 8. Juny.
Schon früh fuhren wir heute nach dem Schlosse Laufen, um den prachtvollen Anblick des Rheinfalls von der andern Seite zu sehn. Wir ließen uns über den Rhein setzen. Auf dem Wege jenseits hatten wir fortwährend eine äußerst schöne Aussicht auf die Gegend um Schafhausen. Nach einer kleinen Stunde waren wir in Laufen, wo wir sogleich nach einem kleinen runden Pavillon giengen der am äußersten Rande des schroffen Abhangs steht, bey welchem der Rhein dicht vorbeystürzt. Von hier ist der Anblick des Rheinfalls noch viel größer u. erhabener wie unten: man hat jetzt das große Schauspiel dicht vor Augen u. übersieht es ganz. Man kann es nicht besser beschreiben wie mit Schillers Worten im Taucher, die ich hier angeschrieben fand:

> »Und es sprudelt u. siedet u. heulet u. zischt,
> Wie wenn Wasser mit Feuer sich mengt:
> Bis zum Himmel sprüzet der dampfende Gischt,
> Und Fluth auf Fluth sich ohn' Ende drängt,
> Und will sich nimmer erschöpfen u. leeren,
> Als wollt das Meer noch ein Meer gebären.«

Nie habe ich eine Inschrift an der Wand so am rechten Plaz gesehn wie diese; nur hier wenn man das tobende Element vor Augen hat faßt man des Dichters Worte ganz. Aber unsrer wartete noch ein größerer, der Pfantasie völlig unerreichbarer Anblick. Ganz unten, am Fuß des Rheinfalls, ist eine Art kleiner Brücke herausgebaut: hier ist man so nah am Rheinfall wie es nur irgend möglich ist: der feine Staubregen ist hier so starck daß ich in ein Paar Minuten durchnäßt war, u. das Wasser stürzt so nahe vorbey daß mir bisweilen die Luft davon vergieng. Der Anblick des Rheinfalls von dieser Stelle macht einen großen wunderbaren Eindruck auf jeden der zum ersten Mal hier steht, u. das fürchterlich erhabene Schauspiel sieht; nur mit einer gewissen Furcht staunt man die gewaltsamen Kräfte der Natur an: es brüllt u. donnert als giengen Welten unter, u. die ungeheure sich immer erneuernde Wassermasse, die hoch durch die Luft herabstürzt, scheint den vernichten zu wollen, der unten auf der bebenden Brücke steht. Gewiß ist dieser Anblick einer der erhabensten, den man sehn kann.

Wir fuhren wieder nach Schafhausen zurück, wo wir uns nicht länger aufhielten, u. unsern Weg nach Constanz fortsetzten. Wir durchfuhren eine größtentheils flache Gegend: oft sahen wir den Rhein, mit seinen schönen angebauten Ufern, auf denen häufige Dörfer, Städtchen, u. große, alte u. neue Klöster liegen. Bald erreichten wir den herrlichen Bodensee, dessen Gestade, besonders anfangs, einen unbeschreiblich schönen Anblick gewähren. Um sechs Uhr waren wir in Konstanz.

Die Stadt ist klein u. schlechtgebaut. Die Kathedral-Kirche ist ein großes gothisches Gebäude, mit einer Menge sonderbar verzierter Altäre: die Kanzel darin wird von einer alten Statüe von Huß getragen.

Längst dem See geht hier ein Damm, von dem man eine ganz besonders reizende Aussicht auf die angebauten Ufer hat, ganz jenseits sieht man ferne Berge, die sich im Strahl der untergehenden Sonne, besonders schön ausnahmen.

Sonnabend. d. 9. Juny.
Jetzt haben wir die Schweiz verlassen, ihre Bergspitzen schimmern uns nur noch von weitem, u. erinnern an die Herrlichkeiten die sie umschließen: wir lassen den göttlichen Tempel der Natur hinter uns, u. vor uns eröffnet sich, in unabsehbaren Flächen, das Land der Schwaben. Aber mit vieler Freude sah ich heute als wir ausfuhren, statt des verhaßten langsamen Schweizerfuhrmanns, einen ordentlichen Postillion auf dem Pferde, u. noch dazu mit einem Posthorn, was mir seit einem Jahr nicht zu Gesicht gekommen war, u. dessen

heymischer Klang das Vaterland verkündigte. Wir nahmen unsern Weg über die Insel Meynau, die wir, nachdem wir eine Stunde gefahren waren, reizend u. schön Mitten in dem weiten See vor uns liegen sahen. Vom festen Lande auf die Insel geht eine gewaltig lange, aber dafür kaum drey Fuß breite, Brücke, über welche man geht wenn man nicht schwindlich ist, sonst läßt man sich übersetzen. Die Insel Meynau, ist ein Besitzthum der Maltheser-Ritter, welche hier einen Kommenthur haben, der auf dem Schlosse wohnt. Auf der Insel wächst sehr viel Wein; außer dem Schloß stehn hier nur noch ein Paar Bauerhäuser, da die Insel sehr klein ist. Das schlechte Wetter verfolgte uns auch hier, kaum waren wir über die Brücke, als es anfieng zu regnen. Wir durchgiengen den altmodischen steifen Garten, u. giengen dann ins Schloß, welches sehr groß, ein wenig alt aber doch in gutem Stande ist. Es waren jetzt grade viele Ritter in Geschäften hier, weswegen uns nichts als der große hohe Speisesaal gezeigt werden konnte. Die herrliche Aussicht die man aus seinen Fenstern hat, dehnt sich weit über den See, u. seine schönen Ufer ringsum: aber der Regen verbarg uns viel davon.

Nachdem wir die Insel verlassen hatten fuhren wir noch immer längst dem Bodensee, bis wir ihn endlich durchkreuzten: wir hatten eine Fahrt von einer kleinen Stunde, u. unterwegs immer die Aussicht auf die ungemein schönen Ufer: der See war vom Sturm heftig bewegt, u. schlug gewaltige Wellen: u. als wir in Mörsburg landeten, wurde der Sturm außerordentlich starck.

Wir fuhren Nachmittag wieder von Mörsburg ab. Wir kamen durch eine ungemein schöne Gegend, die überall herrliche bewachsene Anhöhen, viele Wälder zwischen denen sich herrliche Wiesen erstrecken, u. in der Ferne schneegeaderte Berge, zeigte. – Die Nacht brachten wir in Ravensburg zu.

Sonntag. d. 10. Juny.
Wir fuhren heute bis Memmingen. Die Gegend fanden wir noch überall wie die welche wir gestern durchstrichen: besonders reizend sind die Ufer der Iller. Memmingen ist ein großer ordentlich gebauter Ort.

Montag. d. 11. Juny.

Man hört hier nichts wie das harte schwaben Deutsch: aber doch war es mir Wohllaut gegen die abscheuliche Sprache der Schweizer, der wir jetzt entflohen waren. Wir fuhren heute auf unabsehbaren Flächen, die nur durch die großen Wälder begränzt waren, durch welche oft unser Weg gieng. Das Land ist nicht sehr fruchtbar, wir fanden viel Hayde. Man sieht hier keinen Wein mehr.

Diesen Nachmittag um sechs Uhr, kamen wir bey starkem Regen in Augsburg an.

D. 12. u. 13. Juny.

Wir haben zwey Tage in Augsburg, mit vieler Langerweile, zugebracht. Es regnete beyde Tage unaufhörlich, doch verlohren wir glaub ich nicht viel dabey, ich habe von Augsburg doch genug gehabt. Das alte, das reichsstädtische, das Schwäbische Wesen, welches aus allem in dieser Stadt athmet, verleidet gewiß jedem Fremden den Aufenthalt. Die Häuser sind alle im ältesten Geschmack gebaut, mit hohen spitzen Giebeln, u. dazu größtentheils von oben bis unten mit biblischen Geschichten bemahlt, denn man ist hier wie überall in Schwaben so katholisch wie möglich, die bemahlten Häuser habe ich auch vorher in allen Städtchen u. Dörfern dieser Gegend gesehn, wo man auf jedem Hause Märtyrer aller Art sehn kann, auf dem Spieß, auf dem Rost, mit Pfeilen gespickt, in Öhl gesotten, u. s. w. nach *gusto*. Das einzige hübsche was ich in Augsburg gesehn habe, sind schöne bronzerne Figuren, welche auf allen Brunnen, öffentlichen Gebäuden, u. s. w. angebracht sind. Das Rathaus u. das Zeughaus sind ziemlich hübsch. – Aber nichts ist langweiliger wie die todte Leere der Straßen, nirgends habe ich weniger Menschen gesehn, u. weniger Lerm gehört wie in Augsburg: es ist als käme man in eine der verwünschten Städte, des Tausend u. Eine Nacht, wo die Einwohner versteinert sind: besonders in der Mittagsstunde zwischen zwölf u. halb zwey kann man ohne Einen Menschen zu begegnen durch die Hauptstraßen gehn: auch ist in dieser Stunde durchaus in keinem Laden etwas zu haben. Um acht ist die ganze Stadt zu Bette.

Von der Gesellschaft in Augsburg, haben wir zweyer Addreß Briefe ungeachtet, nichts gesehn.

Donnerstag. d. 14. Juny.
Auch heute als wir abreisten dauerte der Regen wie in den letzten Tagen fort. – Aus Schwaben traten wir jetzt in Baiern u. sahen auch hier nichts wie unabsehbare Ebenen, zur Hälfte mit Wald bedeckt, in dem wir hin u. wieder Wild bemerckten.

Die Pelzmüzen sind auffallend, welche man hier auch bey den Weibern, ohne Ausnahme findet.

Wir begegneten die Churfürstinn, die zum Besuch nach Karlsruh gieng.

Gegen Abend erreichten wir München.

Freytag, d. 15. Juny.
Welch ein Abstand zwischen einer Reichsstadt u. einer Residenz! Dort ist der langsame grobe Mittelstand allgemein: keiner glänzt u. scheint hervor: aber hier bewegt sich alles um den großen Mittelpunkt, u. alles scheint von seinem Glanze beleuchtet. München erscheint gegen Augsburg ein kleines Paris. Die Stadt ist kleiner aber viel Volckreicher, u. lebhafter: man sieht häufige glänzende Equipagen, u. überall viel Offiziere u. Soldaten die es bunter machen. Die Straßen sind größtentheils hübsch gebaut, hin u. wieder sieht man große schöne Häuser. Der Hofgarten den wir heute besuchten, ist ein großer viereckiger Plaz, von bedeckten Gängen umgeben, u. mit Bäumen besetzt: hier findet man bey schönem Wetter immer viel *beaumonde*. Aber an den Hofgarten stößt der viel hübschere englische Garten, der wie jener dem Publikum offen steht. Am Eingang steht eine schöne marmorne Statüe. Der Umfang des Gartens ist beträchtlich: die vielen schlängelnden Gänge die hin u. wieder zu freiern Pläzen führen, geben die angenehmste Abwechslung. Diese äußerst hübsche Anlage verdanckt man dem berühmten *Rumford* der mehrere Jahre General in bairischen Diensten war. Auf einem freien Platz im Garten steht ein hoher chinesischer Thurm, von dem man eine sehr unbeschränkte Aussicht hat, die sich über den größten Theil der baierischen Flä-

chen erstreckt, bis zu der fernen tyroler Gebirgskette: auch übersieht man den Garten u. München. Eine andere Stelle im Garten die mir fast noch mehr gefällt, ist eine Brücke die bey einer rauschenden Wassermühle vorbeyführt.

Diesen Abend giengen wir in das Hoftheater. Das Haus ist im alten Geschmack sehr hübsch, ganz mit Vergoldungen bedeckt. Es ist aber übermäßig finster. Die Logen sind alle abonirt, zu sehr niedrigen Preisen: die Fremden sind daher genöthigt in das sogenannte Parterre *noble* zu gehn. Die Truppe aber ist vortrefflich: wir sahen Verbrechen aus Ehrsucht, was nicht vollkommner u. erschütternder gegeben werden kann. –

Sonnabend. d. 16. Juny.
Wir besahen heute die Bildergallerie. Sie nimmt eins der Gebäude ein, welche den Hofgarten umgeben. Sie ist zahlreich, u. in mehreren Sälen aufgestellt; sie enthält eine treffliche Auswahl schöner Originale: besonders herrliche Bilder aus der niederländischen Schule, viele *van Dyk's, Rubens* – auch schöne Bilder vom *Poussin* u. *Vernet,* zwey bewunderungswürdige Köpfe von *Denner*: auch die italiänische Schule ist nicht minder bedeutend. Man könnte manchen Tag in der Beschauung dieser schönen Sammlung mit Vergnügen zubringen; aber man muß über alles hinweg eilen. Von der Bildergallerie giengen wir zum Schloß. Von außen ist es nicht schön, u. größtentheils ohne Verzierung: es ist aber groß u. enthält mehrere weite Höfe. Man zeigte uns zwey Kapellen im Schloß: die eine ist sehr einfach u. in dieser wird die Messe gelesen: die andre ist die alte, berühmte, kostbare Kapelle: sie ist sehr klein, enthält aber erstaunliche Schätze, alles glänzt von Gold u. Edelsteinen: in der Mitte steht der überaus kostbare Altar: hier ist das große massive Kruzifix von Silber, u. schöne silberne Figuren in getriebener Arbeit: unter diesen bemerckt man eine große Silberplatte, mit den Leiden Christi: sie fällt u. zeigt die glänzende Monstranz, welche vierundzwanzig Pfund an Gold u. Silber wiegt. An den Seiten des Altars sind zwey vortreffliche Bilder in Mosaik von florentinischer Arbeit, die Perspektive auf einer derselben ist eine der täuschendsten u. wunderbarsten die ich je gesehn habe. Ringsum in der

Kapelle stehn prächtige Kasten u. Glasschräncke, mit Scheiben von geschliffenem Crystall: einer davon ist mit 200 antiken Gemmen ausgelegt welche das Stück zu zwanzig Dukaten geschätzt sind. Alle diese Schräncke enthalten Reliquien, die mit der größten Pracht gefaßt sind, man sieht die alten Knochen u. vermoderten Hände, unter Krystall, mit schweren goldnen Einfassungen, u. durchweg mit Edelsteinen u. Diamanten ausgelegt. Auch enthalten die Schräncke eine Menge Heiligen-Bilder, Kruzifixe, hl. Jungfrauen, massiv von Gold, u. mit großen prächtigen Brillianten, Smaragden, Topasen belegt: biblische Geschichten von Gold in getriebener Arbeit: zwey päbstliche Kronen auf ganz mit großen Perlen belegten Küssen, eine unendliche Menge Kostbarkeiten, die das Auge verblenden, u. von denen sich ein viele Seiten langes Register machen ließe. Ein Paar auffallende Seltenheiten will ich nur noch aufschreiben: die Leidensgeschichte Christi, in Holz, so fein geschnitzt, das ein Mensch 18 Jahre daran gearbeitet hat, was man der Arbeit ansieht: u. eine kleine elfenbeinerne Handkapelle welche die unglückliche *Marie Stuart* in ihrer Gefangenschaft gehabt hat. – Als wir diesen Tempel der Pracht verließen machte man uns auf die eiserne Thüre, u. einen davor hängenden eisernen Kronleuchter aufmercksam die der kürzlich verstorbene churfürstliche Schlosser geschmiedet hat, u. die von auffallend schöner Arbeit sind.

Wir besahen jetzt die Zimmer des Schlosses: sie sind mit der alten schweren Pracht verziert: alles ist vergoldet u. überladen. Wir sahen das Audienz Zimmer wo der Thron steht, u. welches ganz mit Gold bedeckt ist. Nahe daran ist eine Bildergallerie, die zugleich zum Speisesaal dient, was den Bildern eben nicht viel nuzt: dennoch enthält diese Sammlung herrliche Gemählde aus der italiänischen Schule: hier ist ein Bild von *Correggio*, u. ein außerordentlich schönes Mädchen von *Dominican*.

Wir durchgiengen noch eine lange Reihe Zimmer, immer glänzender u. prächtiger eins wie das andere. Dann kamen wir an das Schlafzimmer des bairischen Kaisers Carls des 7ten. Die Decke u. Gardinen des Bettes sind mit einer Goldenen Stickerey bedeckt, u. wiegen zusammen nicht weniger als zwey u. dreißig Centner!

Wenn der Kaiser unter der Decke hätte schlafen wollen; so wäre er unfehlbar platt gedrückt. Die Gardinen kann man kaum biegen.

Noch ein andres Zimmer ist merckwürdig: ein Kabinet dessen Wände ganz mit Miniaturgemählden bedeckt sind, worunter manche recht hübsche. Auch zeigte man uns einen elfenbeinernen Kronleuchter voll verschlungener Figuren, u. sehr gut gearbeitet, den ein Kurfürst selbst verfertigt hat. Von hier giengen wir durch den Herkules Saal, nach den sogenannten Kaiserzimmern, welche so heißen weil die Gemahlinn Kaiser Karls d. 7ten sie bewohnt hat. Der Herkules-Saal ist ungeheuer groß u. besonders lang: er ist ganz mit den Porträts der alten Churfürsten u. Churfürstinnen in ihrer alten seltsamen Kleidung, behangen.

Die Kaiserzimmer sind eben so gülden als die vorigen, aber noch antiker: sie enthalten alte prächtige seltsame Meubeln: viele alte Familien-Bilder: in einem Zimmer hängt unter andern die hübsche u. interessante Sammlung aller Churfürsten von Baiern als Kinder.

Nachmittag fuhren wir nach Nympfenburg. Der Weg dahin geht durch eine flache Gegend: aber in der Ferne sieht man den Anfang der Tyroler Gebirgs-Kette. Das Schloß Nympfenburg ist altfränckisch aber sehr groß, besonders durch die vielen Nebengebäude die den Hof umgeben, u. worunter die Porzellän-Fabrik ist.

Der Garten hat aber sehr im kleinen etwas Ähnlichkeit von dem in *Versailles*. Hinter dem Schlosse ist wie dort ein großer Plaz, von geschornen Alleen u. hübschen marmornen Statüen umgeben.

Der Garten besteht übrigens aus steifen Alleen, von sehr großen schönen Bäumen; er ist von fließendem Wasser durchstrichen; enthält auch ein Paar unbedeutende Wasserfälle, u. andre Wasserspielereien: auf dem großen Hofe vor dem Schloß aber ist eine beträchtliche Fontäne. Auch wird in einem Teich ein Bieber aufbewahrt.

Die Hauptzierden des Gartens sind vier Pavillions, die wir alle einen nach dem andern besehen haben.

Der erste den wir sahen ist die Einsiedeley, welche ein längst verstorbener Churfürst baute, um Buße darin zu thun. Der Vorsaal ist mit Muscheln u. Steinen sehr hübsch bedeckt: hier steht ein schöner Altar mit Leuchtern von geschmolzenem Krystall: das kostbare Geheimniß Krystall zu schmelzen ist mit dem Mann der diese Leuchter verfertigt hat begraben, er hat es seinem Sohn, mit dem er unzufrieden, nicht mittheilen wollen. In diesem Lusthause sind noch mehrere Teller u. Schüsseln, Überreste eines ganzen Services, von geschmolzenem Krystall. Die Materie ist weiß u. sehr durchsichtig: die großen runden Schüsseln geben wenn man darauf schlägt, einen ganz unnachahmlich schönen Klang.

Eine andre Seltenheit ist ein sehr altes ehrwürdiges Kreuz. Es wurde von den Christen gerettet als die Türcken Konstantinopel eroberten – *Anno 1453* –. Es ist groß, von Metall, aber platt. Auch hängt hier ein Kronleuchter den einer der ältern Churfürsten selbst gedrechselt hat u. s. w.

Das schönste aber was dieser Pavillion enthält, ist die herrliche *Magdalena*, von *Michel Angelo Carravaggio*. Moreau hat hier logirt, u. wollte sie durchaus mitnehmen: aber der Aufseher der Einsiedeley, hat ihn überredet daß es unmöglich sey sie wohlbehalten nach Paris zu bringen. Dieser Aufseher, ein Italiäner, gehört mit zu den Merckwürdigkeiten des Pavillions: nie habe ich Raritäten mit einem solchen Enthusiasmus zeigen sehn: er sprach mit einem Feuer u. einer Selbstzufriedenheit von seinen Herrlichkeiten als hätte er sie selbst gemacht.

Von der Einsiedeley giengen wir zur Pagodenburg: ein chinesisches Häuschen, voll kleiner netter u. bequemer Zimmer im chinesischen Geschmack verziert, mit seinen chinesischen Tapeten, u. Möbeln mit den lebhaftesten Farben, u. dem schönen chinesischen Lack bekleidet.

Der dritte Pavillion ist das Badehaus, dessen Zimmer auch mit chinesischen seidenen Tapeten bedeckt sind. Der geräumige Vorsaal ist geschmackvoll verziert, u. enthält marmorne Büsten der alten Dichter u. Weisen. Das Bad ist groß u. bequem eingerichtet, u. oben mit einer Gallerie umgeben.

Der letzte Pavillion ist Amalienburg, nach der Churfürstinn die ihn erbaut hat, so genannt. Er ist von den drey andern ganz verschieden, er hat einen besondern Anstrich von Heiterkeit, so daß man ihn den Tempel der Freude nennen möchte. Amalienburg besteht aus vier eleganten hohen hellen geräumigen Zimmern neben einander. Sie haben alle seidene Tapeten, mit Silber reich gestickt, u. mit glänzenden silbernen Leisten umgeben: zwey darunter sind gelb, eins blau, u. eins weiß. Neben diesen vier schönen Zimmern ist eine kleine reinliche Küche, in der ein Service von einem besonders leichten Fayence steht, wie man es jetzt nicht mehr macht.

Wir besahen die Ställe des Churfürsten worin neun außerordentlich kleine aber sehr hübsche schwedische Pferde, ein Geschenck des Königs von Schweden, aufbewahrt werden: der Churfürst braucht sie zum Fahren.

Nicht weit von Nympfenburg, liegt der churfürstl. Hirschgarten: Ein schöner großer Eichenwald. Die Anzahl der Hirsche ist durch die Franzosen sehr vermindert: welche als sie hier hausten, sie sich haben wohl schmecken lassen. Die Übriggebliebenen sind so zahm daß sie bey dem Wirthshaus welches am Walde liegt herumlaufen, u. sich bisweilen aus der Hand futtern lassen.

Sonntag. d. 17. Juny.
Heute besahen wir die schönen Kirchen von München. Die größte ist die Frauenkirche mit zwey sehr hohen Thürmen. Das Innere ist gothisch, u. voll alter Denckmähler u. Verzierungen. Die Kirche hat das Sonderbare, daß man von einem gewissen Fleck aus gar kein Fenster sieht.

In dieser Kirche ist das prächtige Grabmahl des Kaisers *Ludwig* d. Baier, mit sehr schönen bronzernen Figuren. Auf den vielen Altären findet man einige sehr gute Bilder, unter denen sich vor allen, die Anbetung der Weisen, von *Michel Angelo Carravaggio* auszeichnet. Eine andre sehr schöne Kirche ist die der *Theatiner*, im italiänischen Geschmack, mit einer herrlichen Kuppel, u. mit Verzierungen beynah überladen. Wir hörten hier eine prächtige Kirchenmusik. – Auch die Jesuiter Kirche ist sehr schön, sie ist in einem großen kühnen Tonnengewölbe gebaut: vor dem Altar steht ein herrlicher Jesuskopf, in Pastell von einem hiesigen Künstler. In dieser Kirche waren 32 Centner Silber an Altargeschirren: aber der jetzige Kurfürst der alle Klöster aufgehoben hat, u. überhaupt dem Mönchswesen sehr entgegen ist, hat mit dem Silber dieser Kirche die Summen zum Theil bezahlt, welche die Franzosen dem Lande auflegten; u. platirte Leuchter hingesetzt.

Diesen Nachmittag besahen wir die sehr reiche Schazkammer des Kurfürsten. Sie gehört auch zum Schlosse. Man gelangt dahin durch einen langen Saal, der ganz mit alten Bildern behängt ist, von den Churfürsten, u. merckwürdigen Personen, unter denen sich das Porträt des bekannten bairischen Otto von Wittelsbach auszeichnet.

Die Schazkammer enthält eine große Menge von Kostbarkeiten, von deren Glanz man geblendet wird, u. nicht weiß welches man zuerst ansehn soll. Besonders in die Augen fallend ist der große mittelste Schranck, der den herrlichen Schmuck des Churfürsten enthält: strahlende Kronen, u. Sterne, auch die Krone von Würzburg ist jetzt hinzugekommen, prächtige Schnallen, u. Halsbänder, alles von außerordentlich großen Steinen zusammengesetzt, der größte ist ein Brilliant von 36 KARAT: glänzende Namenzüge von Diamanten, Degengriffe, Agraffen, prächtige Schnuren Perlen worunter eine vier sehr große u. ganz gleiche birnenförmige Perlen hat, auch eine die halb schwarz ist u. einzig in ihrer Art seyn soll. In der Mitte dieses prachtvollen Schrancks steht ein Ritter zu Pferde, dessen Harnisch, wie auch sein Pferd ganz aus Brillianten zusammengesetzt ist. Auch die andern Schräncke welche die Wände der Schazkammer umgeben sind mit Kostbarkeiten gefüllt, mit deren Betrachtung man viele Stunden zubringen könnte, indessen hat man kaum Zeit einer jeden einen Blick zu schencken. Da sind prächtige Gefäße von Agath, Blutjaspis, Onix, Elfenbein, Rhinozeroshorn, andere mit Camäen besetzt, alle sehr schön u. geschmackvoll gearbeitet, obgleich sie vor 200 Jahren gemacht sind, prächtige Crucifixe, besonders auffallend ist eines, woran das Kreuz von *Carniol* auf einem Steinhaufen von Smaragden steht, u. der Jesus ist sehr schön gearbeitet von Perlemutter: ferner die bairischen von köstlichen Steinen zusammengesetzten Orden, welche nach dem Absterben eines Ritters wieder eingehändigt werden, es sind deren jetzt viele vorhanden: ein großes Schwerdt womit die Ritter geschlagen werden, auch das Schwerdt von Würzburg. Ein sonderbares Spiel der Natur ist ein natürliches Kreuz von Crystall, auch sind hier schöne Gefäße von Krystall: von

AUS DEN JAHREN 1803-1804 215

besonders schöner Arbeit sind einige große goldene Schlüsseln, mit Figuren von getriebener Arbeit bedeckt. Von künstlicherer Arbeit wie alles dies, obwohl von geringerem Werth ist eine Nachahmung im kleinen, der berühmten ungeheuren Trayans-Säule in Rom. Sie ist von vergoldeter Bronze, u. steht in der Mitte der Schazkammer. Ein römischer Künstler hat dies schöne Werck des Alterthums, mit unermüdeter Emsigkeit, u. der größten Genauigkeit nachgeahmt: sie ist von oben bis unten mit den Schlachten u. Thaten des Trayans bedeckt, u. die unzählbaren Figuren die auf der großen Säule in Basrelief eingehauen, u. eben so viele Meisterstücke der Kunst sind, findet man auf dieser nicht vier Fuß hohen Säule mit einer Bewunderungswürdigen Sorgfalt bis auf die Details ausgeführt. Sogar die Innere Treppe ist mit großer Mühe angebracht. Oben auf der Säule steht die Statüe des Trayans.

Diesen Abend brachten wir wieder im Schauspiel zu. *Mad. Renner* spielte außerordentlich hübsch in einer kleinen Comedie. Dann erfolgte ein schlechtes Ballet.

Montag. d. 18ten Juny.

Diesen Morgen reisten wir von München ab, u. fuhren 4 bis 5 Meilen in einer flachen uninteressanten Gegend: dann aber wurde sie schöner u. waldig, bis zum kleinen Dorfe Amfingen wo wir übernachten mußten.

Diengstag. d. 19. Juny.

Auch heute fanden wir die Gegend immer schöner, die fruchtbaren Felder wechselten mit schöngeschichteten waldigen Anhöhen ab, die immer höher wurden bis wir die Ufer der Salza erreichten, welche hier die Gränze bildet, u. aus der andern Seite sich uns die erste österreichische Gränzfestung, Braunau, in einer sehr reizenden Lage am Ufer, zeigte. Es geht hier eine lange hölzerne Brücke über die Salza; auf derselben steht an dieser Seite der letzte bairische Soldat, bey seinem weiß u. blauen Schlagbaum, am andern Ende steht ein andrer Schlagbaum der die häßliche finstre Farbe Österreichs, schwarz u. gelb, trägt.

Wir ließen das Land der ehrlichen Baiern hinter uns u. fuhren durch den häßlichen Schlagbaum durch, nicht ahnend das Unheil, was uns jenseits von der *chicaneusesten*, aller *chicaneusen* Polizeien, u. der impertinensten aller impertinenten Accisen bevorstand. Ein halb Duzt Diener der Kanzeley u. Polizey buchstabirten, sobald wir angekommen waren, mit der skrupulösesten u. wichtigsten Mine von der Welt an unserm Paß: u. es ward befunden daß derselbe von keinem österreichischen Gesandten visirt, folglich ungültig sey: denn in Österreich haben die Zeugnisse fremder Regierungen keinen Credit, der Paß der überall gut gewesen war, der in Ländern gegolten hatte wo des Krieges u. der schwankenden Regierungen wegen die Vorsicht in dem Stück nothwendiger ist, wie in dem unbedeutenden, verarmten u. ausgesogenen Österreich, dessen Regierung dem Himmel dancken sollte, wenn ein Fremder sein Geld dort verzehren kommt, – der Paß war hier nicht gut: ich gieng sogleich zum Polizey-Commissär, wir bataillirten eine Stunde mit ihm, nichts wollte helfen. Es war kein Ausweg als entweder umzukehren, was wir vor vier Jahren ein Mal unter ähnlichen Umständen gethan hatten, od. eine Estaffette um einen Paß nach Wien zu schicken, u. uns zu entschließen 6 Tage in Braunau zuzubringen: das letztere ward beschlossen: die Estaffette mußte sogleich aufsitzen, u. wir waffneten uns mit Geduld.

Wir bezogen ein Wirthshaus in Braunau, was noch besser war als es sich erwarten ließ, wenn man nicht bedächte daß die 2löbliche Kanzeley ihm öftern Zuspruch verschafft. – Wir haben eine volle Woche in Braunau zugebracht, u. während derselben manche Anfechtungen von Langerweile u. österreichischer Polizey gehabt.

Nachdem sogleich bey unserer Ankunft die Maut den Wagen u. alle unsere Koffer durchgewühlt, u. mit unermüdetem Eifer dem Duft eines halben Pfundes Toback nachgegangen war; wurde unser Wagen in Beschlag genommen, mit der Anzeige daß er nicht anders wie unter Vorzeigung eines österreichischen Passes herausgegeben werden würde.

Am Morgen nach unserer Ankunft wollte ich spazieren gehn: ich wurde aber am Thor angehalten, gefragt wer ich sey, wo ich hinwollte, wo ich herkäme, ob ich einen Paß habe, u. dgl. österr. Fragen mehr: ich sagte endlich, wenn man so examinirt würde um zum Thor hinaus zu gehn, wollte ich drinnen bleiben: doch darauf wurde ich als eine verdächtige Person zu dem mir schon bekannten Polizey-Commissair gebracht. Diesem erzählte ich mit vielem Eifer meine Geschichte, u. sagte ihm daß entweder kein Mensch ohne Paß aus dem Thor gelassen werden müßte, od. man könnte auch mich meines fremden Ansehns wegen nicht anhalten, denn es könnte die Pflicht der Wache nicht seyn alle Einwohner zu kennen, u. die Fremden zu unterscheiden: dennoch ward dem Thorschreiber nicht unrecht gegeben. Der Polizey-Commissair schrieb mir aber einen Paß um die Thore zu passiren.

Mit dem Herrn Polizey-Commissair habe ich mich fast täglich zu zanken gehabt, dies u. häufige Spaziergänge waren mein einziger Zeitvertreib, u. Verdauungsmittel.

Die Lage von Braunau ist außerordentlich schön: die Ufer der breiten sehr reißenden Salza, sind von der andern Seite mit einer Kette niedriger Berge besezt, welche in den reizendsten Abwechslungen mit Wäldern u. Wiesen bedeckt sind, an einigen Stellen schroff ins Wasser hinabgehn, an andern noch Plaz zu Feldern u. Häusern lassen: die Promenade am diesseitigen Ufer der Salza, unter der Brücke u. den Wällen, ist es werth, daß man sich eine Stunde in Braunau aufhält, auch wenn man nicht auf den Paß zu warten hat: von der Brücke u. den Wällen hat man ebenfalls sehr schöne Aussichten: nicht weniger reizend ist die Gegend nach der Landseite besonders in der Nähe eines benachbarten großen Mönchsklosters.

Montag. d. 25. Juny.
Endlich kam der sehnlich erwünschte Paß diesen Morgen um 9 Uhr, u. um 10 saßen wir schon im Wagen u. eilten nach Wien. Wir fuhren rasch u. auf sehr gutem Wege. Die Gegend war fortdauernd schön, zur Linken zeigten sich uns schöne Anhöhen halb mit Wald halb mit Feldern bedeckt, oft fuhren wir über Erhebungen von denen wir prächtige ausgedehnte Aussichten hatten: zur rechten hatten wir das rauhe schneeige Tyroler Gebirge, gegen Abend kamen wir seinen schrecklich schroffen Felsen sehr nah.
Es war heller Mondschein u. wir fuhren die Nacht durch.

Diengstag. d. 26. Juny.
Diesen Morgen um halb sechs erreichten wir Linz. Wir hielten uns gar nicht auf. Blos im Durchfahren bemerckte ich daß die Stadt außerordentlich regelmäßig u. schön gebaut ist.

Hinter Linz wird die Gegend noch immer schöner: immer wechseln halb bewachsene Berge, mit Flächen die mit Feldern u. Wiesen bedeckt sind, zwischen denen überall Baumgruppen stehn. Zwischendurch sahen wir die Ufer der Donau, die aus großen schräg herabgehenden Flächen bestehn auf denen man in der herrlichsten Abwechslung unzählige bunte Felder u. Wiesen, von Häufchen Bäumen u. Gebüschen unterbrochen, übersieht. In der Ferne zeigen sich fortwährend die hohen Berge von Tyrol, welche jetzt aber allmählig abnehmen. Wir blieben diese Nacht in Malko.

Mittwoch. d. 27. Juny.
Schon seit ein Paar Wochen hatten wir fortdauernd das schönste Sommer-Wetter gehabt: wir hatten daher viel vom Staube gelitten, der auf den kalckigen Chaussée-Wegen unerträglich ist. Diesen Nachmittag brach aber plötzlich ein fürchterlicher Platzregen los, der ein Paar Stunden anhielt: in seiner stärcksten Periode war er so heftig daß wir genöthigt waren stillzuhalten: es fielen dabey Schloßen von der Größe von Wallnüssen, auf der Decke des Wagens trommelten sie mit gewaltigen Schlägen, u. wir mußten die Gläser herablassen welche sie einzuschlagen drohten.

Die Gegend blieb auch heute sehr schön doch war sie nicht ganz so prachtvoll als die welche wir gestern durchfuhren. Ein Paar Meilen vor Wien fährt man eine Strecke zwischen hohen ganz im Wald bedeckten dichtstehenden Bergen. Darauf folgt plötzlich Fläche. Wir sahen heute viele u. große Klöster. Eine Meile vor Wien fährt man beständig zwischen großen u. kleinen Landhäusern u. Gärten. Gegen acht kamen wir an die Linie wo wir nochmals gründlich ausgefragt wurden: dann fuhren wir durch die Vorstädte, u. endlich durch die tiefen hallenden Thore in die Kayserstadt ein.

Während der drey Wochen die wir in Wien verlebt haben regnete es in den ersten vierzehn Tagen fast unaufhörlich, nur dann u. wann war ein einzelner schöner Tag. Bey dem schlechten Wetter sind in Wien die Straßen gangbarer wie in vielen andern Orten, des schönen Pflasters wegen; die meisten sind wenigstens an den Seiten mit platten Steinen belegt, u. viele Pläze ganz u. gar, z. B. der Graben, u. die meisten ganz schmalen Gäßchen die in anderen Städten die unangenehmsten sind.

Wien ist schön gebaut im allgemeinen. Die meisten Häuser sind von Quadersteinen, u. alle nach der modernen Bauart mit der langen Seite nach vorne gestellt, u. ohne Giebel. Viele sind sehr geschmackvoll u. prächtig verziert mit Skulptur u. Cariatiden. Wien enthält viele prächtige Pläze mit schönen Kirchen, mit den Palläsilen der Großen umgeben, u. mit schönen Brunnen u. Monumenten geziert. Ausgezeichnet schöne Pläze sind der Mehlhof mit der prächtigen Jesuiter-Kirche, der Graben, der Josephs-Plaz bey der Burg, der neue Marckt, u. viele andre.

Die KAISERLICHE BURG ist ein sehr großes aber nicht schönes Gebäude, besonders ist der alte Theil nicht schön gebaut. Sie schließt mehrere große viereckige Höfe ein. Nur der kleinere Theil dient zur Wohnung des Kaisers, soll gar nicht sehenswert seyn, u. mit der übrigen Einfachheit des kaiserlichen Hofes übereinstimmen, welche sehr weit getrieben wird: von Hoffesten, öffentlichen Cour-Tagen etc. hört man durchaus nichts, der KAISER lebt wie ein Privatmann: ich habe ihn nur Ein Mal gesehen, da er die letztre Zeit unsers Aufenthalts in Baden, einem kleinen Badeplaz 4 Meilen von Wien zubrachte, doch sah ich ihn, nebst der Kaiserinn, sehr in der Nähe. Es war beym Ausfahren: ungefähr 20 Menschen waren an einer Seitenthür der Burg versammelt, eine grüne Halbschaise fuhr vor, mit Überresten goldener Verzierungen, verblichenen sammtnen Polstern, zwey guten Pferden, u. einem Bedienten in der unscheinbarsten Livrée. Der Kaiser trat heraus die Kaiserin führend, setzte sich neben ihr und kutschirte selbst. Beyde waren in einer höchst modesten Toilette. Er ist ein hagerer Mann, dessen ausgezeichnet dummes Gesicht eher auf einen Schneider als auf einen Kaiser rathen ließe. Sie ist nicht hübsch, sieht aber klüger aus. Ich habe die beyden hohen Häupter vorher mehrmals begegnet ohne die geringste Ahndung, da sie in einem ähnlich bescheidenen Aufzuge fuhren. Diese einfache Lebensart rührt in etwas aus der

Sucht Kaiser Joseph nachzuahmen her, den man doch in andern Stücken nicht nachahmt, statt der Aufklärung Unwissenheit u. Aberglauben verbreitet, die Klöster aufbauet die er niederriß etc. Der Hauptgrund der eingeschränckten Lebensart aber ist Ekonomie, in der man es weit gebracht hat: z. B. als die Wachslichte ein Mal um ein paar Kreuzer stiegen, wurden seitdem die Kronleuchter bey Hofe nicht mehr angezündet, u. ein Paar Lichte auf den Tisch leuchten auch. Man trinckt bey Hofe Wasser, der österreichische Wein ist zu sauer, der fremde zu theuer, u. man hat ausgefunden, daß Wasser von beiden Fehlern frey ist.

Die kleinen Prinzen u. Prinzessinnen, die ich häufig gesehn habe, fahren indessen doch mit sechs schönen Pferden. Der k. k. Marstall ist ein schönes Gebäude in der Vorstadt.

Die Burg enthält außer der Wohnung des Kaisers das Mineralien-Cabinet, Naturalien-Cabinet, u. das Hoftheater.

Das MINERALIEN-CABINET ist unstreitig eins der prächtigsten u. vollkommensten die man sehn kann: es enthält einen vielleicht einzigen Schaz von Merckwürdigkeiten des Mineral-Reichs. Es ist in einer Reihe großer schöner Zimmer hinter Glasschräncken aufgestellt, u. an bestimmten Tagen der Woche meldet man sich um es zu sehn. Ein Professor giebt dabey eine passende allgemeine Erklärung. Die ersten Schräncke enthalten eine außerordentlich zahlreiche Sammlung von Seegewächsen, die unendliche bunte Mannigfaltigkeit der Corallen-Bäume, Madreporen, u. andere Wunder des Meergrundes. Eine andre seltene Sammlung ist die der versteinerten Hölzer, von denen auch eine große Menge, von sonderbaren verschiedenen Farben, vorhanden ist. Äußerst zahlreich u. vollkommen ist die schöne Sammlung aller Marmorarten. In einem kleinen Seitenschrank stehen eine Menge Tabacksdosen von sonderbaren seltenen Materien, von allen Arten Agath, Jaspis, Onix, Lapis lazuli, geschliffener Lawa etc. etc. In einem besonderen Schranck sind alle die sonderbar gestalteten Krebsarten. Aber das vollkommenste u. merckwürdigste des Cabinets ist die SAMMLUNG DER METALLE: von einem jeden sind verschiedene Stufen vorhanden, u. man sieht ein jedes Metall in allen den verschiedenen Gestalten in denen die Natur es erzeugt. Diese natürlich erstaunlich zahlreiche Collection ist auch für den Nicht-Mineralogen das Interessanteste. – In der unendlichen mannigfaltigen Sammlung der wunderbargebildeten merckwürdigen Steine, war mir nichts so merckwürdig als ein BIEGSAMER SANDSTEIN, der mir noch nie vorgekommen ist: er ist platt u. glatt, u. ungefähr einen halben Zoll dick, u. so biegsam wie etwa eine dicke lederne Sohle. Auch sehr selten sind die geschliffenen Granite.

Das Cabinet enthält ferner die sehr schöne u. ganz vollständige Sammlung ALLER Edelsteine, mit allen ihren nur möglichen Abarten. Hier ist die Krone der Sammlung, der berühmte u. in seiner Art EINZIGE OPAL, er ist für den bey weitem größten u. schönsten bekannt den man hat: er hat die ungeheure Größe eines Gänse-Eys, seine Grundfarbe ist weiß, doch spielt er ins grünliche, röthliche u. alle möglichen Farben. Im Auge eines Nichtkenners ist er nicht besonders schön: wie auch die schwarzen Diamanten, welche ebenfalls sehr selten u. merckwürdig sind. Ein sehr hübsches Spielwerck ist ein Bouquet aus lauter Edelsteinen zusammengesetzt; alle Arten derselben sind darin angebracht u. bilden Blumen von den lebhaftesten Farben u. Glanz. Im letzten Zimmer des Mineralien-Cabinets ist eine Sammlung von Mosaik-Bildern, welche alle Meisterwercke von florentinischer Arbeit sind. Besonders schön gearbeitet ist ein großer Tisch dieser Art.

Auch das NATURALIEN-CABINET ist sehr schön, obwohl nicht so einzig u. außerordentlich vollkommen wie das Mineralien-Cabinet. Es ist ebenfalls in mehreren großen Zimmern aufgestellt. Die untere Abtheilung enthält die Sammlung der Säugethiere, welche äußerst vollständig, zahlreich u. auch wohl *conservirt* ist, aber nichts enthält als was ich schon in sehr vielen andern Cabinetten gesehn habe, die fischartigen Säugethiere ausgenommen, Hayfische, Pottfische etc.

In den obern Zimmern ist eine sehr große Vögel-Sammlung auf eine sehr hübsche Art aufgestellt, die indessen zum Studium wohl nicht die zweckmäßigste ist. Hinter Glasschräncken die mit Moos u. Ästen bekleidet sind, stehn die Vögel in bunten Gruppen wie in einer Voliere, was einen außerordentlich schönen Effekt macht.

In einer dritten Abtheilung ist die Amphibiensammlung, deren Anzahl die geringste ist: daneben ist ein sehr schönes Cabinet von physischen Instrumenten, mechanischen Modellen u. dgl.

Außer diesen Cabinetten welche die Burg enthält sind in Wien noch sehr viele andere Kunst-Sammlungen, unter welchen die Gallerie des Belvedere's den ersten Ranck einnimmt. Das Belvedere ist ursprünglich ein kaiserliches Lustschloß, doch ist es jetzt ganz von der herrlichen kaiserlichen Bildergallerie eingenommen. Es liegt gleich hinter der Vorstadt. Das Gebäude ist groß, massiv, u. sehr geschmackvoll gebaut. Der Garten ist altfränkisch u. nicht groß. Die Aussicht von demselben, u. noch mehr aus den obern Fenstern des Belvederes aber ist himmlisch. Die Gemählde-Sammlung ist unstreitig eine der prächtigsten in Europa, u. nach der im Louvre vielleicht die Zahlreichste: sie enthält an 4000 Bilder, wovon der größte Theil Meisterstücke der Kunst sind. Sie sind in vielen großen Sälen aufgestellt, zu denen man durch einen großen prächtigen runden Vorsaal gelangt. Die Bilder sind nach den Schulen abgetheilt, numerirt, u. mit einem sehr ausführlichen Katalog versehn. Die Italienische Schule ist von allen großen Meistern zusammengesetzt. Blos von *Rafael* ist nur ein Bild, u. zwar von seinen ältern, dafür sind ganze Säle voll *Guido Renis, Titians, Dominicans,* u. andern Meisterwercken der berühmtesten Künstler. Ebenso herrlich zusammengesetzt ist die Niederländische Schule. Auch sie enthält Zimmer deren Wände ganz mit *Rembrand's, Van Dyks, Rubens* bedeckt sind. Eine sehr seltene Sammlung ist die alte niederländische Schule: diese Bilder haben zum Theil keinen andern Werth als ihr Alter, u. das Sonderbare ihrer Zusammenstellungen; sie sind die Darstellungen finsterer Ideen, die Gegenstände vieler sind Ermordungen, Hinrichtungen, Menschen die von Ungeheuern gefressen werden, *etc.*

Eine andre sehr kostbare u. ich glaube einzige Sammlung ist die DEUTSCHE SCHULE, welche ebenfalls sehr zahlreich ist. Hier sieht man die Wercke Holbeins, Sandrarts, Albert Dürers u. der andern deutschen Künstler des 14ten- u. 15ten-Jahrhundert. Die Gegenstände der meisten sind biblische Geschichten. Viele sind auf Goldgrund, einige mit erhabenen goldenen Verzierungen: bey einigen ist der Grund von weißem geaderten Marmor, was keine üble Idee war um den Himmel u. die Wolcken vorzustellen.[a]

Das Belvedere ist eins von denen Sehenswürdigkeiten die man selbst bey einem langen Aufenthalt in Wien täglich mit Vergnügen besuchen könnte, doch die Entfernung desselben von der Stadt, macht dies beynah unmöglich, u. wir haben uns begnügen müssen drey od. vier Morgen daselbst zuzubringen, wo man denn bey der ungeheuren Menge der Kunstschäze doch nur halbe Muße hat.

Doch sind außer dem Belvedere noch einige bedeutende GEMÄHLDE-SAMMLUNGEN in Wien. Die größte unter diesen ist die FÜRSTL.-LICHTENSTEINSCHE. Sie ist in dem großen prächtigen Pallast des Fürsten, in mehreren großen Sälen, aufgestellt. Auch diese Sammlung ist ungeheuer zahlreich u. enthält eine erstaunliche Menge Originale von den ersten Meistern der Italiänischen und Niederländischen Schule.

In Hinsicht der Anzahl nicht mit dieser zu vergleichen, indessen doch sehr bedeutend ist die SAMMLUNG DES GRAFEN FRIES. Von der niederländischen Schule sind viele äußerst schöne Originale, besonders von *Tenier* u. Dietrich: die italiänische Schule giebt ihr wenig nach, u. enthält herrliche *Guido Renis*. Auch hat Graf Fries ein kleines auf seinen Reisen gesammeltes Museum: es enthält viele kleine hetrurische Vasen u. Lampen, andere Antike Vasen, kleinere Statüen etc.: schöne bronzerne Figuren u. Abgüsse, türkische Zierrathe, u. dgl. m. besonders aber eine außerordentliche schöne Statüe von moderner Arbeit, *Theseus* mit dem *Minotaur*, ein Meisterstück des jetzt so berühmten *Cannova*.

Auch die MAHLER-AKADEMIE ist sehr sehenswerth, u. enthält außer den Gemählden welche sich grade dort befinden viele Gyps-Abgüsse. Der Akademie steht jetzt der berühmte FUEGER vor. Wir haben zwey fertige Bilder von ihm gesehn: eine überaus herrliche *Madona* u. das Porträt des kleinen Kronprinzen, in Lebensgröße.

Zu den Sehenswürdigkeiten von Wien gehört ferner die SCHAZKAMMER: sie ist sehr beträchtlich: mehrere Zimmer sind mit

---

[a] Auch sind hier Gemählde aus der neuern deutschen Schule, worunter einige sehr schöne, besonders von *v. Schuppen, Handel, Seibold*, u. die schönste MONDSCHEINS-LANDSCHAFT die ich je gesehen habe, von Wuzki.

Kostbarkeiten u. schäzbaren Kunstsachen angehäuft; eins von den ersten Zimmern enthält eine Menge sehr schön gearbeiteter Figuren u. Becher von Elfenbein, Rhinozeroshorn *etc.*: in einem andern sind die Schräncke mit den prächtigen Gefäßen von geschliffenem Crystall gefüllt: das Merckwürdigste der Schazkammer ist der Krönungs-Ornat, die verschiedenen mit großen Diamanten überladenen Kronen, Scepter, Reichsapfel, u. Schwerdt, die von dicken Goldstickereien centnerschweren Krönungsmäntel u. s. w. Noch prächtiger ist der Schmuck für Kaiser u. Kaiserinn. Er hängt in einem großen Glasschranck auf einem schwarz sammtnen Grund, u. besteht aus lauter Brillianten, worunter einige von ungeheurer Größe, (der größte hat 30 *Carat*) in Sternen, blendenden Halsbändern, Kreuzen, *Aigretten*, Armbändern, Degengriffen *etc. etc.* gefaßt.

Ein ganzes Zimmer ist voll kostbarer Spielereien, von den größten Edelsteinen zusammengesetzt, kleine Bergwercke u. dgl., an die ungeheure Schäze verwandt sind; auch goldene Becher mit Steinen eingelegt u. prächtige Schüsseln sind in Fülle da. Eine Uhr auf welcher kleine mechanische Figuren Kaiser u. Kaiserinn vorstellend, gekrönt u. gehuldigt werden, wird als ein großes Wunder gezeigt.

Hier ist eine außerordentlich schöne Sammlung von Gefäßen aus kostbaren Jaspis, Onix, u. andern köstlichen Materien, äußerst schön gearbeitet, doch zeigt sich ihr Werth nur dem Kennerauge, einige sollen von einer niegesehenen Größe einzig in ihrer Art u. ganz unschäzbar seyn. Auch sind hier sehr schöne antike Gemmen, worunter besonders zwölf, die Reihe der römischen Kaiser, ungemein schön sind.

Einige Seltenheiten andrer Art sind hier auch aufgestellt, chinesische Sachen, besonders eine chinesische Zauber-Trommel. Andre sind ihres Alters wegen kostbar: alte Meßgewänder mit schweren Vergoldungen, die Waffen der ersten Kaiser, unter denen sich das große Schwerdt Rudolphs von Habsburg auszeichnet. –

Die Schazkammer wird wie alle Sehenswürdigkeiten von Wien an bestimmten Wochentagen öffentlich gezeigt, was allerdings sein Gutes hat, doch hier ein unausstehliches Gewühl aus allen Klassen verursacht, was, als wir da waren noch dadurch vermehrt, daß wegen Kranckheit des Schazmeisters der Schaz seit mehreren Wochen nicht gezeigt war, so unerträglich war, daß man alles nur halb u. mit vieler Mühe u. Durcharbeiten sehn konnte. –

Die Bibliothek ist in einem ungeheuer großen prächtigen Saal aufgestellt, der einen sehr schön gemahlten Plaffond hat. Sie ist sehr zahlreich. Hier ist in einem besonderen Zimmer eine große Manuskripten-Sammlung, in der man uns, als besondere Merckwürdigkeiten ein altes Buch u. einen Kaufcontrakt zeigte, die noch auf dem Papier des Papierbaums geschrieben sind: noch merckwürdiger ist eine alte römische Gesetztafel die in Rom angeschlagen gewesen ist: eine andre sehr große Seltenheit ist eine römische Land-Karte von dem ganzen römischen Gebiet. Außerdem sind hier einige sehr künstlich u. schön gearbeitete Sphären in rechten Proportionen der Größe, Entfernungen, u. Bewegungen der Körper.

Unter den Merckwürdigkeiten von Wien ist die große STEPHANS-KIRCHE nicht zu vergessen, ihr hoher zugespitzter Thurm ist in großen Entfernungen zu sehen. Die Kirche ist ein sehr großes uraltes schwarzes aber prachtvolles gothisches Gebäude, von oben bis unten mit unendlichen mühsamen gothischen Verzierungen bedeckt: das Innere stimmt mit der Außenseite überein, ist ebenso verziert, u. groß, mit schwindelnden Wölbungen: übrigens sehr reich ausgestattet, u. auf den unzähligen Altären stehn prächtige silberne Geräthe. Wir besahen die Kirche an einem Wochentage, u. dennoch war sie voll: ein guter Maaßstab der hier herrschenden Bigotterie.

In einer kleinen Neben-Capelle ist das ziemlich einfache GRABMAL DES PRINZEN EUGÈNE, blos mit einigen gut gearbeiteten Basreliefs von seinen Thaten u. einer lateinischen Inschrift verziert.

Ein ebenfalls sehr sehenswerthes schönes Gebäude ist die REITSCHULE. Sie ist sehr groß in einem länglichen Viereck gebaut, u. ringsum von einer Gallerie, welche eine schöne yonische Collonade stüzt umgeben.

Von den WIENER SCHAUSPIELEN habe ich meine Erwartungen nicht erreicht gefunden: die italiänische Oper ausgenommen, welche durch *Erescentini* so viel gewann.

In Wien sind vier Schauspielhäuser: zwey große: das am Kärnthner Thor, u. das Hoftheater: u. zwey kleine, das Theater an der Wien (einem kleinen Bache) was von der ehemaligen Direktion Schikaneders das Schikanedersche genannt wird; u. das Theater in der Leopolds-Stadt, allgemein Kasperle-Theater genannt.

In den beyden großen Theatern spielte eine deutsche Truppe abwechselnd, im Hoftheater, u. im Theater am Kärnthner Thor, wo wieder wechselweise die große italiänische Oper spielte.

Das Theater am Kärnthner Thore ist ein großes schönes Gebäude: inwendig gut eingerichtet u. hübsch *decorirt*. Die *Logen* sind alle abonnirt, was für Fremde unangenehm ist, welche ins *Parquet*, hier *Parterre noble* genannt, gehn müssen wenn sie nicht Bekannte haben die ihnen ihre *Loge* anbieten. Die Dekorationen sind sehr prächtig, auch im *Costume* erkennt man keine Sparsamkeit.

Die italiänische *Opera seria* die hier zwey bis drey Mal die Woche spielt, ist sehr schön. Mit der Pariser Oper ist sie indessen im Ganzen nicht zu vergleichen, jene hat mehr gute Sänger, u. in Hinsicht der Chöre, des Costühms, der Dekorationen, des Orchesters übertrifft sie diese bey weitem. Aber einen großen Glanz erhält diese Oper durch *Erescentini*, vielleicht der berühmteste aller Castraten. Er spielte hier für jezt nur Gastrollen, u. bey verdoppelten Preisen war das Haus gedrängt voll. Doch ist er als k.k. Kammersänger u. Hofsingmeister engagirt, vorher wird er aber ein halbes Jahr reisen. Seine übernatürlich schöne Stimme kann mit keiner Frauenzimmerstimme verglichen werden: es gibt keinen vollern schönen Ton, u. in dieser silbernen Reinheit hebt er ihn bald zu einer unbegreiflichen Stärcke, daß er in allen Ecken des Hauses wiederklingt, u. bald verliert er sich in leiseste *Pianissime*: dies Schwellen u. sincken des Tons ist ihm besonders eigen. Auch singt er mit sehr vielem Ausdruck; u., was man nicht erwarten sollte, er ist ein guter Schauspieler, wobey ihm indessen seine Figur nicht zu statten kömmt, überhaupt contrastirt die beynahe riesenmäßige u. übermäßig dicke Gestalt, mit seiner Stimme dermaßen, daß sie mir bey jeder Vorstellung im ersten Akt lächerlich war, hernach gewöhnt man sich daran. Seine Gesichtsbildung ist nicht schön, doch nicht so häßlich wie ihn viele machen. Er erndtete hier gränzenlose Bewunderung ein, sein Auftritt war immer mit fünf Minuten *Applaudissement* begleitet, u. in Gesellschaft war er beständig ein Hauptgegenstand der Conversation. Seine Force-Rolle in der er besonders hinreißend ist, ist der *Romeo*: bey weitem nicht so sehr hat er mir im *Pigmalion* gefallen.

Die erste Sängerin ist *Mad. Sessi*, die Frau des kürzlich fallirten reichen Banquiers *Nattorp*, welche jetzt die Bühne auf der sie vor ihrer Heyrath war, wieder betreten hat. Ihre Stelle könnte in jeder Hinsicht nicht besser besetzt seyn. Ein sehr guter Bassist ist *Brizzi*. Ich ziehe diese Oper in jedem Betracht der *Londoner* vor, das Ballet ausgenommen, was hier zwar prachtvoll u. im ganzen gut, jedoch nicht das ist, was man nach einer solchen Oper erwarten sollte. Im Bachus u. Ariadne wurde der Zug des Bachus sehr hübsch u. mit vieler Pracht gegeben.

Die DEUTSCHE TRUPPE die wechselweise hier u. im Hoftheater spielt, ist sehr mittelmäßig, es ist kein einziger ausgezeichneter Schauspieler, viel weniger eine gute Schauspielerinn darunter. Die Wahl der Stücke macht dem wiener Geschmack wenig Ehre. In der ganzen Zeit unsers Aufenthalts wurde kein einziges Stück von einigem Werth gegeben, kein einziges ernsthaftes Stück, lauter kleine Operetten, alberne Farcen, elende Übersetzungen aus dem Französischen etc. Im Hoftheater bin ich gar nicht gewesen; die Truppe spielte dort selten, u. eine Auswahl von Stücken von der sich kein besseres Beyspiel sagen läßt, als daß sie sieben Mal hintereinander den Dorfbarbier gaben. Im Winter sollen die Schauspiele besser seyn da die guten Acteurs jetzt reisen.

Das Schikanedersche Theater ist ein sehr hübsches Gebäude in der Vorstadt: das Haus ist nicht so groß wie das am Kärnthner Thore, aber inwendig sehr elegant u. geschmackvoll decorirt. Auch hier ist die Truppe nicht so gut wie man sie erwarten könnte: eine einzige *Mlle. Müller* ist eine hübsche Actrice u. eine gute Sängerin, übrigens ist kein irgend ausgezeichnetes Subject da. Von einer Vorstellung der Zauberflöte, die für dieses Theater gemacht ist, hegte ich große Erwartungen, die ich nicht erreicht fand; der Tamino war sehr schlecht besezt, die andern Stimmen wenigstens nicht ausgezeichnet schön, Dekorationen u. *Costüms* waren nicht außerordentlich prächtig, sondern ungefähr wie überall, mit denen in Paris jedoch nicht zu vergleichen[a].

Kleine komische Opern u. Comedien werden auf diesem Theater recht gut gegeben. Ein großes Aufsehen machte ein komischer Acteur *Weidemann* aus der jezt reisenden Truppe des Hoftheaters, der in einigen Vorstellungen des neuen Sonntag-Kinds, als Hausmeister auftrat, den er sehr komisch u. unter dem ungetheiltesten Beyfall gab; ich konnte ihm jedoch kaum die Hälfte verstehn, da er größtentheils in dem verdorbnen Deutsch des Wiener Pöbels zur allgemeinen Bewunderung sprach; überhaupt spielte er ekelhaft gemein, so daß mir die andern Stellen die wirklich in diesem Stück unvergleichlich besezt waren mehr Vergnügen machten als *Weidemann*.

Das Kasperle-Theater ist weder groß noch hübsch. Ich bin zweymal dagewesen. Das erste Mal gab man eine Harlequin-Pantomime, die äußerst plump u. gemein, u. langweilig ausfiel, jedoch vielen Beyfall fand, obgleich dies Theater auch von den höheren Klassen besucht wird. Die Maschinerien waren ebenfalls nicht besonders. Das andre Mal war das Schauspiel ganz anderer Art: man gab die Zauberzitter unter dem Titel »Casperle der Fagotist«: dies war ein ächtes Casperle-Schauspiel: der wirckliche, so sehr bekannte Casperle spielte; er heißt *la Roche*, er ist derselbe der zuerst dies Theater so berühmt gemacht hat, u. ist jezt über siebenzig Jahre alt: ich finde sein Spiel so plump, so wenig studirt u. wirklich komisch, daß es mir nicht möglich war darüber zu lachen. Die übrigen sind zum Theil noch schlechter, Dekorationen u. Costüms sehr lumpig, so daß es mir unbegreiflich ist wie das Theater hat berühmt werden können. Bisweilen indessen kam es mir vor, als schiene in dem Spiel des Casperle durch, daß er ehemals ein guter Akteur gewesen ist: auch zeigt es sich daran daß er troz seines hohen Alters noch mit Leib u. Seele spielt, nie außer Bewegung ist, u. alles mit der lebhaftesten Action begleitet.

Im Winter sollen die Schauspieler durchgängig besser sein: ich hoffe daß es so ist, denn sie machen so der Kaiserstadt wenig Ehre.

---

[a] Das Orchester dieses Theaters ist außerordentlich gut, u. sehr zahlreich.

Auch in Hinsicht der Gesellschaften thut man besser Wien im Winter zu besuchen, diese sind alsdann viel lebhafter. Jetzt ist alle Welt auf den Gärten, was den Umgang erschwert. Die Wiener sind für sehr zuvorkommend gegen Fremde bekannt, wir haben dies in den gastfreien Häusern der Barons Arensteiner, u. Herrn Geymüller bestätigt gefunden: doch das Gegentheil von Hrn. Schuller u. Bouton erfahren, die nicht einmal die Höflichkeit hatten die angekommenen Briefe zu schicken. Eine Eigenheit der Wiener Gesellschaften ist daß durchgängig französisch gesprochen wird: in einer Gesellschaft von lauter Deutschen hört man sicher mehr Französisch wie Deutsch: diese Gewohnheit ist an sich lächerlich genug: nur damit läßt sie sich entschuldigen daß Französisch als Conversationssprache, unstreitig alle andern übertrifft, u. das Wiener Deutsch so sehr schlecht ist: aber vollends unausstehlich ist es, wenn das Französische, wie es oft geschieht, auf die entsetzlichste Weise *corrompirt* wird.

Man ißt in den Wiener Gesellschaften viel u. sehr gut, das Essen von den Traiteurs u. in den öffentlichen Häusern ist aber überall schlecht.

Die Vorstädte von Wien sind größer als die Stadt; sie sind von dieser durch einen unbebauten u. zum Theil mit Promenaden besetzten Raum getrennt. Hinter den Vorstädten ist die Linie. Die Vorstädte führen verschiedne Namen, die bedeutendste ist die *Leopolds*-Stadt: sie unterscheiden sich von der eigentlichen Stadt hauptsächlich dadurch daß sie nicht gepflastert sind, sondern *Chaussée* haben wie die Landstraßen; diese *Chaussée* besteht aber aus einer Menge nicht kleiner, hingeworfener Steine, das Zermalmen derselben ist den Fahrenden überlassen. Die Vorstädte sind übrigens so gebaut wie die Stadt, die Straßen oft breiter u. grader. Die Vorstädte enthalten viele schöne Gebäude: besonders die *Carolus*-Kirche, in einem etwas eigenen Geschmack gebaut, mit einer Kuppel, u. zwey ungeheuren Säulen, sie hat einige Ähnlichkeit mit der *Pauls*-Kirche in *London*. – Die prächtigen Palläste des Fürsten von Schwarzenberg, u. des Erzherzog Karls, die kaiserlichen Ställe u.a. In der Vorstadt ist ferner eine beträchtliche Porzellan-Fabrik, die ein ansehnliches Lager hat.

Auch der berühmte PRATER ist in der Vorstadt. Dieser Haupt-Tummelplatz der Wiener ist ein Gehölz, od. eine Art Park an dem Donau-Arm: er ist von mehreren langen graden mit Pappeln besezten Alleen durchschnitten, die ihn in mehrere mit Bäumen u. Wiesen gefüllte Pläze abteihlen. Diese Alleen sind alle größtentheils leer u. einsam, eine ausgenommen, die eine ungeheure Länge hat: in dieser versammelt sich bey irgend erträglichem Wetter, von 5 bis 7, zwischen der Mittags- u. der Comedien-Zeit, alle *beau Monde* von Wien: man fährt die Allee zwey bis drey Mal auf u. ab: alles sieht u. wird gesehn: besonders zeigt man hier die prächtigen Wagen, Reitpferde u. Livreen. Man baut in Wien jetzt Wagen die den englischen sehr nahe kommen: doch haben sie immer etwas unmercklich plumpes in der Form, was sie unterscheidet; auch übertreibt man oft die moderne runde Figur derselben. Es giebt hier eine erstaunliche Menge eigner Equipagen, da sie nicht sehr theuer sind: überhaupt wird in Wien sehr viel gefahren, das Rollen ist hier fast stärcker wie in Paris, was auch die ziemlich engen Straßen veranlassen, besonders ist es im Kohlmarkt unerträglich. Hier sind auch Fiaker, die ich nirgends so gut gesehen habe, viele sind neu erbaut, u. sehr elegant. Die Pracht der Equipagen im Prater ist oft sehr groß, u. gewährt einen herrlichen Anblick. In den Seitengängen der Allee gehn Fußgänger. Der ganze Plaz an beyden Seiten der Allee ist mit kleinen Caffehäusern u. unzähligen Bäncken besezt, zwischendurch sind *Carousels*, Puppenspiel, Kuckkasten, u. dgl. u. viel Musik, die überhaupt in Wien allenthalben angebracht ist: ich habe hier ein hübsches Panorama der Stadt Wien gesehn: oben auf demselben ist eine schöne *Camera-Obscura* angebracht, in der man die Herrlichkeit des Praters im Kleinen sieht. Auf einem Plaze neben einer andern Allee des Praters sieht man ein ungeheures Pyramidenförmiges Gestell, was zu den großen Feuerwercken gebraucht wird: wir haben hier leider kein Feuerwerck erlebt. Im Prater weidet ferner eine große Herde Hirsche, um die Zeit des Fahrens ziehen sie sich gewöhnlich auf einen freien Plaz an einem Ende der Allee, von der er aber durch einen kleinen Bach getrennt ist zurück: ich habe sie indessen dicht neben der Allee grasen gesehn, sie sind sehr zahm, man kann sich ihnen auf drey Schritt nähern: einige darunter sind sehr groß u. haben viele Enden.

Neben dem Prater liegt ein andrer öffentlicher Belustigungsort, der AUGARTEN. Es ist ein großer altfränckischer Garten, mit großen langen Alleen von prächtigen alten Bäumen. Am Ende des Gartens fließt der Donau-Arm, u. längst demselben geht eine Terrasse, von der man eine sehr hübsche Aussicht hat, vorzüglich auf den beynah ganz angebauten Kalckenberg, u. neben demselben den Cobenzl-Berg. Bey dem Augarten ist ein Wirthshaus, ehemals ein kaiserliches Lustschloß: es besteht aus mehreren großen prächtigen vergoldeten Sälen: man kann daselbst mittelmäßig gut essen. --

Die Gegend um Wien ist im Ganzen hübsch: doch ist ein auffallender Mangel an Bäumen: in der Ferne sieht man überall niedrige Berge. Besonders schön ist der Kalckenberg. Es mangelt um Wien nicht an Orten zu denen man angenehme Ausfahrten machen kann. Unter diesen sind besonders die beyden großen kaiserlichen Lustschlösser Schönbrunn u. Lachsenburg.

Schönbrunn liegt kaum eine kleine Meile von der Stadt. Das Schloß ist groß, aber nicht schön gebaut. Der Garten ist ebenfalls sehr groß u. altfränckisch, u. besteht größtentheils aus langen steifen Alleen. Gleich hinter dem Schloß ist ein großer mit schönen hohen Bäumen umgebener Plaz der mit dem in Versailles etwas Ähnlichkeit hat, auch so wie jener mit schönen marmornen Statüen bepflanzt ist: mehrere Alleen die von diesem Plaz ausgehen, bilden einen Stern, u. am Ende eines jeden erblickt man einen Pavillion, einen Tempel, eine Pyramide, Obelisken, eine Fontäne, Wasserfall etc. Alle diese Sachen, an denen hier kein Mangel ist, sind prächtig u. zum Theil schön gebaut. Das schönste von allen ist ein verfallener Tempel, der an einem verborgenen Orte angelegt ist: die geschmacklose Idee ist mit vielem Geschmack ausgeführt: es ist die schönste künstliche Ruine, die ich je gesehen habe: die herrlichen massiven Säulen, von grauem Sandstein, sind bis zur Hälfte versunken, hin u. wieder stehn noch Nischen u. in denselben schön gearbeitete Statüen u. Büsten; der Boden ist mit Fragmenten aller Art, u. umgefallenen Statüen bedeckt, hin u. wieder erkennt man halb erloschene Inschriften: man glaubt zu sehn wie die Zeit nach

u. nach zerstöhrt hat: alles trägt Spuren der Verwilderung, Moos u. Gesträuch wachsen zwischen den Steinen, u. bedecken manches zur Hälfte, in der Mitte steht Schilf u. ein kleines Wasserbecken in dem tausende von Goldfischen, in unaufhörlicher Bewegung ihr Wesen treiben, als wären sie noch nie gestöhrt: in hohlen abgefallenen Säulenknaufen wachsen Blumen, Säulen sind mit Epheu umwunden, von oben hängen Kräuter u. Gesträuch herab. Dieser Tempel ist mit großen Kosten unter Marie Theresia aufgeführt. Nicht weit davon ist in einer Grotte ein schöner Brunnen, dessen Wasser einen besonders reinen Geschmack hat, dies ist der eigentliche SCHÖNBRUNN, der dem ganzen den Namen gegeben hat. Am Ende des großen Plazes hinter dem Schlosse liegt auf einer sehr beträchtlichen Anhöhe ein großer schöner steinerner Tempel, den man sehr weit sehen kann, u. von dem man eine herrliche Aussicht hat; man hat eine Übersicht der ganzen Gegend um Wien, die Stadt sieht man ganz, u. ringsum die bunte Gegend, die von einigen ziemlich hohen Bergen beschränckt wird.

Der ungeheure Garten von Schönbrunn enthält ferner die vollständigste *Ménagerie*, die ich je gesehen habe. Sie ist in vielen großen Bezircken abgetheilt, in denen die Thiere fast alle frey herumgehen. Hier sind Tyger, Panter, Leoparden, Hyänen, schwarze u. weiße Bären, Wölfe, Kameele u. Dromedare, die ganz zahm sind u. in ihrem eigenen Bezirck ganz frey herumgehn u. weiden; zwey große prächtige Elephanten mit langen Zähnen sind eine Hauptzierde der *Ménagerie*, sie gehen ebenfalls in einem großen besonderen Bezirck frey umher, des Nachts sind sie im Stall. Eine fast noch größere Seltenheit ist ein großer lebendiger Straus: auch er geht in seiner eigenen Abtheilung frey herum.

Auch von andern seltenen Vögeln ist eine große Sammlung. Unterandern ein großer lebendiger Geier, eine Menge Kraniche, eine Sammlung aller Arten von Enten, u. viele andere. Sehr wunderbar sind mehrere Gemsen u. ein Steinbock, die ganz zahm sind. Ferner sind hier mehrere Büffelochsen, Angola Schaafe, Fettschwänze, Seidenhasen, Affen, sonderbare Misgeburten z. B. ein Hund mit drey Beinen, ein anderer mit fünf, ein Schaaf, dem ein Fuß am Ohr sizt *etc. etc.* – –

Zu Schönbrunn gehört auch ein sehr großer botanischer Garten, mit sehr schönen Treibhäusern die die größte Vollständigkeit ausländischer Gewächse enthalten. Unter andern merckwürdig ist der Caffeebaum u. das Zuckerrohr. In den Treibhäusern sind hinter Glas einige ausländische Vögel, Papageien *etc.*, deren Clima das des Treibhauses ist.

Der jezige Lieblingsaufenthalt des Kaisers ist LACHSENBURG. Es liegt zwey starke Meilen von Wien. Dieser Garten ist ebenfalls ungeheur groß, u. zum Theil nach des Kaisers u. der Kaiserinn Angabe angelegt. Es werden fortwährend Verbesserungen u. Veränderungen darin gemacht. Die Aufsicht u. Leitung alles dieses hat der Schloßhauptmann *v. Rydel*, dessen Bekanntschaft wir durch Hrn. *Geymüller* machten u. der uns selbst herumführte, u. alles mit großem Enthusiasmus erklärte. Der Garten ist im englischen Geschmack. Er besteht fast durchweg aus geschlängelten finstern Gängen, zwischen dickem Gebüsch, so schmahl daß kaum zwey Menschen neben einander darin gehen können, doch dies ist des Kaisers u. der Kaiserinn Geschmack. Nur dann u. wann kommt man an eine freiere schönere Stelle: hin u. wieder sind einzelne hübsche Anlagen: recht hübsch ist z.B. eine Stelle, wo ein Bach von einer Brücke durchkreuzt einen Wasserfall bildet: aber wie unaussprechlich kindisch u. klein erscheinen doch diese Duodez Wasserfälle u. die herbeygeschleppten Fels-Steine, wenn man die wircklich große Natur gesehn hat. –

Es mangelt in diesem Garten nicht an Gebäuden u. Spielereyen aller Art: Gleich am Eingang des Gartens steht, sehr wohl placirt, eine große Einsiedeley mit hölzernen Einsiedlern, u. allem Zubehöhr. Weiterhin kommen einige sehr niedliche chinesische Pavillions, Brücken u. sonderbare Size mit Schirmen etc. Alle mit melodischen großen Glocken behangen, die im Winde erklingen. Ein anderes ausgezeichnet hübsches Gebäude ist ein kleiner Pavillion, unter seinem geschmackvollen *Ameublement* zeichnet sich ein kleiner runder Tisch aus, dessen Oberfläche aus einer Landschaft mit Wasserfarben besteht, die die Kaiserinn selbst gemahlt hat, u. sehr hübsch: überhaupt mangelt es ihr nicht an Talent u. Kenntnissen: sie versteht sehr viele Sprachen u. liest sogar die lateinischen Klassiker.

Ein großer Theil des Gartens ist von einem graden Canal durchstrichen der an einer Stelle einen beträchtlichen Fall hat.

Das Hauptgebäude des ganzen Gartens ist die sogenannte RITTERBURG. Im äußern steht sie hinter der Löwenburg in Cassel zurück: doch übertrifft sie diese im Innern. Sie ist von rothen Ziegelsteinen u. liegt auf einer kleinen Anhöhe: von weitem zeigt sie ein Gemisch von Thürmen, Mauern u. Zugbrücken, sieht indessen etwas kleinlich aus. Das Innere hingegen ist sehr merckwürdig u. wunderbar. Alle Möbeln, Zimmer-Dekorationen, sind wirklich aus der alten Ritterzeit: man sieht kein Stück das nicht wenigstens ein paar hundert Jahre alt wäre. Man hat alle alten Schlösser, Klöster und Kirchen durchsucht u. alle alten Geräthe, wenn ihre Baufälligkeit nur irgend die Reise ertragen konnte, hierher transportirt.

Man durchgeht wenn man die Burg betritt zuerst einige Vorhöfe, u. gelangt dann durch eine enge Treppe in das Empfangs-Zimmer, welches sehr reich u. angemessen möblirt ist. Die Stühle sind VIERHUNDERT Jahr alt, sehr schön gearbeitet, mit hohen ganz vergoldeten Lehnen u. rothsammetnen Polstern. Die hohen gemahlten Fenstern sind ebenfalls aus den alten Zeiten. In der Mitte des Zimmers steht ein alter Spieltisch, er ist rund zu einem besondern Spiele eingerichtet, sehr mühsam ausgearbeitet u. bemahlt u. mit einer Menge eingeschnizter Zeichen, Schnörckel u. altdeutscher Sprüche bedeckt. Die Decke u. Wandbekleidung ist neu aber ganz im Geschmack des übrigen. Enbenso prächtig wie dieses ist der Gerichts-Saal: er ist nicht groß: in der Mitte steht ein marmorner Tisch, in dessen Mitte ein verzierter Cylinder ist; dieser wird abgehoben, u. durch die entstehende Öffnung sieht man hinab in das Burgverließ. Aus diesem wird durch eine auf dem Tisch angebrachte Winde, der Gefangene in die Höhe gewunden, so daß er aus der Mitte des Tisches empor kömmt. Dieser Barbarismus jener rauhen Zeiten ist nicht sehr schicklich in einem Spielwerck was zur Belustigung erbaut ist angebracht: ebenso empörend ist das Burgverließ selbst, in dessen Dämmerung man eine Puppe im Tempelherrn-Mantel u. gefesselt erblickt, die an einem geheimen Faden gezogen den Arm aufhebt. – Um den Tisch sind Size für die Richter: in diesem Zimmer ist vieles von neuer

AUS DEN JAHREN 1803-1804

Arbeit. Desto mehr Alterthümer sieht man in einer zahlreichen Reihe Schlaf u. Wohnzimmer. Hier sind alle Umgebungen mehrere Jahrhunderte alt. Die Wände sind mit alten barocken Tapeten, mit mühsam geschnizten Lambris bedeckt, auch hängen hier mehrere uralte Porträte böhmischer Könige, die aus dem Archiv in Prag genommen sind. Die Thüren sind ebenfalls alt, u. mit grobgeschnizten vergoldeten Knöpfen bedeckt. Hier ist auch eine alte eiserne Thür. Die Fenster sind von alten gemahlten Scheiben, u. sogar die Einfassung ist alt, viele sind vergittert, durch alle fällt das Licht nur sparsam wegen der tiefen gothischen Wölbungen: die bunten unendlich ausgearbeiteten Decken der Zimmer, die Fußböden, der Ofen, alle Tische, Stühle, Schräncke etc. sind alt, mit den mühsamsten bunten geschmacklosen Schnizereien bedeckt, od. mit erstaunlich künstlicher Arbeit ausgelegt, größtentheils Elfenbein auf Ebenholz; hier ist sogar ein uraltes Dammbrett, ein Bett längstverstorbener Kaiser, ein altes Klavier, selbst die gothischen Wölbungen u. Pfeiler sind von alten Ruinen abgetragen u. hier wieder aufgebaut. Zum Dach sind bunte Ziegel vom alten Stephans-Thurm genommen.

Von großem Werth ist die Rüstkammer die eine sehr zahlreiche Sammlung alter Harnische u. Waffen enthält; meistentheils Waffen alter Kaiser, worunter viele sehr prächtig sind: besonders schön gearbeitet ist die vollständige Rüstung des Kaisers *Maximilian.*

Sehr prächtig u. auch mit Alterthümern möblirt ist das Credenz-Zimmer: in einer Vertiefung, vor welcher ein Tisch u. mit Sammt beschlagene Bänke stehn ist das *Buffet*: hier sind lauter alte sehr reiche Gefäße und Trinckgeschirre: prächtige Becher von Elfenbein, Bernstein, Rhinozeros-Horn, alle sehr schön u. mühsam ausgearbeitet: hierin zeigt sich der Geist der alten Zeiten besonders: jezt liebt man Möbeln u. Geschirre in leichten, bestimmten u. einfachen Formen, gewöhnlichen von glänzenden aber leicht vergänglichen Materien: damals schäzte man Geräthe aus dauerhaften seltenen Materien, man liebte nicht die Kunst, aber das Künstliche; feine Schnizereien, die mühsame Arbeit vieler Jahre, an den Verzierungen eines Bechers verschwendet, od. an ein Möbel von Ebenholz mit elfenbeinernen Blumen ausgelegt: u. ein solches kostbares Geräth wurde geschäzt, bewahrt vom Vater zum Sohne u. verlohr nie seinen Werth. Diesen Geist des Künstlichen u. Dauerhaften bemerckt man auch an den gothischen Gebäuden u. Thürmen, an denen von oben bis unten die unendlichen kleinen Schnörkel u. Verzierungen in harten Stein gegraben sind. – Unter den vielen kostbaren alten Bechern u. Humpen auf dem Credenztisch, ist auch ein alter sogenannter Giftbecher, von dem man glaubte jeder giftige Tranck brauste darin auf, u. gab sich dadurch zu erkennen: der Becher ist von einem feinen grünlichen dunkeln Stein. Im Geschmack des Ganzen ist hier auch ein Thronzimmer, welches sich durch besonderem Reichthum auszeichnet: hier hängt ein Bild von *Albert Dürer*. Auch ist hier eine kleine Schloßkapelle, in der alles aus alten Klosterkirchen zusammengehohlt ist. Sie ist voll sehr alter geschmackloser aber unglaublich künstlicher Schnizereien, die sich besonders an einer uralten Monstranz zeigen. In der Sakristey sieht man sehr alte Meßgewänder u. Priesterkleidungen.

Die Aussicht von den obern Zimmern der Burg ist äußerst schön; man sieht auf die naheliegenden heitern schönsten Partien des Gartens, u. auf entferntere Berge.

Unten in der Burg zeigte man mir noch das Bad u. das Knappenzimmer, welches vollständige Rüstungen u. Pferdegeschirre für eine Menge Knappen enthält. Nicht weit von der Burg ist der Turnier-Platz: er ist geräumig, mit Schrancken umgeben an der obern Seite steht ein gothisches Gebäude mit Balkons für die Zuschauer u. Kampfrichter: hier hängen schlechte Bilder von Zweykämpfen.

In einiger Entfernung von der Burg ist eine noch nicht fertige Anlage zum Vergnügen der Kaiserinn. Es stellt ein altes halb verfallnes gothisches Haus vor, aus welchem in neuern Zeiten ein Meierhof gemacht ist. Die Idee ist garnicht übel: die Kaiserinn ist eine Liebhaberinn von Federvieh u. soll hier dieses Vergnügen genießen.

Jezt giengen wir zum TEMPEL DER LAUNE den die Kaiserinn erbaut u. dem Kaiser geschenckt hat. Er liegt zwischen Gebüschen ziemlich verborgen. Von außen ist er mit nichts zu vergleichen: es ist ein bunter Chaos: er ist nach keiner Regel gebaut, halb im griechischen, halb im gothischen, halb im orientalischen Geschmack: er ist mit allerhand barocken Verzierungen bedeckt: Hunde u. Katzen, Aschkrüge u. Urnen, über denselben Frazengesichter: zur Auslegung alles dieses kann man seiner Pfantasie freien Spielraum lassen. Das Innere ist noch seltsamer, u. es ließe sich eine lange Beschreibung davon machen. Unten sind fünf Zimmer: das erste ist das Eintritts-Zimmer in dem alle Möbeln die abentheuerlichsten Gestalten haben, jedoch ohne Wiz: in der *Pendule* spielen zwey Narren mit dem Perpendickel Federball u. s. w. Ferner ist ein Spielzimmer: in diesem sind alle Möbeln, Wände, Fußboden mit Charten bemahlt. Im Toilette-Zimmer verrichten ausgestopfte Thiere den Dienst bey der Toilette. Das dritte Zimmer ist ein eleganter Abtritt, in dem vier Puppen in Lebensgröße bedienen, ein Arzt, zwey Damen, wovon die eine weint u. ihr Schnupftuch leiht, ein *Abbé* der Journale liest u. mit Papier versorgt. In der Küche sind Teufel an der Wand gemahlt, die Karten spielen u. das Feuer blasen. Oben sind noch drey Zimmer, deren Inhalt nicht viel wiziger ist als der der unteren. Ein Music-Zimmer in welchem Wände u. Möbeln mit Noten bedeckt sind, eine Bibliothek u. ein Zeichenzimmer. Die Fenster im Tempel der Laune sind überall bunt, zum Theil mit Messer, Gabeln, u. allerhand Geräthen bemahlt.

Man arbeitet jetzt an einer neuen Anlage: eine Nachahmung der Ruinen der Habsburg, die ich mich erinnere am Vierwaldstätter See gesehn zu haben. Man hat ein sehr getreues Modell davon kommen lassen. Da die Burg auf einer Anhöhe steht; so wird diese mit ungeheuren Kosten zusammengetragen, Felsenstücke werden Meilenweit hergefahren: unter der Burg ist ein großes Gewölbe: von oben soll von einer sehr beträchtlichen Höhe ein Wasserfall stürzen. Diese Anlage soll die Krone von allen Spielereien von Laxenburg seyn. Der Theil des Gartens worin sie u. auch die Ritterburg liegt, ist sehr viel hübscher wie alle andern.

Das Schloß von Laxenburg ist in Proportion des Gartens auffallend klein u. prunklos. Es ist besonders sehr niedrig. Das Innere soll blos wegen des gänzlichen Mangels an Pracht sehenswerth seyn.

Auf einem Pläzchen nicht weit vom Schloß steht eine kleine sehr hübsche bronzerne Statüe *Leopolds* d. 2ten zu Pferde: sie ist nur das Modell einer großen die in Wien aufgestellt werden soll.

In Laxenburg ist ein sehr gutes Wirthshaus.

Ein andrer sehr schöner Garten nicht weit von Wien ist Dornbach, der Landsiz des Fürsten von Schwarzenberg. Auch dieser Garten ist sehr groß, er nimmt mehrere Berge mit den dazwischenliegenden Gründen ein. Er ist der einzige geschmackvoll angelegte Garten bey Wien, u. zeigt würcklich verschönerte Natur, nicht kindische Ausführungen der Auswürfe einer regellosen Pfantasie. Er ist nicht ganz im englischen Geschmack, hin u. wieder sind noch grade Alleen; doch enthält er die schönsten Partien, freie Pläze von schönen Baumgruppen eingeschlossen, schlängelnde Gänge, Hügel u. Ebenen in reizender Mischung. Ganz unbeschreiblich schön ist die Aussicht von einem nicht hohen Berge, auf dem ein chinesisches Häuschen steht: von hier übersieht man beynah den ganzen großen Garten, die verschiedenen Anhöhen, die er einnimmt, u. unter sich hat man eine äußerst reizende Wiese mit Baumgruppen, von einem Bach durchschlängelt, an dessen einer Krümmung ein einfacher griechischer Tempel steht.

Im Dorfe Dornbach ist ein mittelmäßiges Wirtshaus wo man recht gut essen kann. Ein anderer Ort zu dem von Wien aus viele Ausfarthen gemacht werden ist der Brühl, den die Wiener ihre KLEINE SCHWEIZ nennen. Er liegt zwey Meilen von der Stadt. Der Weg dahin ist recht hübsch, in der Ferne sieht man die Berge, denen man sich immer mehr nähert. Plözlich sieht man sich ganz von Felsen umgeben, die schrecklich u. wild genug über einander gethürmt sind, u. finstre Spalten u. Klüfte zeigen: für jemand der noch wenig von der Art gesehen hat, ist dieser Ort sehr merckwürdig, indessen sind diese Felsen viel zu zwergartig, um mit den ungeheuren Felsen der Alpengründe verglichen zu werden, u. überhaupt geben diese nackten Steine einen sehr falschen Begriff von der lachenden himmlischen Schweiz, u. es ist für den der diese kennt, ärgerlich ihren Namen einem solchen Felsenlumpen geben zu hören. – Das Dörfchen Brühl ist ganz mit hohen halbnackten grauen Felsen umgeben, auf denen einige magre Fichten zerstreut stehn, die indessen fast nirgends den grauen Stein bedecken. In

Brühl ist ein neuangelegtes mittelmäßiges Wirthshaus. Auch die kleine Reise nach Preßburg haben wir von hier aus gemacht, hauptsächlich um sagen zu können daß wir in Ungarn gewesen sind, denn übrigens ist dort nicht viel Freude zu hohlen. Man kann bequem in einem Tage hinkommen, obgleich sieben Posten, (vierzehn Meilen) gerechnet werden. Der Weg führt auf sehr schöner *Chaussée.* Die Gegend ist anfangs ganz flach, u. ohne Bäume. Nach u. nach wird sie interessanter: dann u. wann zeigt sich die Donau, die sich zwischen waldigen Ufern windet, u. hin u. wieder sehr schöne Stellen bildet. Wir kamen ohne Visitation über die ungarische Gränze.

Näher an Preßburg nimmt die Gegend eine andre Gestalt an, sie wird felsiger u. schöner, man sieht viele Weingärten, mehr Bäume u. Wald, seitwärts auf den Bergen verfallene Burgen, bis man endlich am andern Ufer der Donau, Preßburg an einem Berge erblickt, u. oben auf dem Berge das alte große königliche Schloß. Wir kamen bey Sonnenuntergang an. Die Donau war sehr geschwollen, u. ungewöhnlich reißend. Es geht beständig eine fliegende Brücke vor der Stadt hin u. her: diese war gerade an der andern Seite, u. wir konnten uns durch Rufen nicht hörbar machen: der Postillion war so alt daß er wegen Mangel an Zähnen nicht blasen konnte, u. so eigensinnig daß er troz Bitten u. Drohen das Horn keinem andern geben wollte. Wir mußten also warten bis nach einer halben Stunde die Fähre kam. Ich freute mich derweilen in Ungern zu seyn, vor mir die ungersche Hauptstadt, ungerscher Boden, lauter ungersche Bäume, ungersche Weinberge u. ein ganzer Strohm ungersches Wasser. Als endlich die Fähre kam, wollten die Leute nicht mehr hinüberfahren, weil die Donau jezt zu reißend sey: ein mäßiges Trinckgeld triumphirte endlich über ihre Bedencklichkeiten, u. wir kamen glücklich in Preßburg an.

Wir blieben den ganzen folgenden Tag in Preßburg. Die Stadt ist größtentheils sehr schlecht gebaut, einige gute Häuser der Adlichen die hier wohnen ausgenommen. Viele Straßen sehn ganz Dorfmäßig aus, sie sind breit, schlecht gepflastert mit kleinen niedrigen überkalckten Häusern. Die ungersche Kleidung die ich schon unterwegs je weiter wir kamen desto häufiger bemerkt hatte, findet auch hier nur beym gemeinen Mann statt u. ist nicht allgemein. Sie besteht bey den Bauern blos aus einer engen Jacke u. Hosen mit bunten Schnüren verbrämt, Husaren-Stiefel und Knebelbart. Im Innern tragen sie auch die Vornehmen.

Wir hatten hier eine Adresse an einen Herrn Habermeyr, der Nachmittag mit uns ausfuhr, uns die wircklich sehr schönen Gegenden um Presburg zu zeigen. Die Karpathen fangen nahe bey der Stadt an, wo sie jedoch nicht hoch sind; sie sind bis oben mit Wein bepflanzt, der hier noch sauer ist, zwey Meilen weiter wird der süße *St. Georger* Ausbruch gewonnen. Wir fuhren eine kurze Strecke längst dem schönen Gebirg bis zu einem kleinen Lager. Nachher fuhren wir auf der andern Seite der Stadt längst dem Donau-Ufer, welches hier wircklich außerordentlich schön ist; die Ufer sind an vielen Stellen sehr hoch, u. der Strom scheint sich bey den Krümmungen zwischen den schroff herabgehenden Felsen zu verlieren. Bey dem heitern Sonnenuntergang nach einem schwülen Tage zeigte sich die Gegend besonders herrlich.

Die *beau Monde* von Preßburg von der mir den ganzen Tag nichts zu Gesicht gekommen war, fanden wir am Abend auf der Promenade, die aus einer hübschen Allee nicht weit vom Donau-Ufer besteht, versammelt. Wir verließen am folgenden Tage wieder Presburg, u. waren am selben Abend in Wien.

In der letzten Zeit unsers Aufenthalts in Wien hatten wir schönes Wetter u. große Hize. Sobald es nur einen Tag nicht geregnet hat, erhebt sich ein unerträglicher Staub. In der ganzen Stadt u. im Prater werden des Morgens die Straßen begossen. Sobald man aber aus dem Thor kommt sieht man nichts wie eine große Staubwolke. Dieser wircklich unglaubliche Staub wird dem kalckigten flüchtigen Boden zugeschrieben, er ist daher viel ungesunder wie der gewöhnliche Sandstaub. In den schönen heißen Sommertagen geht in Wien des Abends zwischen neun u. elf alle *Beau Monde* in den Straßen spaziren: der Gebrauch ist nicht unangenehm. Besonders wimmelt es auf dem schönen wohlgepflasterten Graben von Spazirenden. Es sind daselbst Zelte, in denen Erfrischungen ausgetheilt werden, u. die Mitte des Grabens ist mit Stühlen u. sizenden Damen gefüllt. Doch sieht man durchaus keine Unanständigkeit. –

Der gemeine Mann ist in Wien höflicher wie irgendwo, auch wircklich ausgezeichnet ehrlich u. gutmüthig. Ein jeder der einen ganzen Rock an hat, heißt Ewr. Gnaden u. macht auch Ansprüche so genannt zu werden, u. nach andern äußerlichen Zeichen des Wohlstandes wird man hochgräfliche Gnaden, u. Exzellenz betittelt. –

Die Wiener Sprache ist für sehr unrein bekannt, u. mit Recht. Den gemeinen Mann zu verstehn ist für einen Fremden unmöglich, auch Leute von Stande reden selten reines deutsch, doch dafür geläufig französisch. Gewisse National-Ausdrücke muß man durchaus verstehn lernen. Besonders die Benennungen der Speisen: Fasolen, geboch'ne Hendel, *etc. etc.*

Wien ist unstreitig einer der wohlfeilsten Pläze. Besonders weil das Geld so sehr schlecht ist. Man hat jezt nichts wie Papier u. Kupfer. Bancknoten bis zu einem Gulden herab, u. kupferne Kreuzer u. sechskreuzer Stücke: kürzlich hat man silberne Siebenkreuzer Stücke geprägt, sie sind indessen nichts wie dünn versilbertes Kupfer. Jezt sollen keine Banknoten mehr gemacht werden.

Ein auffallender Anblick in Wien ist die Menge Türcken, die man hier sieht: sie sind hier fast eben so häufig wie in Marseille: doch sind es größtentheils Armenier, u. von denen in Marseille die zum Theil Marokaner sind, in der Kleidung sehr verschieden. In allen Kaffeehäusern u. öffentlichen Orten findet man hier Polster für sie hingelegt.

Sonnt. d. 22. July.
Diesen Morgen fuhren wir von Wien auf dem Wege nach Schlesien ab. Wir kamen durch eine flache unbedeutende Gegend bis Hollabrunn.

Mont. d. 23. July.
Wir aßen heute in der Hauptstadt von Mähren, ZNAIM, zu Mittag. Die Stadt ist schlecht gebaut u. hat ein ärmliches Ansehn. Die Gegend ringsum ist nicht ganz flach u. recht hübsch. Hier sind überall *Chaussée* Wege, die auf eine Art unterhalten werden die sie für den Reisenden der sie befahren soll schrecklich machen: der

Weg ist nemlich mit großen Steinen gefüllt, welche zu zermalmen den Wagen überlassen ist.

Die böhmische Sprache ist hier schon unter den Bauern allgemein.

Wir hatten heute in BUDWIZ ein höchst erbärmliches Nachtlager.

Diengst. d. 24. July.
Wir kamen heute über die böhmische Gränze. Zu Mittag waren wir in Iglau: der Ort ist unbedeutend u. leer. Die Gegend aber ist hier schöner u. waldig. Die Wege hingegen schlechter. Wir fuhren bis Mitternacht, um das Örtchen *Jenikau* zu erreichen. Es regnete von neun Uhr an sehr starck: wir sahen dabey eine seltene Naturerscheinung, den Regenbogen bey Mondschein: er war so starck daß er doppelt wurde: es ist ein seltsamer Ablick.

Mittwoch. d. 25. July.
Wir durchfuhren heute eine recht hübsche Gegend, überall sahen wir fruchtbare Felder von waldigen Anhöhen u. Bergen unterbrochen.

Die Verwaltung der Posten ist hier äußerst schlecht: überall mußten wir stundenlang auf Pferde warten. Gegen Abend kamen wir in der Festung KÖNIGINGRÄZ an.

Donnerst. d. 26. July.
Es ist nicht möglich sich eine Vorstellung von den Wegen von Königingräz bis Trautenau zu machen, wenn man nicht selbst darauf herumgestoßen ist. Diese sogenannten Wege sind nichts wie ein Chaos von ungeheuren aufeinandergethürmten Feldsteinen. Wir mußten fast den ganzen Weg gehn. Bey jedem Schritt dachte ich der Wagen würde sich zertrümmern, u. es ist ein Wunder daß es nicht geschah. Übrigens führt dieser Weg durch eine himmlische Gegend. Das Land ist außerordentlich fruchtbar u. angebaut, u. zwischen den Feldern zeigen sich waldige Berge u. schlängelnde Bäche. Ein Theil des Weges geht durch einen großen Wald, den man das Königreich nennt. Nachdem wir in acht mühevollen

Stunden die vier Meilen bis Trautenau zurückgelegt hatten, fuhren wir nur noch eine Meile auf schlechtem Wege, u. erreichten dann bald darauf die schlesische Gränze. Wir hatten schon gestern u. heute das Riesengebürge von weitem gesehn, u. kamen jezt über einen sehr niedrigen Theil desselben, den wir selbst im dunkeln ohne Beschwerde passirten. Jeder Reisende muß mit einer gewissen Erleichterung die östreichische Gränze hinter sich lassen; so thaten auch wir, nachdem wir den lezten *Actus* der östreichischen Polizey, das nochmalige Visiren der Pässe, bey einer halben Stunde Aufenthalt, überstanden hatten. Schöner *Chaussée*-Weg verkündigte uns die Änderung des Gebiets. Um ein Uhr in der Nacht waren wir in LANDSHUT.

Wir sind drey Tage in Landshut geblieben. Dieser berühmte schlesische Handelsort ist übrigens ein kleines schlecht gebautes Städtchen. Die Häuser haben nach vorne in fast allen Straßen hölzerne Arkaden. Auf dem Marckte bringen an gewissen Tagen die Weber vom Lande ihre Leinwand stückweis unter diese Arkaden, die ihnen dort von den Kaufleuten abgekauft wird, welche so die großen Vorräthe sammeln die sie verschicken.

Wir waren hier an d. Hrn. *Cramer* u. *Semper* addressirt die für unsere Unterhaltung nach besten Kräften sorgten. Hr. *Semper* machte mit uns die Ausfarth nach *Adersbach*, wo eine der sonderbarsten Natur-Merckwürdigkeiten ist, die ich je gesehen habe.

Der Weg dahin ist eine der schönsten Spazierfarthen: die Gegend wird immer schöner je weiter man kömmt: das Land ist außerordentlich fruchtbar u. besonders schön zeigen sich die großen Felder von Flachs in himmelblauer Blüthe. Dazwischen sieht man waldige Hügel u. in der Ferne das Riesengebürge, auf dessen höchster Spize, der Schneekoppe, man wie einen kleinen kaum sichtbaren Punkt die daraufstehende Kapelle unterscheidet. Endlich sieht man die Felsen von Adersbach vor sich, die einen eignen seltsamen Anblick gewähren. Wir stiegen beym Förster ab der uns selbst mit einigen Jägern begleitete, um die wunderbaren Felsen in der Nähe zu betrachten. Diese Felsen bestehn aus lauter viereckigen Pfeilern die ziemlich regelmäßig gradherauf gehende Seiten u. Ecken haben: sie sind von sehr weichem Sandstein, fast alle über hundert, die höchsten zweyhundert Fuß hoch: das Wunderbarste ist, daß sie durchgängig unten sehr viel dünner wie oben sind. Dennoch ist obgleich sie aus weichen Stein sind, nie einer umgefallen. Auf u. zwischen denselben wachsen einzelne Fichten, die das romantisch sonderbare dieses Anblicks erhöhen. Diese seltsame Pfeiler erstrecken sich vier Meilen weit über die waldigen Berge. Auf einer großen Strecke sind hier gangbare sandige Wege zwischen denselben angelegt, ursprünglich für die Königin die diesen Ort besuchte. Wir giengen ein Paar Stunden zwischen denselben herum. Ihre mannigfaltig seltsamen Figuren geben der Phantasie vielen Spielraum, u. haben mancherley Fabeln von einer versteinerten Riesenwelt u. s. w. veranlaßt. Viele sind wircklich so äußerst wunderbar gestaltet, daß man ohne daß die Phantasie viel dabey zu thun braucht, in ihnen die Figur erkennt nach der sie ernannt sind: so sind z. B. der Mönch, ein sehr hoher Pfeiler, der wenn man ihn vom rechten Standpunkt betrachtet, eine lange in eine Kutte gehüllte Figur, mit einem dicken Kopf u. einem sehr marquirten wircklichen Pfaffengesicht, ziemlich deutlich zeigt: die Kanzel, ein niedriger runder Pfeiler der unten ganz dünn ist, u. in der Wölbung einer Kanzel zu einer ungeheuren Dicke anwächst: der Zukkerhut, der unten sehr dünn ist u. bey einer großen Höhe oben vielleicht sechsmal so dick wird, so daß man darin Ähnlichkeit mit einem umgekehrten Zuckerhut findet. So viele andere: eine Urne, die man nur von weitem sieht, die jedoch wunderbar geformt ist, ein Galgen, eine Brücke, ein sehr hoher Pfeiler heißt Elisabeth-Thurm. Je tiefer man zwischen die Felsen hineingeht, desto seltsamer u. wunderbarer werden sie, u. desto dichter drängen sie sich zusammen, ihr Anblick ist oft schrecklich, oft sehn sie aus als müßten sie übereinander stürzen, oft stehn sie so eng zusammen, daß man sich durchdrängt u. oben stoßen sie zusammen, so daß das Licht sparsam nur von den Seiten einfällt. Man kann nicht ohne Schrecken an die graden glatten, 200 Fuß hohen, nach vorne gesenckten Felsen hinaufsehn. Nach mehreren höchst seltsam schrecklichen mannigfaltigen Ansichten dieser sonderbaren Felsen, gelangten wir zum wunderbarsten von allen, zur Höhle, die ein eignes höchst frappantes Schauspiel gewährt: sie wird von mehreren auf einem Haufen stehenden sehr hohen Pfeilern gebildet, die nach oben sich zusammenlehnen, u. so eine nicht große geschlossene Höhle bilden: durch eine Öffnung oben fällt das Licht hinein u. mit ihm durch dieselbe Öffnung stürzt sich ein beträchtlicher Wasserfall hundert Fuß hoch herab, das Geräusch seines Falls in der hohen Höhle hundertfach verstärckt, ist fürchterlich, u. vergrößert sehr den Effekt des Ganzen, der ganz magisch u. wunderbar ist. Wir verließen jezt die finstern Felsengänge u. kamen an einen freiern Plaz wo wir ein andres Wunder der Adersbacher Felsen sahen, das Echo, welches alle Echos übertrifft die ich je gehört habe. Einer von den Jägern schoß eine Flinte ab: der Schuß wiederhohlte sich tausend Mal rollend wie ein Lauffeuer, u. dann nochmals u. immer schwächer. Es waren Musikanten hergestellt mit Klarinetten u. Waldhörnern: ihr Spiel war für das Echo eingerichtet u. bestand aus lauter abgebrochenen Passaden, die ein Weilchen drauf vom Echo deutlich wiederhohlt wurden: es war als sängen die versteinerten Riesen die Musik nach. Nachdem wir lange das schöne Spiel mit dem herrlichen Echo getrieben hatten, mußten wir es verlassen, u. voll von den gesehenen Wundern nach dem Forsthause zurückkehren. Nicht weit vom Echo bilden einige nicht hohe mit den Häuptern an einander gelehnte Pfeiler eine Art kleine Höhle, die vor langer Zeit, der Sage nach, bewohnt gewesen seyn soll: die Öffnungen oben u. an den Seiten sollen zugemauert gewesen seyn, auch sind dort noch ein Paar Löcher im Felsen. Am Eingang sagte man mir sey eine Sonnenuhr gewesen, auch sind noch deutliche Spuren des Kreises u. einiger Zahlen.

Auf dem Rückwege nach Landshut besahen wir ein großes sehr reiches Cistercienser-Kloster welches einen gefürsteten Abt hat. Die Kirche ist sehr reich, u. enthält viele alte Statüen, worunter einige recht hübsche von geriebenem Gyps sind, einer von diesen fehlt ein Finger den Friedrich der Große abgeschlagen hat um einem jungen Offizier zu beweisen daß es nicht Marmor sey. Die Lage von Landshut ist eine der schönsten die man sich dencken kann. Die Stadt ist ganz von angebauten Hügeln u. niedrigen Bergen umgeben; von allen diesen hat man eine prächtige Aussicht, deren Gränze immer das Riesengebürge ist.

Montag. d. 30. July.

Diesen Morgen verließen wir Landshut um nach Schmiedeberg zu fahren. Dieser Weg ist einer der schönsten, die ich je gefahren bin. Immer fährt man zwischen Bergen, die zur Hälfte mit Wald, zur Hälfte mit bunten Feldern bedeckt sind, u. oft thut sich die schönste Aussicht auf. Kurz vor Schmiedeberg muß man über ein ziemlich hohen Berg. Am Fuß desselben liegt gleich das niedliche Städtchen Schmiedeberg, wo wir zu Mittag aßen.

Schmiedeberg ist noch kleiner wie Landshut, doch wohnen auch hier viel reiche Leute. Die Stadt besteht aus einer einzigen langen Straße, die Häuser sind zum Theil recht gut gebaut.

Die Lage von Schmiedeberg ist noch schöner wie die von LANDSHUT, gleich hinter der Stadt erhebt sich wie eine Mauer das Riesengebürge, u. die Schneekoppe, auf der man zwar noch ein Paar Schneeflecken sieht, doch liegt dieser Schnee nur an solchen Stellen die vor der Sonne geschüzt sind: der bey den Bergen gewöhnliche optische Betrug bringt das Gebürge noch näher als es wircklich ist. Und vor demselben sieht man noch eine Menge hoher u. niedriger, mit Felsen, Wald, od. Feldern bedeckte Berge, zwischen denen Dörfer liegen u. Bäche ströhmen, die Leinwandsbleichen sind in der Ferne durchaus vom Wasser nicht zu unterscheiden u. tragen auch zur Verschönerung der Gegend bey. Wenn man nur einen der Hügel in der Nähe von Schmiedeberg besteiget, hat man eine himmlische Aussicht auf die ganze so prachtvolle Gegend.

Ich nahm hier einen Führer um die Schneekoppe zu besteigen. Ich gieng nach vier Uhr Nachmittag von Schmiedeberg mit schönem sehr warmen Wetter aus, und war um halb sechs im Dörfchen Krummhübel, dicht am Fuß des Gebürgs. Hier traf ich den jungen *Schreiber*, u. *v. Grindelstein* nebst einem Kandidaten, alle aus Breslau, die ebenfalls die Schneekoppe besteigen wollten. Wir gesellten uns zusammen u. giengen nach einer halben Stunde von Krummhübel weg. Wir giengen größtentheils immer im Walde. Ich empfand keine übergroße Müdigkeit. Um acht erreichten wir die Hämpelbaude. Diese Hämpelbaude ist wahrscheinlich der höchste bewohnte Ort in Deutschland. Es ist eigentlich ein großes Hirtenhaus, u. hat von seinem Eigenthümer Hämpel der hier Sommer u. Winter wohnt u. die schönen Bergweiden benuzt den Namen. Sie ist ganz von Holz. Es giebt auf dem Gebirge mehrere dergleichen Bauden. Diese ist zugleich ein Wirtshaus für alle die die Schneekoppe besteigen.

Als wir in die Hämpelbaude traten schlug uns eine unerträgliche Wärme entgegen. Hier muß immer warmes Wasser für die Kühe seyn, welches diesen für sehr zuträglich gehalten wird: daher ist hier immer Feuer welches jetzt bey der Hundstagshize eine stikkende Wärme verursachte. Wir traten in eine Stube voll zechender Knechte die dem Hämpel bei der großen Heuernte halfen. Es war nicht auszuhalten, ihre animalische Wärme mit den beiden andern vereint, gab eine glühende Hize. Wir giengen also in ein daran stoßendes etwas kühleres sehr kleines Zimmer, dessen enges Fensterlein wir aufsperrten.

Die Hämpelbaude liegt eigentlich nur am Fuß der Schneekoppe. Sie ist mit dem größten Theil des ganzen übrigen Riesengebürges in gleicher Höhe, u. von hier aus erhebt sich, ein Berg auf dem Berge, die Spize welche eigentlich allein Schneekoppe heißt, u. über alle Berge Deutschlands hervorragt: u. doch ist sie nur ein Zwerg gegen die erstaunlichen Alpen. Ich hatte es bisher immer für eine alberne Affektation gehalten, wenn Leute die die Schweiz gesehn hatten, alle Berge Hügel u. Maulwurfshaufen schalten, doch jetzt geht es mir selbst so: ich erstaunte als ich zuerst hörte dies sey der höchste Theil des Riesengebirgs, dies die berühmte Schneekoppe, der höchste Berg in Deutschland: wem der Eindruck der entsezlichen Alpen noch nicht verwischt ist erscheinen solche Berge wircklich beynah wie Hügel.

Kaum waren wir in der Hämpelbaude, so brach ein Gewitter los, was uns schon während des Heraufsteigens gedroht hatte. Der Regen ströhmte, die Schneekoppe war in Wolken gehüllt, das Gewitter war neben uns, auf der andern Seite des Bergs: dicht über uns hiengen die Wolken u. wir konnten sehn wie der Regen ihnen in langen Streifen entstürzte. Wir kuckten indessen aus dem engen Fenster der Hämpelbaude, u. mußten zusehn wie uns die morgende Aussicht, die Frucht unseres mühevollen Heraufsteigens verhagelte. Wir lamentirten, schimpften auf den Rübezahl der uns wie alle Wanderer nicht ungeneckt ziehn lassen wollte, u. lasen zum Zeitvertreib in dem Buch worin sich alle Reisende verewigt u. ihre rührenden Gedancken, Empfindungen in eignen od. fremden Geistesprodukten ausgedrückt hatten. Doch häufig fanden wir zu unserm Trost Klagen über das Schicksal was heut das unsrige war. Endlich bequemten wir uns nach einem traurigen u. magern Abendessen auf einem kleinen engen Heuboden die Nacht zuzubringen.

Um halb zwey giengen die Führer hinaus nach dem Wetter zu sehn, u. kamen mit dem Bescheid wieder, der Himmel wäre noch etwas bezogen, indessen der Gipfel der Schneekoppe sey hell. Wir entschlossen uns also auf gut Glück hinaufzugehn, da der größte Theil der Mühe schon überstanden war. Um halb drey waren wir auf dem Wege. Wir giengen sehr schnell u. anhaltend. Schon ehe man die Hämpelbaude erreicht ist der Berg von Bäumen entblößt, hier ist er blos mit einigen Bergkräutern u. vielen losen Steinen bedeckt, Felsmassen sieht man garnicht. Hier sind noch Überreste einer aus Steinblöcken zusammengesetzten Treppe, die vor zwey Jahren gemacht wurde als die Königinn den Berg bestieg. Ich fühlte bald die entsezliche Müdigkeit die vom zu starcken Bergsteigen herrührt, jeder Schritt war mir am Ende eine Quaal, ich ruhte mich immer öfter u. länger aus. Endlich sahen wir die Kapelle vor uns, u. erreichten um vier Uhr den Gipfel des Bergs, der ganz mit Steinen bedeckt ist. Wir warfen uns alle auf die Steine hin, wo die gänzliche Erschöpfung unsrer Kräfte, nachdem wir gefrühstückt hatten bald aufhörte, u. wir fähig wurden das große Schauspiel des Sonnenaufgangs zu genießen. Der Himmel war ziemlich klar, nur am Horizont lagen ein Paar kleine Wolcken die die Herrlichkeit des Sonnenaufgangs etwas vermindern mochten, dennoch wird mir der Eindruck davon unauslöschlich seyn. Wie ein transparenter Ball, u. viel stralenloser als wenn man sie von unten sieht, schwebte die Sonne empor, u. warf ihre ersten Strahlen auf uns, spiegelte sich zuerst in unsern entzückten Blicken, unter uns in ganz Deutschland war es noch Nacht: u. wie sie höher stieg sahen wir wie nach u. nach die Nacht immer tiefer zurückkroch, u. ihr endlich auch unten wich. Jezt beleuchtete sie die ganze unermeßliche Aussicht, die durch keinen Gegenstand beschränckt wurde. Eine solche Aussicht zu beschreiben ist unmöglich. Sie hatte Ähnlichkeit mit der vom *Pilatus* Berge in der Schweiz, nur daß hier die Alpen fehlen: man sieht die Welt im Chaos unter sich: auf einer Seite übersieht man Böhmen, auf der andern Schlesien, die Gränze theilt grade den Gipfel der Schneekoppe. Ein sonderbarer Anblick ist es die niedrigern Berge so von oben zu übersehn. Der Nebel verdarb uns indessen, besonders je höher die Sonne stieg, sehr die Aussicht. Man soll Prag u. Breslau zugleich von hier sehn können; auch zeigte man mir beide Stellen, doch gestehe ich daß ich nichts sah. Sehr deutlich sah ich die drey schöngelegnen Gebirgsstädte, den größten Theil des Riesengebürgs, u. so weit nach allen vier Weltgegenden als das Auge reichen wollte die ewige Wiederhohlung u. den ewigen Wechsel von Bergen u. Thälern, Wäldern u. Wiesen u. Städten u. Dörfern. Auf der böhmischen Seite der Schneekoppe sieht man unten durch einen ziemlich jähen Abgrund, ein sehr romantisches kleines Thal, von einem Waldbach durchschlängelt, von steilen Bergen eng eingeschlossen, u. beynah unzugänglich. Der Gipfel der Schneekoppe ist ganz mit einer unendlichen Menge losgebrochener Steine bedeckt: es wäre einer Untersuchung werth, wie sie hierhergekommen sind da sie doch von keinem höhern Berge haben herabfallen können. Unter ihnen findet man, aber blos ganz oben, sehr häufig den Veilchen od. Violen-Stein, der allein hier gefunden wird, u. wegen seines starken Veilchen-Geruchs sehr merckwürdig ist. Ich habe gefunden daß dieser Geruch nicht aus dem Steine selbst, sondern von einem sehr feinen röthlichen Moos herkommt, welches sich an dem Stein ansetzt, ich habe es auf verschiedenen Steinen sogar auf Spath gefunden. Wenn der Stein erwärmt wird ist der Geruch besonders streng. Ebenfalls sehr merckwürdig sind die Bergblumen der Schneekoppe: besonders eine gelbe Blume deren Geruch viel Ähnlichkeit mit dem der Schweizer Fluen-Blumen hat, doch ist sie in der Gestalt von dieser verschieden: ferner der Teufelsbart eine fasrige Blume an der besonders das merckwürdig ist, daß sie allein auf der Böhmischen Seite des Gipfels wächst. Auf der Mitte des Gipfels steht die Kapelle zu welcher zwey Mal im Jahr gewallfahrthet wird, u. wo den Pilgern alsdann Ablaß für ein ganzes Jahr ertheilt wird; einige Tage später hätte ich davon profitiren können. Die Kapelle ist ein rundes thurmartiges Gebäude von Stein u. mit Holz bekleidet. Sie ist verschlossen, u. ihr unwirthbares Dach ragt keinen Fußbreit hervor den Wandrer vor Regen zu schüzen, keine Bank steht für den Müden vor ihrer Thür, wir mußten auf den scharfen Steinen ausruhn.

Es war oben sehr kalt u. natürlich entsezlich windig; nachdem wir über eine Stunde oben gewesen waren, giengen wir wieder herab zur Hämpelbaude. Beim heruntergehn begegneten wir einer Menge bewaffneter Gränzwächter, die hier den Contrebandiers aufpassen die unverzollten Zucker u. Caffee übers Gebirge nach Böhmen bringen. In der Hämpelbaude hatten wir welche gesehn doch verriethen wir sie auf Nachfrage nicht. Um acht giengen wir von der Hämpelbaude ab. Ich trennte mich jezt von meinem Führer, entschlossen mit der Breslauer Gesellschaft übers Gebirge nach Hirschberg zu gehn, wohin meine Eltern schon gestern vorausgefahren waren. Wir hatten beym Hinabgehn fortwährend die große herrliche Aussicht vor Augen, die sich nach den mannigfaltigen Richtungen unsers Gangs immer anders zeigte. Wir giengen seitwärts über das Gebirge, u. schräge beym sogenannten Kamm hinab. Immer verkleinerte sich die Aussicht, je tiefer wir kamen. Endlich waren wir am Fuß des Gebirgs, u. unser Weg ging nur noch über niedrigere Berge, immer auf Queerwegen od. im Walde: aber fast noch schöner wie die unbeschränckte Aussicht vom Gipfel der Schneekoppe, wiewohl nicht so begeisternd groß u. herzerhebend, waren die mannigfaltigen Ansichten die vor uns bey jedem Schritt sich aufthaten. Und hinter uns hatten wir den von einigen Stellen unbeschreiblich herrlichen Anblick des ganzen Riesengebirgs, das wie ein großes Amphitheater ausgebreitet, die fruchtbaren Thäler, u. die mit allen Sommerfarben geschmückten Fluren, mit Dörfern, u. Wäldern u. Hügel einfaßte. Selbst bey der entsezlichen Müdigkeit die der dreymeilenlange Weg nach Hirschberg, nach einer schlaflosen Nacht der ein sehr ermüdender Abend vorhergegangen war, u. nach dem so erschöpfenden Ersteigen der

Schneekoppe diesen Morgen, hervorbrachte, entzückte mich noch diese über alles schöne Gegend. Was uns aber mehr wie alles andere den Weg beschwerlich machte war die entsezliche Hize: es war einer der heißesten Tage im ganzen Sommer, u. zu einer so starcken Fußreise für ermüdete Wanderer daher nicht sehr geschickt. Noch am Morgen hatten wir Schnee gesehn der eine große Strecke etwas höher wie die Hämpelbaude bedeckt, u. jetzt peinigte uns die schrecklichste Hundstagshize. Zu Mittag waren wir im Örtchen Stanstorf, wo ein gutes Wirthshaus ist. Hier ist ein hübscher englischer Garten. Und ein berühmter Berg, von dem eine schöne Aussicht ist, u. oben verschiedene Höhlen sind. Doch unsre Kräfte gestatten uns nicht die Herrlichkeiten zu sehn. Wir ruhten hier bis gegen drey aus, u. giengen dann mit starcken Schritten nach Hirschberg, wo wir um vier ankamen, u. uns trennten: ich so müde u. so erhizt wie ich noch nie gewesen war.

Mittwoch. d. 2ten August.

Als ich heute beym Anziehn vor den Spiegel trat fuhr ich mit Entsetzen zurück, das schrecklichste Phenomen zeigte sich an meinem Haupte: ich war ein zweyter Midas. Unter heftigem Jucken waren meine Ohren geschwollen zu einer monströsen Größe. Als ich zu einem kurzen Weg über die Straße gieng, sah ich mit Schrecken an meinem Schatten zwey lange Ohren unterm Hut hervorragen. Ich dachte schaudernd an *King Richard III* Ausruf:
> *Shine out fair Sun! till I have bought a Glass,*
> *That I may see my Shadow as I pass!* – –

Es war mit einem Hrn. *Gentsch* von hier eine Ausfarth früh Morgens um sieben nach Warmbrunn u. Kynast beredet. Ich freute mich daß es so früh war, denn ich war ein Popanz die Kinder zu schrecken. Die Lage von Hirschberg ist wenigstens eben so schön wie die der beyden andern Bergestädte: auch hier ist die Aussicht der schönen fruchtbaren Fluren u. angebauten Berge vom Riesengebürge begränzt. Warmbrunn liegt nur eine halbe Meile von hier: es ist ein allerliebster kleiner Badeort, die Lage davon ist über alles schön; man sieht von hier auf einem Berge die Ruinen der Burg Kynast, die so wie alle Häuser, Schlösser, Felder u. alles was man ringsum sieht dem Grafen Schafgotsch gehört, der auch ein sehr großes u. geschmackvolles Gesellschaftshaus für die Badegäste erbaut hat, mit einem großen Ball- u. Eßsaal *etc. etc.* Auch ist hier eine große Allee, von der man auf beyden Seiten eine herrliche Aussicht hat. Wir fuhren von hier zum Fuß des Berges, auf dem Kynast liegt, u. erstiegen ohne sehr große Beschwerde den Berg. Man hat von hier eine erstaunlich ausgedehnte Aussicht: diesseit des Gebürgs ist sie durch keinen Gegenstand beschränckt, sie ist ungefähr die Aussicht der Schneekoppe im kleinen. Diese ganz so überaus herrliche Gegend hat einen Mangel, man sieht kein Wasser, doch wird dieses sehr durch die zum Bleichen ausgelegte Leinwand ersetzt, die in der Ferne grade das Ansehn des Wassers hat. Auf der andern Seite der Burg ist die Aussicht andrer Art, man sieht in die finstern Wälder des Riesengebürgs, dessen größten Theil man von hier übersieht. Nachdem wir den prächtigen Anblick der großen schönen Natur von diesem Berge genossen hatten, durchgiengen wir auch die Trümmern der Vorzeit, die finster vom Gipfel des Berges emporragen. Es sind hier noch viele Überbleibsel von dem was sie ehemals waren. Noch sieht man die schmale Mauer auf der ein grausames Fräulein dem, der nach ihrem Besitz strebte drey Mal herumreiten sehn wollte, u. von der manche kühne Ritter in den Abgrund stürzten, bis endlich einer das Wagestück vollbrachte, u. das Fräulein mit einer Maulschelle abfertigte. In der ehemaligen Küche sieht man noch den Rauch an der Wand, u. auch hievon erzählt man eine lange Legende.

Vollkommen aufbehalten ist noch ein alter Thurm mit einem eisernen Gitter, auch das gewölbte Burgverließ zu dem man durch lange unterirdische Gänge gelangt, auch stehn noch deutliche Spuren des großen Rittersaals, u. eine Menge alter Mauern, u. unten der Keller. Bey der Burg wohnt in einer kleinen Hütte ein alter Mann den man den Commandanten nennt. Er schoß, gegen die Seite des Gebürgs mehrmals eine kleine Kanone ab, um uns das wircklich erstaunliche Echo zu zeigen, bey jedem Schuß antwortete es tausend Mal wie ein Lauffeuer aus dem waldigen Gebirg, beynah wie in Adersbach. Die Hize war auch heute, des gestrigen Gewitters ungeachtet, unerträglich. Meine Ohren hatten jetzt beynah drey Mal ihre gewöhnliche Größe erreicht, standen grade vom Kopf ab u. wackelten wenn ich gieng, so daß ich zu einem wahren Ungeheuer umgeschaffen war. Endlich eiterten sie, unter schmerzhaftem Jucken. Ich weiß nicht, ob ich diese so unangenehme, schmerzhafte u. lächerliche Kranckheit der übergroßen Anstrengung u. Erhizung meiner Bergreise, od. dem Stich bösartiger Fliegen zuschreiben soll: ich gieng acht Tage damit zum Schrecken u. Erstaunen aller Menschen herum, erst in Breslau hatten sie ganz abgenommen. Zu Mittag waren wir wieder in Hirschberg. Nachmittag fuhren wir wieder den schönen Weg nach Schmiedeberg zurück. Unterwegs besahen wir den schönen englischen Garten..... Er ist sehr groß, u. äußerst geschmackvoll angelegt, voll von den schönsten Partien, u. oft wird man von der prächtigen Aussicht auf das Riesengebürge u. die umliegenden Gegenden überrascht, denn besonders der Lage nach macht dieser Garten jedem andern den Rang streitig. In einer Felsenhöhle sieht man durch eine enge Öffnung des Eingangs die Schneekoppe dicht vor sich. Sehr schön ist ebenfalls die Aussicht von einem hübschen gothischen Haus auf einer Anhöhe: im Garten sind mehrere sehr niedliche Pavillions, ein hoher Wachthurm, u.s.w. Die großen Teiche des Gartens sind durch die großen Wasserfluten von denen man in ganz Schlesien Klagen hört zerstöhrt.

Donnerst. d. 3ten August.
Diesen Morgen fuhren wir wieder nach Landshut. Der Rückweg ist noch unendlich schöner wie der NACH Schmiedeberg: besonders prachtvoll ist die Aussicht von den hohen Bergen vor Schmiedeberg. In Landshut hielten wir uns auch nicht länger auf. Gleich nachdem wir es verlassen hatten führte uns unser Weg über einen Berg von dem wir eine der schönsten Aussichten von Schlesien übersahen. Man sieht unten im Thale Landshut, u. eine Menge Dörfer, von schönen angebauten Bergen u. fruchtbaren Feldern umgeben. Um fünf kamen wir in Wallenburg an, wo wir noch das Kohlenbergwerck besahen. Das Wasser des Bergwercks ist nach der neuen in England erfundenen Methode zu einem Kanal benuzt. Wir fuhren auf demselben eine Strecke ins Bergwerck hin-

ein. Dieser unterirdische Kanal ist so eng daß nur ein Boot darin Plaz hat, u. von Zeit zu Zeit kommt ein ausgehauener Plaz zum Vorbeyfahren. Man fährth unter einer in den Felsen gehauenen Wölbung, die oft so niedrig ist daß man nur gebückt drunter durch kann. An den Seiten sind die Schachte: ausgehaue Stellen, ohngefähr wie kleine niedrige Zimmer, in diesen steht ein Bergmann mit einem Licht in der Hand u. schlägt mit einem Hammer die Kohlen aus den breiten Adern. Es ist im Kanal stockfinster, wir hatten bey der Fahrth jeder zwey Lichte in der Hand. Es sind auch Öffnungen nach oben da, zum Herabsteigen u. heraufwinden: man sieht das Tageslicht wie einen Stern durch dieselben durchfallen. Eine besonders angenehme Empfindung ist es, aus dem Dunkel u. der kalten feuchten Kellerluft des Bergwercks wieder ans Tageslicht zu kommen, das man beym Hinausfahren anfangs wie einen Stern erblickt, u. von der warmen frischen Luft angehaucht zu werden.

Freytag. d. 4ten August.
Hinter Wallenburg verändert sich die Gegend sehr plözlich. Man läßt die Berge hinter sich, u. kommt auf eine weite Fläche, die mit wenig Bäumen u. lauter Kornfeldern bedeckt ist. Die vorher so häufigen Leinwandsbleichen u. Flachsfelder sieht man hier nicht mehr. Die Wege sind hier unverbesserlich. Das Land ist so flach daß man drey Meilen davon schon Breslau sehn kann, was wir diesen Nachmittag erreichten.

In Breslau haben wir vier Tage ziemlich langweilig zugebracht. Die Stadt ist ziemlich groß, aber weder schön gebaut noch volckreich, u. sehr schlecht gepflastert: man sieht auf den Straßen beynahe nichts wie Juden u. Soldaten. Die einzige Sehenswürdigkeit ist der ziemlich nahe an der Stadt gelegene recht hübsche englische Garten des Fürsten von Hohenlohe. Wir haben hier keine andere Bekanntschaft gemacht wie die eines Hern. Hofmann: an d. Hern. Schreiber hatten wir auch Adreß Briefe, die jedoch ohne Wirckung blieben. Das Schauspielhaus ist ziemlich hübsch aber klein: wir sahen hier die neue Oper Titus, die noch mittelmäßig gut ausfiel. Die Hize war während unsers Aufenthalts übermäßig groß.

Mittw. d. 9. Aug.
Wir fuhren diesen Morgen auf schönen Wegen von Breslau weg, aber bald fuhren wir wieder in tiefem Sand. Die Gegend fanden wir immer flach u. uninteressant. Die Nacht blieben wir in Haynau.

Donnerst. d. 10. Aug.
Wir fuhren heute durch eine etwas hübschere Gegend bis Görliz.

Freyt. d. 11. Aug.
Wir waren jetzt über die sächsische Gränze, u. fanden immer schönere waldigere Gegenden. Wir aßen zu Mittag in Bauzen, u. fuhren dann sehr spät bis zum Dörfchen..... wo wir die Nacht in einem höchst elenden Wirthshause zubrachten.

Sonnab. d. 12. Aug.
Heute kamen wir unter heftigem Regen im lieben Dresden an.

Obgleich wir schon mehrmals in Dresden gewesen waren, hielten wir uns auch noch dies Mal zehn Tage in dieser in jeder Hinsicht so schönen u. interessanten Stadt auf, u. besahen auch nochmals einige von ihren vielen sehenswürdigen Sammlungen: besonders die herrliche Bildergallerie, die ich so viel wie möglich täglich besuchte, deren Kunstschäze sich mit den ersten aller Sammlungen die ich noch gesehn habe, vergleichen lassen. Sehr unangenehm ist es daß die Bilder hier nicht wie in andern Gallerien Nummern haben, weswegen der Katalog fast keinen anderen Nuzen hat, als den, sich nachher die Bilder mehr zu vergegenwärtigen. – Auch das berühmte grüne Gewölbe haben wir nochmals besucht. Auch jezt nachdem ich so viele Schazkammern gesehn habe, finde ich noch daß es alle an Reichthum weit übertrifft. Man glaubt sich in einem Feen-Palast versezt, u. wird von der unendlichen Pracht geblendet, wenn man die glänzenden Zimmer betritt, in denen sich die kostbaren goldenen Gefäße u. Spielwercke von Diamanten an den Spiegelwänden vervielfachen: das Auge kann wircklich nur mit Mühe auf dem blizenden Brillianten-Schmuck weilen. – Die alten Spielwercke in der Kunstkammer haben wir auch noch ein Mal gesehn u. uns über den Kirschkern mit 120

Köpfen, u. den vielen feinen Schnizereien etc. etc. recht sehr gewundert. – Ich bin auch in der Rüstkammer gewesen, u. habe mich an den vielen schön gearbeiteten Harnischen, den kostbaren mit Edelsteinen belegten Pferdegeschirren, den vielen Waffen, u. uralten Kleidern gefreut. Der großen Messe in der prächtigen katholischen Kirche habe ich zwey Mal beygewohnt, wegen der herrlichsten Kirchenmusik die ich je gehört habe, u. die besonders durch den Gesang der Kastraten *Pinelli* u. *Cassarelli* erhöht wird: dabey sahen wir auch den Hof, in der steifen Kleidung die man vor 50 Jahren trug, aus der Kirche kommen.

Die so außerordentlich schönen Gegenden um Dresden haben wir auch größtentheils alle besucht. Besonders den herrlichen Plauener Grund, dessen schroffe nackte Felsen mir jezt indessen sehr zwergisch erschienen. Der Weg nach Tarant bleibt jedoch immer äußerst reizend, besonders an den freieren Stellen, u. die Aussicht von den Ruinen in Tarant ist unstreitig eine der schönsten, die es giebt: der Anblick der drey reizenden Thäler, von Felsen u. bewachsenen Bergen eingeschlossen ist überaus prächtig. In Meißen sind wir ebenfalls gewesen u. haben auch dort die schöne Aussicht vom Berge gesehn. Den herrlichen Weg nach Pirna sind wir auch gefahren u. haben das geschmackloseste aller Schlösser daselbst gesehn. Auch besahen wir das nahe dabey gelegene neue Landhaus des Fürsten *Patiatin*: es ist in einem höchst seltsamen u. abentheuerlichen Geschmack gebaut: die Außenseite ist ein sonderbares Gemisch von hölzernen Giebeln u. Gallerien. Die Zimmer sind sehr reich aber immer originell meublirt u. dekorirt. Von den obern Gallerien hat man eine sehr schöne Aussicht auf die reizenden Ufer der Elbe, u. bis zum Königstein u. das böhmische Gebirge. Ein andres Mal fuhren wir diesen selben schönen Weg weiter hinauf bis nach Pirna, dessen Lage an der Elbe unbeschreiblich reizend ist. Von hier aus machten wir die sehr schöne Ausfarth nach Liebethal, wo große Steinbrüche sind deren Anblick an einigen Stellen sehr romantisch ist, besonders bey der Lochmühle, wo ein Waldstrohm durch das enge schroffe Felsenthal braust u. einen sehr hübschen wasserreichen Fall macht, dessen Gebraus sehr starck in dem engen Thale hallt.

Diengst. d. 22. Aug.
Diesen Nachmittag verließen wir Dresden, u. fuhren durch einen schönen großen Wald bis zum hübsch gebauten Städtchen Großhayn.

Mitt. d. 23. Aug.
Durch flache Haiden u. Wald fuhren wir heute auf sandigen Wegen bis nach Lukau.

Donnerst. d. 24. Aug.
Wir kamen diesen Nachmittag in Zossen an wo wir, da keine Pferde zu haben waren, die Nacht bey Hern. Daun blieben.

Freyt. d. 25. Aug.
Diesen Mittag erreichten wir endlich Berlin.

WIRTHSHÄUSER.

In Bremen	das blaue Haus. (z.g.
” Ammersfort	Stadt-doelen. (s.g.
” Amsterdam	Waapen van Amsterdam. (s.g.
” Haag	Doelen. (z.)
” Rotterdam	1ste Mal. Shipperhous ”schl.
” Antwerpen	Grand laboureur. (s.g.
” Gent	Poste aux chevaux (r.g.
” Bergen op Zoom	à la Cour de Hollande (z.
” Dunkerque	Poste aux chevaux (s.g.
” Calais	Hotel Dessin. (s.g.
” London (das erste Mal) .	York-Hôtel, Bridge str. (bl. Friars) (r.g.
” ” (das zweyte Mal)	No. 43. Norfolk str. Strand-Corner. (s.g.
” Witham	Two blue Posts. (s.g.
” Harwich	Three Cups. (schl.
” Rotterdam (2. Mal)	Maréchal de Turenne. (schl.
” Gorcum	Doelen. (r.g.
” Breda	Prinz Cardinal. (r.g.
” Bruxelles	Hôtel de Flandres. (s.g.
” Paris	Hôtel de l'Europe. rue de la loi cidevant Richelieu. (s.g.
” Orléans	Dauphin. (schl.
” Blois	Boule-d'or. (schl.
” Tours	chèz Mr. Durand. (z.
” Angoulême	à la Croi d'or. (schl.
” Bordeaux	Hôtel de Fumel. (s.g.
” Toulouse	Grand Soleil. (z.
In Montpellier	Hôtel du Midi (z.g.
” Nimes	Luxembourg. (z.g.
” Aix	Hôtel du Cours. (r.g.
” Marseille	Hôtel des Ambassadeurs (s.g.
” Toulon	à l'Hôtel de Malte (r.g.
” Avignon	Hôtel de Metz. (z.g.

"	Lion	Hôtel de l'Europe
"	Genève	aux balances. r. g.
"	Lausanne	au lion d'or. r. g.
"	Bern	im Falcken. r. g.
"	Lucern	im Adler. z. g.
"	Zürich	im Schwerdt r. g.
"	Schafhausen	im Löwen z.
"	Konstanz	im Adler z. g.
"	Augsburg	drey Mohren s. g.
"	München	Hirsch r. g.
"	Braunau	Adler z.
"	Wien	Kohlmarkt. 203. schl.
"	Landshut	Raben. z. g.
"	Schmiedeberg	weißen Roß.
"	Hirschberg	weißen Löwen. s. schl.
"	Breslau	drey Berge. s. g.
"	Dresden	goldenen Engel. s. g.

From all the evils, that befall us may
The worst is death – death must have its day! –
In
    coelo   *Shakespear.*
        quies.   *K. Richard* II.
                Tout finit
                ici bas.

NACHWORT

Ludger Lütkehaus

DIE AUSFAHRT DES BUDDHA?
DIE REISETAGEBÜCHER SCHOPENHAUERS

In seinem »Cholera-Buch« hält Schopenhauer 1832 die folgende autobiographische Reflexion fest:

»In meinem 17ten Jahre, ohne alle gelehrte Schulbildung, wurde ich vom JAMMER DES LEBENS so ergriffen, wie Buddha in seiner Jugend, als er Krankheit, Alter, Schmerz und Tod erblickte. Die Wahrheit, welche laut und deutlich aus der Welt sprach, überwandt bald die auch mir eingeprägten Jüdischen Dogmen, und mein Resultat war, daß diese Welt kein Werk eines allgütigen Wesens seyn könnte, wohl aber das eines Teufels, der Geschöpfe ins Daseyn gerufen, um am Anblick ihrer Quaal sich zu weiden: darauf deuteten die Data, und der Glaube, daß es so sei, gewann die Oberhand.«

Das »17te Jahr« – das ist das zweite Jahr jener Reise, die Schopenhauer von Anfang Mai 1803 bis Ende August 1804 mit seinen Eltern durch Holland, England, Frankreich, die Schweiz und Österreich unternommen hat. In seinem »auf der Flucht vor der Cholera« geschriebenen Manuskriptbuch erinnert er sich dieser fast dreißig Jahre zurückliegenden jugendlichen Ausfahrt, auf der er nach seinem Bekenntnis so vom »JAMMER DES LEBENS« ergriffen wurde wie der »Buddha«, der noch keiner war, auf seinen legendären vier Ausfahrten von »Krankheit, Alter, Schmerz und Tod«. Wie bei diesem geht es um Erfahrung, buchstäblich: um Lebens-Erfahrung, um existentielle Empirie. Erst von ihr, von den »Data« aus, werden die »eingeprägten Jüdischen Dogmen«, auf die sich hier die christliche Tradition reduziert hat, besonders die Lehre von einem allgütigen Schöpfer, revidiert und – in der Umkehrung der

Gottesbeweise – gefolgert, daß die Welt Teufelswerk sei. Erst von solcher Lebens-Erfahrung her erhält die Betonung, daß keinerlei »gelehrte Schulbildung« beteiligt gewesen sei, ihren Sinn. Und man mag hinzufügen, daß Schopenhauer mit der Berufung auf die Ausfahrten des noch nicht »erwachten« Buddha implizit auch für sich in Anspruch nimmt, was deren Sinn ist: daß es ein gesunder und junger »Prinz« ist, der unvermittelt dem Leiden des Lebens begegnet; daß ihn also kein Vorurteil und schon gar nicht das Ressentiment eines Zu-kurz-Gekommenen bei dieser Erfahrung beeinflußt hat. Pointiert formuliert: Der »Buddha des Westens« beschreibt seine Ausfahrt.

Allerdings gibt diese Deutung auch etliche Fragen auf. Nicht, daß man sich an solcher Selbsteinschätzung stören müßte: Schopenhauers Lehre, nicht sein Leben, *war* die eines Buddhas des Westens. Ebensowenig wird man die Tatsache, daß bei den von Schopenhauer genannten vier Ausfahrten die Begegnung des Buddha mit dem Mönch zugunsten der Begegnung mit dem Schmerz verdrängt worden ist, befremdlich finden müssen. Denn die mönchische Perspektive taucht in den angeschlossenen Überlegungen Schopenhauers über das Leiden als »Gnadenmittel«, als Erlösung vom Irrweg des Lebens unterschwellig wieder auf. Aber ist er denn wirklich in seinem »17ten Jahre« vom »JAMMER DES LEBENS« ergriffen worden? Welcher Krankheit, welchem Schmerz, wessen Alter und Tod ist er denn begegnet? Oder hat er so, wie die buddhistische Lehre sich in die Buddha-Legende von den vier Ausfahrten kleidet, nur a posteriori seinen Erkenntnisweg rekonstruiert? Und wenn es schon um den Jammer des *Lebens* gehen soll – wie steht es dann mit seiner Erfahrung vor dem »17ten Jahre«? Ist ihm der junge Schopenhauer bei seiner Ausfahrt im dreizehnten Jahre (wie schon vorher im zehnten), die ihn doch zum Teil in dieselben Lebensbereiche geführt hat, noch nicht begegnet? Und schließlich: Beim Buddha beginnt mit den vier Ausfahrten der Auszug aus der »Heimat« in die »Heimatlosigkeit«. Inwiefern gilt das aber schon von dem bürgerlichen »Prinzen«, der – so ausdrücklich seine erste Notiz vom 3. Mai 1803 – seinen Platz zwischen seinem Vater und seiner Mutter einnimmt? Fließt deren

»gelehrte« oder wie immer geartete Bildung nicht in seine Erfahrung ein, so wie doch auch ihm die »Dogmen« der Tradition eingeprägt worden sind? Und wenn ja: Was erfährt er von ihnen, zumal von der gebildeten und nicht nur literarisch sensibilisierten Mutter? Fragen genug also; sie werden im folgenden an die beiden Reisetagebücher gestellt, die der junge Schopenhauer in den Jahren 1800 und 1803/04 geführt hat und die hier, nach ihrer Publikation durch Charlotte von Gwinner (Leipzig 1922/23), erstmals wieder zugänglich gemacht worden sind. Fragen aber auch, die diesen Reisetagebüchern neben ihrem selbstverständlichen autobiographischen und kulturgeschichtlichen Wert jenes existentielle und philosophische Gewicht geben, das ihnen zukommt. Denn noch einmal: Der Buddha des Westens beschreibt seine Ausfahrt.

Die Reise, die von der Familie Schopenhauer einschließlich der dreijährigen Adele von Mitte Juli bis Mitte Oktober 1800 nach Karlsbad und Prag unternommen wurde, war eine Bäder-, Bildungs- und Vergnügungsreise. Die Reise von 1803/04 hingegen, bei der die Schwester zu Verwandten gegeben wurde, verfolgte weitaus deutlicher, obwohl nicht ausschließlich, Bildungszwecke – wie schon die erste Reise, die der junge Arthur 1797 mit seinem Vater über Paris nach Le Havre unternommen hatte. Und 1803 kam noch ein besonderer Anlaß hinzu: Der Sohn und Erbe mit seiner Neigung zum brotlos-dürftigen Gelehrtendasein (so der kaufmännische Realismus des Vaters) war vor die Wahl gestellt worden, entweder aufs Gymnasium oder auf eine große europäische Tour zu gehen und dabei seine »theuren Freunde« in Le Havre wiederzusehen, das allerdings mit dem Versprechen, sich anschließend dem Kaufmannsstande zu ergeben: gewiß eine gezielt beeinflußte Wahl, wenn man so will, eine Wahl mit Köder oder gar Bestechung; auf jeden Fall, mit den Worten des 1809 bei der Universität Berlin eingereichten Lebenslaufes, eine »Versuchung«, der »das jugendliche Herz« nicht widerstehen konnte; aber eben doch eine Wahl, bei der sich der sonst überaus feste Wille des Vaters nicht über »die ihm angeborene Achtung vor der Freiheit jedes Menschen« hinwegsetzte, wie der Sohn an derselben Stelle dankbar vermerkt hat.

Solcher Liberalität entsprechen denn auch die erzieherischen Modalitäten der Reise: Der nach seinem zweijährigen Aufenthalt in Le Havre schon früh selbständige Arthur kann sich mit einem beträchtlichen Maß an Unabhängigkeit bewegen. Mit den Elementen einer »schwarzen« Pädagogik, die den Willen brechen will, wird er nur in Abwesenheit seiner Eltern, während seines dreimonatigen Aufenthaltes im Haus des Reverend Lancaster in Wimbledon, im bigotten »Exil« also, bekannt.

Hinzu kommt: Der Sohn soll nicht in den Büchern, sondern im »Buche der Welt« lesen lernen. Die damit einhergehende Verzögerung der Ausbildung in den »klassischen Lehrfächern und Sprachen« ist von Schopenhauer zwar in dem zitierten Lebenslauf bedauert worden; dennoch hat er auch dort in aller Deutlichkeit der Anschauung und Erfahrung der Dinge vor dem Erlernen der nur zu oft leeren Worte und Meinungen den Vorzug gegeben.

Im Reisetagebuch von 1803/04 stehen zwei pädagogische Exkursionen dafür. Bei dem Besuch im Taubstummen-Institut des Abbé Sicard beobachtet man, welch einfacher und zweckmäßiger Gebrauch dort vom »GESTIKULIRTEN Wort« gemacht wird. Im Unterschied zu dem gesprochenen und geschriebenen gilt es dem jungen Schopenhauer als Medium der natürlichsten und eben deswegen allgemeinsten Rede. In ihr findet er die wahren sprachlichen Universalien, die zugleich die Kommunikation mit denen gestatten, die man sonst aus dem Bereich der Vernunft und der menschlichen Gesellschaft exkommuniziert.

Das zweite Exempel bietet der Besuch im Institut des »berühmten Pestaluzzi«, der statt der Buchgelehrten den vorurteilslosen »gesunden Menschenverstand« der »niedrern Volcksklassen« zum Lehrmeister seiner »neuen Erziehungs-Methode« bestellt. Hier, unter normaleren, übertragbaren Bedingungen, ist es noch deutlicher das Absehen von der gelehrsamen Gedächtnisbildung, die Konzentration auf die Sachen selbst und ihre »sinnliche Vorstellung«, die trotz einiger Bedenken das besondere Interesse des jugendlichen Beobachters findet. Und von ihm bis zum späten Schopenhauer herrscht eine erstaunliche Kontinuität. Das 28. Kapitel der *Parerga und Paralipomena* wird mit seiner scharfen

Unterscheidung von anschauungsorientierter »natürlicher« und begriffsorientierter »künstlicher Erziehung« die frühe pädagogische Erfahrung und Wertung erneuern. Und in Schopenhauers Philosophie der Lebensalter räumt das Konzept einer »negativen« Erziehung, die das Kind vor »falschen Begriffen« und philosophischen oder religiösen »Hirngespinsten« zu bewahren sucht, noch schärfer mit aller »künstlichen« Erziehung auf. »Diese negative« Erziehung meint einerseits den pädagogischen und phänomenologischen Imperativ: »Zu den Sachen selbst!« – insofern etwas Positives. In bezug auf die einmal »eingeprägten Dogmen« der Tradition freilich fordert dieser Imperativ in der Tat die »negative« Befreiung von ihnen. Denn das ist nach Schopenhauers Philosophie der Lebensalter das »Erste, was die Erfahrung zu thun vorfindet«.

Die Ausfahrt, die ›Lektüre‹ im »Buche der Welt«, die Emanzipation von den »Dogmen« und das Konzept einer »natürlichen« Erziehung stehen also in einem schlüssigen inneren Zusammenhang. Was die Erziehung Schopenhauers selber betrifft, stellt sich allerdings auch die Frage, wie sich denn in ihr der Imperativ »Zu den Sachen selbst« und die bei aller aufgeklärten Liberalität des Elternhauses auch ihm »eingeprägten Dogmen« miteinander vertragen haben.

Generell darf man die Selbständigkeit des jugendlichen Tagebuchautors ohnehin nicht überschätzen. Der elterliche Einfluß spielt eine bedeutende Rolle, zumal der der Mutter. Die vergleichende Lektüre der Reisebeschreibungen, die sie auf der Grundlage der gleichzeitig mit dem Sohn geführten Tagebücher ein Jahrzehnt später publiziert hat, relativiert seine Originalität ganz ohne Frage an etlichen Punkten – wenngleich gerade bei der gemeinsamen Begegnung mit dem Jammer des Lebens auf die spezifische Differenz zu achten sein wird. Die von einer männlich präokkupierten Literaturgeschichtsschreibung verbreitete Mär, daß die weltläufige Mutter, deren Schriftstellerei auch heute noch respektabel ist, die frühen Produkte ihres genialen Sohns schlicht ausgebeutet habe, kann man sowieso getrost zu den Akten legen.

Ebensowenig darf man die Einschränkungen unterschätzen, die

sich aus den Rahmenbedingungen der gemeinsamen familiären Bildungsreise ergeben haben. Um beurteilen zu können, was der Sohn schreibt und was er nicht schreibt und schreiben kann, muß man sich vorweg klarmachen, daß er nicht nur in der dauernden Kommunikation mit seinen Eltern geschrieben, sondern auch unter ihren Augen geschrieben hat. Ungeachtet aller Freiheiten sind seine Reisetagebücher auch so etwas wie eine permanente Hausaufgabe, eine Schreibübung, nicht zuletzt eine handschriftliche Übung gewesen. Und wenn die Mutter ihre Reisebeschreibungen literarisch stilisiert, so hat er seine Tagebücher zweifellos in gewissem Umfang zensiert. Familiäre Beziehungen und Emotionen klingen kaum an – was freilich wiederum einschließt, daß er nicht zum Apportieren von Gefühlen erpreßt worden ist: Die lapidare Nüchternheit, mit der er, durchaus im Gegensatz zu der enthusiastischen Wiedersehensfreude in Le Havre, nach dem dreimonatigen »Exil« in Wimbledon die befreiende Rückkehr der Eltern vermerkt; auch der Lakonismus, mit dem er die Zweisamkeit mit der Mutter während der abenteuerlichen Exkursion nach Chamonix quittiert, sprechen für sich.

Und sonst: Leidenschaft, gar frühes Leid? Das Zusammensein des immerhin in der Pubertät befindlichen Tagebuchautors mit einer jungen Engländerin wird nur knapp berührt. Die Begegnung mit jenem mörderischen Folterinstrument, das auf den Namen »die Jungfer« getauft worden ist, sagt dem Zwölfjährigen verständlicherweise überhaupt nichts. Aber auch der Fünfzehnjährige, der keineswegs blind ist für die Schönheit oder Häßlichkeit der Altersgenossinnen; der die Tänze »sehr zweydeutiger Damen« sehr wohl registriert und zumindest in den Alpen die noch unbestiegene Jungfrau gern »ganz entschleiert« sieht, spricht explizit an keinem Punkt von dem, was er wenig später in seinem ersten eigenen Gedicht seine »Wollust« und seine »Hölle« nennt. Der scharfe Einschnitt, den Schopenhauer in seiner Philosophie der Lebensalter zwischen die sexuell noch nicht getriebene ungetrübte Kindheit und das unruhige und schwermütige Jünglingsalter legt, wird kaum spürbar; in diesem Sinn bleibt auch der Autor des zweiten Reisetagebuches, gewiß nicht das sexuelle Wesen, das mit ihm in einer Haut zusammenlebt, noch Kind. Kurz: Beide Tagebücher, entstanden in einem relativ freien, aber auch nüchternen familiären Milieu, sind alles andere als ein frühes »journal intime«.

»Zu den Sachen selbst« also, noch einmal: auch im eingeschränkten, entsubjektivierten Sinn. Aber zu welchen Sachen? Die Werke der Kunst, die Denkmäler der Geschichte, die Sehenswürdigkeiten der Natur, die Spektabilitäten der Zeit – alles scheint in der Beschreibung des jungen Schopenhauer unterschieds- und akzentlos ineinander überzugehen. In Weimar begegnet er zum Beispiel ohne weiteren Kommentar einem Mann namens Schiller, nachdem er zuvor den »höchstinteressanten Herrn Bertuch« kennengelernt hat. Im übrigen werden Parks und Paläste, Straßen und Städte, Sitten und Kleider von dem jugendlichen Richter, der sich noch einig mit den Fortschritten der »Jetztzeit« weiß, unnachsichtig danach beurteilt, ob sie im altmodischen oder im modernen Geschmack sind. Auf die gute Gesellschaft und den »bon ton« wird genau geachtet. Und geht der Sohn mit seinen Eltern ins Theater, was er oft tut, dann sitzt er als Kritiker so streng zu Gericht, wie er als Weltmann die Wirtshäuser taxiert. Aber auch wo sich sein Geschmack spürbar entwickelt und die Distanz zur parvenühaften »Jetztzeit« zunimmt, spürt man immer noch eher die Altklugheit als ein Klüger- und Älter-Werden. Und wenn der junge Schopenhauer beim Wiedersehen mit Le Havre alles kleiner und sich größer geworden sieht, so gilt für das Tagebuch doch noch über weite Strecken, daß die Welt in dem Maße klein bleibt, wie sein Autor noch unentwickelt ist.

Geht man gar auf die Suche nach den frühen Zeugnissen eines unverwechselbar »Schopenhauerschen« Geistes, so könnte man sich an etlichen signifikanten Punkten so desillusioniert fühlen wie der anspruchsvolle Jüngling, der seine Erwartungen immer wieder enttäuscht findet, ohne daß man das schon auf seine spätere Lehre von der Unstillbarkeit des Willens durch jegliche Präsenz beziehen müßte. Dem angeblich vom Jammer des Lebens ergriffenen Buddha des Westens gehen die Zucht- und Tollhäuser lange Zeit ebenso kommentarlos vorüber wie mittelalterliche Folteranstalten, fürstliche Parforcejagden und andere Tierquälereien oder auch – im Gegensatz zu dem mitleidig geschärften Blick der Mutter – jene Fabrikanstalten, in denen er später sehr wohl die Galeeren der Industrie erkennt. Seine zunächst empört anmutende (schriftliche) Attacke auf einen sadistischen Ordnungshüter schreibt er im weiteren seiner Langeweile zu, wie öfters der blasierte Ennui oder ein touristischer Voyeurismus herrscht, den er in anderem Zusammenhang selber geißelt. Wo sich aber der Witz oder gar die Komik zu Wort meldet, wie etwa in dem hinreißenden Selbstporträt des jugendlichen Königs Midas, dem die Ohren zu Eselsohren geschwollen sind, da ist eine selbstironische Selbstpreisgabe bestimmend, die wiederum für den später vorherrschenden Sarkasmus nichts weniger als typisch ist. So wird vor allem das erste Reisetagebuch, passagenweise auch noch das zweite, zum Dokument eines gleichsam vorgeburtlichen Zustandes, in dem kaum etwas auf einen Philosophen namens Schopenhauer deutet.

Das scheint mehr noch für andere Aspekte des späteren Werkes und Lebens zu gelten, etwa in bezug auf das Bild des politischen Reaktionärs Schopenhauer, das bei Apologeten wie Kritikern so massiv die Schopenhauer-Rezeption bestimmt hat. Wird es durch die beiden Reisetagebücher gestützt?

Zweifellos fehlt es in ihnen wie in den Reisetagebüchern der Mutter trotz der anfänglichen Sympathie für die »grande révolution« nicht an harschen Angriffen auf die Auswirkungen des »terreur«, der sowohl die Kunst wie die künstlerisch organisierte Natur wie die Gesellschaft zerstört und rebarbarisiert hat. Die Begegnung mit den Spuren der in Lyon verübten »unerhörten Gräuel« zumal zeigt das, obwohl die Leidenswahrnehmung schon des jungen Schopenhauer hier wie auch sonst prinzipieller ist als die der Mutter.

Andererseits beobachtet bereits der Zwölfjährige, der sich in Potsdam noch der preußischen Kriegsspiele erfreut, die »Armuth der Unterthanen«, die im berüchtigten Hessen herrscht; ihren Haß und die Tyrannei, die ihn zu bändigen sucht. Was er hier vom Feudalismus bemerkt, sind die Relikte einer ganz und gar unromantisch gesehenen Ritterzeit. Beim Übertritt in das ebenso häßlich und finster anmutende wie verarmte und ausgesogene Österreich in Braunau (!) revoltiert der spätere Law-and-Order-Befürworter gegen die »*chicaneuseste* aller *chicaneusen* Polizeyen« und ihren wichtigtuerischen Bürokratismus, um wenig später das »ausgezeichnet dumme Gesicht« des Kaisers in Wien zu würdigen. Nicht weniger bissig schüttet der frühe Satiriker seinen Hohn über die »unaussprechlich kindischen und kleinen« Duodez-Kulturen aus. Und ungeachtet aller Kritik an der Revolution wird in Paris die Bastille als »Schauplatz des ewigen Elends, der ungehörten Klagen, u. des hoffnungslosen Jammers« erlebt, wenngleich die jugendliche Einbildungskraft auch hier sogleich wieder die Wendung ins Prinzipielle nimmt. Man sieht: Dem Autor der beiden Reisetagebücher kann man noch keine klare politische Prognose stellen.

Und wie steht es mit dem bekannten Misanthropen und Weltverneiner Schopenhauer, der mit allem und allen ins Gericht geht, nur mit sich nicht?

In der Tat kommen etliche Nebenmenschen bei dem jugendlichen Tagebuchautor nicht besonders gut weg: die traurigen westfälischen Barbaren ebenso schlecht wie die groben und ausgezeichnet langsamen Schweizer oder die bereits beschriebenen Österreicher. Es ist aber allemal kein nationales Ressentiment, was sich hier äußert. Österreich zum Beispiel wird gerade deswegen zum Skandal für ihn, weil es den Fremden keine Gerechtigkeit widerfahren läßt und keine gleichen Rechte gewährt. Wo aber Ehrlichkeit und Gutmütigkeit anzutreffen sind, da wird das höchst anerkennend registriert. Und den Bewohnern des Tales von Chamonix mit ihrer Gefälligkeit und Teilnahme, vor allem ihrem Gemeinsinn, der nicht konkurrierend aus allem sein Geld schlägt, wird wie von der Mutter ein geradezu enthusiastisches Denkmal gesetzt.

Hier in Chamonix ist es auch, wo der junge Reisende, wie dann später im »göttlichen Thal« von Interlaken, auf dem Pilatus und auf der Schneekoppe, begeistert der »großen Natur« begegnet, genauer: sich in der »großen Natur« bewegt; denn der jugendliche Bergbesteiger, ausgestattet mit einer beträchtlichen Portion Mut, ist, wie später der energische Frankfurter Fußwanderer und Schwimmer, das Gegenteil eines Sitzdenkers, eines Immobilitäts-

Hypochonders. Die Bergwelt des Berner Oberlandes und des Montblanc zumal, mit dessen Beschreibung der Reisebericht der Mutter seinen End- und Höhepunkt findet, wird über viele Seiten hinweg, mit einer Gefühlsintensität sondergleichen gefeiert: als entsetzliches und furchterregendes Inbild des Ungeheuren der Natur zwar, mehr noch aber als Inbild einer feierlichen Stille und Schönheit, die allen Begriff übersteigt.

Gerade hier jedoch scheint sich die Wahrnehmung des jungen Schopenhauer auch am entschiedensten von der des reifen, des metaphysischen Pessimisten abzuheben. Denn hat dieser nicht dem Montblanc als Bild der »dem Genie beigegebenen Melancholie« ein durchaus anderes Denkmal gesetzt? Im zweiten Band der *Welt als Wille und Vorstellung* heißt es im Anschluß an die Erkenntnis, »daß der Wille zum Leben, von je hellerem Intellekt er sich beleuchtet findet, desto deutlicher das Elend seines Zustandes wahrnimmt«: »Die so häufig bemerkte trübe Stimmung hochbegabter Geister hat ihr Sinnbild am MONTBLANC, dessen Gipfel meistens bewölkt ist«. »Meistens bewölkt« und melancholisch hatte doch der junge Schopenhauer diesen Gipfel keineswegs gefunden. Und hatte er nicht auch in den Bergen des Berner Oberlandes eine durchaus positive »creatio ex nihilo«: eine »aus dem Nichts« lachend hervorgehende Welt erblickt? Muß es also nicht bei der These bleiben, daß es sich bei den beiden Reisetagebüchern um die Dokumente eines gleichsam vorgeburtlichen Zustands handle? Hat der vom Jammer des Lebens ergriffene, erwachte, das heißt verdüsterte Buddha des Westens nicht die Färbung seines frühen Gipfelerlebnis vollständig vergessen?

Indessen weiß auch der Autor der *Welt als Wille und Vorstellung* noch von anderen Montblanc-Erfahrungen zu berichten: »aber wann bisweilen«, fährt er an der zitierten Stelle fort, »zumal früh Morgens, der Wolkenschleier reißt und nun der Berg vom Sonnenlichte roth, aus seiner Himmelshöhe über den Wolken, auf *Chamouni* herabsieht; dann ist es ein Anblick, bei welchem Jedem das Herz im tiefsten Grunde aufgeht. So zeigt auch das meistens melancholische Genie zwischendurch die (...) nur ihm mögliche, aus der vollkommensten Objektivität des Geistes entspringende, eigenthümliche Heiterkeit, die wie ein Lichtglanz auf seiner hohen Stirne schwebt: in tristitia hilaris, in hilaritate tristis.« Umgekehrt hatte schon der junge Naturenthusiast am Montblanc plötzlich »das Unglück« erlebt, daß »alles (…) weg« und »wie ein schöner Traum« vergangen war – so wie in die Begegnung mit den Bewohnern des glücklichen Tals von Chamonix das Bild der buchstäblich wahnsinnig fröhlichen Cretins und der unglückseligen Albinos eingesprengt war. Der Akzent des Erlebnisses hat sich also wohl verändert; seine Elemente aber schließen einander nicht aus.

Wichtiger: Schon der junge Schopenhauer kommt mit der interesselosen Objektivität des älteren darin überein, daß der ruhige Blick »von oben« es ist, der die »Dinge«, die »unten«, auf dem Boden der Sorgen, »Bemühungen u. Entwürfe«, groß scheinen, tröstlich weit entrückt. Und eben dieser distanzierte Blick, das Übergewicht des Anschauens und Erkennens über das Wollen, des herrlichen »Sehns« über das schreckliche »Seyn« wird später als das tertium comparationis von Genie und Kindheit bestimmt. Diese Kontinuität aber ist gar nicht zu überschätzen. Denn sie besagt, daß bereits hier gleichsam das »klare Weltauge« der Anschauung, die den Willen wendet, sich öffnet – und daß das, was das Reisetagebuch von 1804 mit dem überhaupt größten Enthusiasmus beschreibt: die Begegnung mit der »großen Natur«, auf dieses Erlebnis führt.

Allerdings läßt sich aller behaupteten Interesselosigkeit der reinen Anschauung zum Trotz auch schon hier der dynamische Zusammenhang zwischen »Sehen« und »Seyn« erkennen. Denn wie auch immer es mit der vollkommenen Objektivität des Genies stehen mag: Der jugendliche Beobachter weiß, daß der Blick »von oben« in dem Maße tröstlicher und nötiger ist, wie unten die Dinge größer und die Sorgen drückender sind.

Gleichzeitig gibt Schopenhauers spätere Philosophie des Genies und der Lebensalter den hermeneutischen Schlüssel an die Hand, wie die wesentlichsten Passagen seiner jugendlichen Reisetagebücher zu verstehen sind: Wenn in ihnen, gemäß der Maxime, im »Buche der Welt« zu lesen, die Anschauung der Reflexion vorhergeht, so meint das aus der Sicht dieser Philosophie eine dem Genie und der Kindheit gemeinsame platonische Anschauung, die in einem Fall alle Fälle auffaßt, wenn auch noch nicht oder »nicht stets mit deutlichem Bewußtseyn«. Dementsprechend sind die Tagebücher exemplarisch zu lesen: als Zeugnisse einer vor- oder halbbewußten generalisierenden Wahrnehmung. Und wo diese Wahrnehmung auf Formen des Leidens trifft, wird sie so, wie die beschriebene Begegnung mit der Geschichte sofort ins Prinzipielle geht, nicht von diesem oder jenem, sondern DEM Jammer des Lebens ergriffen werden. Diese Art von Platonismus hat freilich mit der Erkenntnis der Idee des Guten nichts mehr gemein; sie läuft vielmehr auf einen negativen, von Schopenhauer auf die Füße gestellten Platonismus hinaus.

Was diese generalisierende Wahrnehmung des Jammers des Lebens historisch, gesellschaftlich, psychologisch relativiert und woher sie sich rechtfertigt – dieses zentrale Problem der Philosophie Schopenhauers läßt sich auf der Basis der Reisetagebücher nicht beantworten. Umgekehrt legitimiert die typisierende Anschauung das Erratische der aufgezeichneten Exempel: die Tatsache, daß der jugendliche Autor öfter zusammenhanglos, manchmal geradezu gefühllos wieder zur Tagesordnung überzugehen scheint. Der Leser muß die eingesprengten Bilder und die Aussage der Brüche nur verstehen lernen. Und dann sagen sie ihm in der Tat, daß der ausfahrende Buddha des Westens, wenn nicht die Krankheit und das Alter, so doch den Schmerz und den Tod erfährt.

Woher aber läßt sich, abgesehen von den Aufstiegen in der »großen Natur«, der Blick »von oben« gewinnen, der die Dinge zugleich überblickt und entrückt? Die überhaupt erste Notiz des jugendlichen Tagebuchautors beginnt mit einem Bild, das symbolischer, auch provokativer kaum vorgestellt werden kann: Nach dem Übersetzen über die Elbe – wenn man so will: der Stromüberschreitung des Mythos – begegnet man einer »armen blinden Frau«, deren Augen auf dem Weg zur Taufe erfroren waren. Und Schopenhauer vermerkt: »Ich bedauerte die arme Frau, bewunderte aber die flegmatische Ruhe womit sie ihr Leid erträgt; sie hatte das Vergnügen ein Christ zu seyn theuer erkaufen müssen!«. Deutlich werden in dieser Notiz zentrale spätere Motive antizipiert: der Zusammenhang von geistlich bedingter Erblindung und »flegmatisch« ergebener Ruhe, von Leiden und Mit-Leiden. Und die ironische Schlußwendung, so sehr man in ihr auch die Mutter mithören mag, verweist in ihrer Bitterkeit, die man bei der Mutter vergeblich suchen wird, schon auf jenen ingrimmigen, existentiellen Sarkasmus, mit dem Schopenhauer später die Dogmen der religiösen Tradition und den Hurrapatriotismus des Lebens quittieren wird.

Fromm kann man den Zwölfjährigen trotz dieser auch ihm eingeprägten Dogmen ohnehin nicht mehr nennen, eher schon aufgeklärt. Die nachjosephinische Restauration von »Unwissenheit u. Aberglauben« statt der »Aufklärung« zum Beispiel wird von ihm durchaus übel vermerkt. Und generell erhält bei aller Neigung zur bildenden Kunst und besonders zur Chor-Musik, die für den Kargheit gewöhnten Protestanten die Besuche der katholischen Kirchen zu ästhetisch-kulinarischen Hochfesten macht, die »Bigotterie«, gleich welcher Konfession, ihr sarkastisch Teil. Die aufgesperrten frommen Mäuler mit ihrem gellenden Gesangsgeschrei; die Pikanterien des Reliquien-Wesens; die nach Gusto gesottenen, gerösteten oder gespickten Märtyrer; die dicken Pfaffengesichter; der schwunghafte Ablaßhandel; schwer erreichbare Kirchen, bei denen allein die Kirchhöfe aussichtsreich sind – sie alle kommen zu ihrem Recht. Mildernde Umstände werden gewährt, wenn etwa in Bordeaux die nachrevolutionär wiederbelebte Religiosität nicht mehr als eine höfliche Anpassungsgeste verlangt. Verehrung findet allein der »göttliche Tempel der Natur«; das einzige explizite religiöse Bekenntnis zum Gott der Tradition wird abgelegt, als der junge Arthur den Pilatus besteigt, »um Gottes Wercke von oben zu betrachten«. Wo er aber einem traurigen Schauspiele des Lebens beiwohnt, wie einer englischen Hängeszene – diesem »empörendsten Anblick« menschlicher Gewaltsamkeit, wie der spätere Beccaria-Anhänger Schopenhauer mit der nötigen Schärfe konstatiert –, da wird gerade das Fehlen der »Arm-Sünder-Glocken, Sterbekleider u. dgl.« erleichternd empfunden. Mehr noch: Es ist ein

»jämmerlicher«, keineswegs ein bußträchtiger Anblick, »zu sehn mit welcher Angst diese Menschen selbst den letzten Augenblick noch zum beten benutzen wollten« und einer der Gehenkten, schon tot, »noch ein Paar Mal« dieselbe Betbewegung macht: Das farcenhafte Bild erinnert an geschlachtete Hühner, die noch eine Weile buchstäblich kopflos im Hühnerhof umherrennen. Johanna Schopenhauer hat dergleichen nicht beschrieben. Der Autor der *Welt als Wille und Vorstellung* hingegen wird sich noch mit »tiefem Grausen« und »herzzerreißendem Mitleid« an die entsetzliche Szene erinnern.

Religion, das heißt in den Reisetagebüchern also positiv: die Werke der Kunst und der Natur. Die fromme Todesangst aber pervertiert die realen Leiden des hingerichteten Lebens zu einer finalen Groteske, die mit vier emphatischen Gedankenstrichen gewaltsam beendet wird, um anschließend von dem nicht weniger grotesken Bild eines Bauchredners verdrängt zu werden. Man muß das menschenunwürdige Bild dieses noch posthum betenden Gehenkten mit jenen Göttern des Olymps kontrastieren, denen der junge Reisende im Louvre begegnet, um seine Vorstellung eines auch der Menschen würdigeren Verhaltens zu haben: »alle Götter des Olymps leben hier noch, stehn wie sie vor Jahrtausenden standen, u. sehn mit ruhigem Blick den Wechsel der Zeiten um sich herum«. Im Wechsel der Zeiten bleibt, dem Wechsel der Zeiten begegnet der »ruhige Blick«, während der gewaltsam induzierte Terror des Todes im religiösen Horror seine Entsprechung, nicht seine Bewältigung findet.

Der Tod ist auch sonst eines der ostinaten, wenn nicht zentralen Themen der beiden Reisetagebücher: der Tod in seinen gewaltsamen und in seinen natürlichen Formen, vor allem der Tod, der alles »unnütz« macht, als Exponent der Macht der Zeit. Ihr gilt während des Wimbledon-Aufenthaltes die jugendliche Meisterübersetzung von Miltons *On Time*; der Besuch der Westminster-Abtei und die Begegnung mit Garricks ›transzendentem‹ Auftritt, mit Shakespeares und Gays Vergänglichkeitslyrik, in der die noch kurz zuvor mit Pope beschworene Kette der Wesen untergegangen war, hatte hier vorbereitend gewirkt. Mit der Erfahrung der Macht der Zeit aber wird auch die Zeitlosigkeit, die Schopenhauer später in seiner Philosophie der Lebensalter der Kindheit zuschreibt, zerstört: In diesem Sinn ist der Tagebuchautor, der sich sonst als »inkarniertes« Wesen still und tot stellt, alles andere als ein Kind. Gelegentlich wird man sich zwar fragen müssen, wie tief bei ihm das Todes- und Zeiterlebnis reicht, zum Beispiel beim Besuch des Bremer Bleikellers, den der Fünfzehnjährige mit ungerührter Sachlichkeit aufzeichnet, oder bei der Beschreibung des Luzerner Totentanzes, bei dem er sich über die nekrophile Wiederholung des »so einfachen Gedankens in so vielen Bildern« mokiert. Noch in der geschmacklosen Inszenierung des Ruinösen entdeckt der junge Schopenhauer aber die zerstörende Macht der Zeit. In der Pariser Augustinerkirche mißfällt ihm, daß man die Denkmäler der »Vorältern« aus ihrem angestammten Zusammenhang »weggerissen«, also selbst noch die Monumente des Gedächtnisses in den Strom des Vergessens hineingerissen hat. Im Amphitheater von Nîmes überkommt ihn, durchaus im Widerspruch zu der optimistischeren Version der Mutter, der »Gedanke an die Tausende längst verwester Menschen (...), die in diesen mannigfaltigen Jahrhunderten an allen ihren Tagen, so wie ich heute, über diese Ruinen hinwegschritten«. Mit diesem »so wie ich heute« wird die touristische Impression existentiell; der Gedanke an diejenigen, die über ihn hinwegschreiten werden, liegt nah. Und als er in Lyon mit der Geschichte des revolutionären »terreur« konfrontiert wird, da sind nicht so sehr die »unerhörten Gräuel merckwürdig« als vielmehr ihre Spurenlosigkeit, die »kaltblütige« Erinnerung der Nachfahren und die unbegreifliche »Macht der Zeit«. Das erste wird auch die Mutter feststellen, und zwar noch schärfer. Nur bei dem jungen Schopenhauer aber wird aus den historisch bedingten gewaltsamen Formen des Todes eine prinzipielle Einsicht abgeleitet, die so, wie er nicht von diesem und jenem, sondern DEM Jammer des Lebens ergriffen wird, DER Macht der Zeit gilt.

Was aber, wenn nicht der ruhige Blick der griechischen Götter, ist ihr gewachsen? Die christliche Tradition, allerdings in positiverer Form als in der Hängeszene, wird noch einmal aufgenommen, wenn der Tagebuchautor am Schluß seines ersten Heftes nach dem Gasthofverzeichnis, präziser: quer dazu in einem chaotischen Buchstaben- und Notengewirr notiert:

From all the evils, that befall us may,
The worst is death – & death must have its day! –
In
    Coelo   Shakespear.
          quies   K. Richard II.
            tout finit
            ici bas.

Der Tod also als das größte und zugleich gewisseste aller Übel, generalisiert in dem Bewußtsein, daß hienieden alles endet, aufgehoben in der himmlischen Ruhe. Dem entspricht beim Westminster-Besuch der »schöne Gedancke« über die dort versammelten Dichter, Helden und Könige, »ob sie wohl SELBST jetzt so beysammen sind, dort wo nicht Jahrhunderte, nicht Stände, nicht Raum u. Zeit sie trennen: u. was wohl jeder von dem Glanz, von der Größe die ihn hier umgab, hinüber nahm: die Könige ließen Kron u. Szepter hier zurück, die Helden ihre Waffen, den Ruhm ließen die Dichter: doch die großen Geister unter ihnen allen, deren Glanz aus ihnen selbst floß, die ihn nicht von äußerlichen Dingen erhielten, die nehmen ihre Größe mit hinüber, SIE nehmen alles mit was sie hier hatten«.

Allerdings ist hier die hypothetische und fragende Form des »schönen Gedanckens« zu beachten – ebenso in der Handschrift, daß nicht die himmlische Ruhe, sondern die irdische Katastrophe eine fallende Kadenz beschließt. Im übrigen wird im Sinn der antiken und klassischen Tradition ohnehin eher auf die immanenten Formen der Dauer gesetzt.

Allein »im Vergleich mit der Dauer seiner Wercke« läßt »die Dauer des Menschen sich kurz nennen«. Die baufälligen Hütten der Lebenden lehnen sich an die »ehrwürdigen Mauern« von Ruinen, die der »zerstöhrenden Gewalt der Zeit auf eine wunderbare Art widerstanden« haben. So die symbolische Verschränkung von Vergänglichkeit und (relativer) Unvergänglichkeit. Der Autor der *Parerga und Paralipomena* wird das Thema mit dem ebenso paradoxen wie brillanten Gedanken weiter erörtern, daß, analog zu dem entrückenden Raum, gerade die entrückende, vernichtende Zeit die Bedingung der Unsterblichkeit, des mit dem Leben »inkompatiblen« Ruhmes sei. Insofern es aber um die Erinnerung an das Elend des Lebens geht – was macht da der Lyoner Tagebuchschreiber, der Besucher des Bastille-Platzes schließlich anderes, als daß er im Widerspruch gegen die Vergeßlichkeit und die Fühllosigkeit der Menschen, gegen die Begrenztheit der Einbildungskraft und eben die Macht der Zeit seinerseits den »hoffnungslosen Jammer«, das »ewige Elend« und die »ungehörten Klagen« vergegenwärtigt: Schon seine frühe Philosophie ist das Gedächtnis der Leiden der Menschheit.

Dabei freilich findet sie in Zeit und Tod nicht nur ihre Antipoden, sondern gegebenenfalls auch den Grund ihres »ruhigen Blicks«. Der Besuch im Bagno von Toulon, bei dem der junge Schopenhauer am meisten vom Jammer des Lebens ergriffen wird, steht dafür. Denn hier, angesichts einer Drei-Klassen-Gesellschaft von entmenschten, zu Last- und Arbeitstieren instrumentalisierten Galeeren-Sklaven, die sich nur durch die Dauer ihrer Strafe und die Schwere ihrer Fesselung unterscheiden, aber sich darin gleichen, daß sie IN der Hölle und füreinander DIE Hölle sind; angesichts einer Hoffnungslosigkeit und eines Elends, das, schlimmer als in der englischen Hängeszene, das Leben nicht mit dem gewaltsamen Tod, sondern mit der Fortdauer des Lebens bestraft, ist es der Tod, der zur Erlösung vom Leiden des Lebens wird.

Mit der im ganzen sehr viel eingehenderen und auch literarisch eindrucksvolleren Beschreibung der Mutter trifft der Bericht des jungen Schopenhauer hier zwar über weite Strecken überein. Er unterscheidet sich aber von ihr an zwei entscheidenden Punkten. Sie läßt keine Gelegenheit vorübergehen, die Insassen des Bagno zu dämonisieren; ja, sie spinnt ihren Besuch abschließend zu einer Angstphantasie aus, in der die ausbrechenden Höllenbewohner herfallen über die bürgerlich geordnete Welt. Anderseits identifiziert sie so, wie sie jede ihrer Leidensbeschreibungen optimistisch austariert, das Leben selbst angesichts des Infernos weiterhin mit dem Hoffen.

Er aber vergegenwärtigt, von mitleidendem Erschrecken getrieben, die vollständige Hoffnungslosigkeit. Im Bagno von Toulon, in seinem »17ten Jahre«, wird so der ausfahrende Buddha des Westens in der Tat vom »JAMMER DES LEBENS« ergriffen.

Als solcher hat er freilich auch der fallenden Kadenz des jugendlichen Reisetagebuches die Fortsetzung geschrieben, die als Pendant der vierten Ausfahrt des Buddhas des Ostens den Galeerensklaven des Lebens ihre Befreiung gewährt. »Tout finit...« – wenn ALLES endet, dann endet mit dem Leben und dem Willen zum Leben auch das schlimmste aller Übel, das seinen Tag haben wird: Es ist der GANZE Tod, der uns vom Sterben heilt. Und im Himmel, da ist nicht die Ruhe, sondern der »Himmel« IST allein, wenn Ruhe ist: DIE Ausfahrt des Buddha.